武汉大学边界与海洋问题研究丛书编委会

主　编　胡德坤
副主编　易显河　余敏友

委　员　（按姓氏笔画排序）
　　　　丁　煌　孔令杰　匡增军　关培凤　杨泽伟　李仁真
　　　　李　斐　余敏友　张　彬　易显河　周茂荣　胡德坤
　　　　秦天宝　谈广鸣　彭敦文　韩永利

本书编委会

学术指导　余敏友　周茂荣　李仁真
主　　编　谭秀杰
副 主 编　夏　帆

成　　员　（按姓氏笔画排序）
　　　　毛海欧　牟沐英　李　玮　李　斌　谷合强　范思聪
　　　　胡　娟　夏　帆　谭秀杰　熊　灵　熊晓煜　薛志华

武汉大学边界与海洋问题研究丛书
国家领土主权与海洋权益协同创新中心

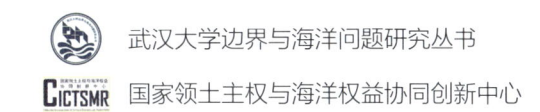

"一带一路"建设：
中国与周边地区的经贸合作研究
(2018~2019)

谭秀杰 / 主编

夏　帆 / 副主编

"THE BELT AND ROAD" CONSTRUCTION: ECONOMIC COOPERATION BETWEEN CHINA AND THE NEIGHBORING COUNTRIES (2018-2019)

社会科学文献出版社
SOCIAL SCIENCES ACADEMIC PRESS (CHINA)

主要编撰者简介

谭秀杰 武汉大学国际问题研究院副教授，国家领土主权与海洋权益协同创新研究中心研究员，武汉大学国际法博士、理论经济学博士后，日本名古屋大学、美国石溪大学访问学者。主要研究领域：经济一体化与"一带一路"、气候变化与能源经济。在 Energy Economics、Applied Energy、Climate Policy、Technological Forecasting and Social Change、Проблемы Дальнего Востока、《国际贸易问题》、《世界经济研究》等期刊上发表多篇学术论文，主持或参与国家社会科学基金和教育部重大攻关项目多项，研究成果入选《世界经济年鉴2016》"世界经济学2015年十佳中文论文"。

夏 帆 武汉大学中国边界与海洋研究院讲师，国家领土主权与海洋权益协同创新研究中心副研究员，武汉大学管理学博士，美国俄亥俄州立大学访问学者。主要研究领域：地图与国家边界。先后主持国家社科基金一般项目、中国海洋发展研究中心青年项目等多项。曾在《太平洋学报》《理论月刊》《边界与海洋研究》等期刊上发文多篇。发表文章曾被《人大复印报刊资料》全文转载。

总　序

"武汉大学边界与海洋问题研究丛书"（以下简称"丛书"）终于与读者见面了。作为筹划和推动丛书编辑出版工作的总负责人，本人深感欣慰，也想借此机会向读者介绍开展这项工作的缘由以及我们在边界与海洋问题研究上的一些想法和建议。

边界与海洋问题关系国家的领土和主权，属于国家的核心利益。早在1907年，曾任英国外务大臣与上议院领袖的寇松勋爵（Lord Curzon of Kedleston）就指出："边界就如同剃须刀的刀锋，对各国而言，它涉及战争与和平、生与死等当代问题。"时至今日，边界与海洋问题仍然具有高度的政治敏感性，边海疆域的稳定与发展也是备受各国关注的战略性问题。此外，随着时代的变迁，在21世纪，边海问题的重心也由传统的勘界、划界、边界维护等逐步转向边界地区的治理、管理、共同开发与可持续发展。就陆地边界而言，中国已经同12个邻国签订了边界条约或协定，基本解决了边界的勘界与划界问题。但中印、中不边界划界问题尚未解决，已划界的边界地区的治理、管理与发展等对中国仍是一个长期的、艰巨的工作和任务。就海洋问题而言，中国尚未与有关国家解决东海和南海专属经济区和大陆架的划界问题。而且随着中国向海洋大国、海洋强国迈进，海洋资源的开发、海洋的环境保护、海上安全等也成为中国制定与实施海洋战略过程中必须加强研究的问题。此外，还要加强外国边海问题研究，以借鉴外国的经验为我所用。总之，中国边海问题研究任重而道远，是一项长期的科研任务。

为了服务于中国的边界与海洋外交事务，武汉大学在相关部门的支持下，于2007年4月成立了中国边界与海洋研究院（简称"边海院"，原称

"中国边界研究院"），集武汉大学法学、历史、经济、政治、公共管理等人文社会科学，测绘遥感、地理信息、制图、资源环境、水利水电等理工学科，组成了跨文理、多学科、综合性的边界与海洋问题研究平台。经过几年的探索，边海院将研究的重点定为"中外边界与海洋政策研究""东海南海研究""陆地边界争端与边疆治理研究""跨界水资源的管理与开发研究"等国家亟须全面和深入研究的课题。在上述各领域，边海院的老师和研究生们正在扎扎实实地开展研究工作，并取得了一些成果。

为了能够与国内外学界同行及时分享边海院的研究成果，我们决定出版"武汉大学边界与海洋问题研究丛书"，并期望借助这一平台陆续推出一批高质量的具有理论和现实意义的专著、译著、研究报告与论文集等。应该说，编辑出版本丛书绝非一时之举，我们旨在着眼长远，积少成多，力争通过长期悉心经营，把丛书打造成国内外关于边海问题研究的品牌，通过丛书出版培育研究边海问题的专门人才。我相信，丛书的陆续问世，必能提升中国边海问题研究的学术水平，也能更好地服务中国的边界与海洋外交事务。

丛书的特色，关键在于其关注的问题及研究的视角和方法。考虑到边海问题的跨学科性，相关著作也多将透过多学科的视野，运用交叉学科的研究方法，发挥跨学科研究的优势，形成自身的特色。

丛书的质量，关键在于学术创新。为了保证质量，我们坚持优中选精的原则，将学术创新放在第一位，对入选的著作要求作者精雕细琢，努力打磨学术精品。

丛书的顺利出版离不开社会科学文献出版社的大力支持，离不开相关部门的指导和支持，离不开学界同行的支持和帮助，也离不开广大读者的阅评和指点。在此一并致谢！

胡德坤

2011 年 5 月于武汉大学珞珈山

序　言

建设"一带一路",周边仍是首要。"一带一路"的首要合作伙伴是周边国家,首要受益对象也是周边国家。2018~2019年,"一带一路"框架下中国与周边地区合作积极推进,不仅取得了丰硕的成果,还在部分领域取得了新突破。《西部陆海新通道总体规划》《中国与欧亚经济联盟经贸合作协定》《中阿合作共建"一带一路"行动宣言》等成果惠及周边国家,日本和韩国对"一带一路"的态度也悄然变化。2019年,第二届"一带一路"国际合作高峰论坛发布的成果清单,周边国家和地区占据了相当比例。对中国与周边地区经贸合作的重要进展,有必要系统梳理、分析研究,以服务于"一带一路"建设和中国周边外交战略。

武汉大学中国边界与海洋研究院(简称"边海院")长期致力于边界与海洋问题研究,尤其重视中国与周边国家的经贸关系。边海院较早设立了"一带一路"研究方向,组建了老中青相结合的研究队伍,积极关注"一带一路"建设进展,不断探索"一带一路"研究前沿。在武汉大学与中国电力建设集团有限公司正紧锣密鼓筹建的武大-中电建"一带一路"规划研究院中,中国边界与海洋研究院将是重要参与单位,亦会承担主要研究工作。基于以上研究基础,本院集合学院研究团队,于2017年年底首次推出《"一带一路"建设:中国与周边地区的经贸合作研究(2016~2017)》。该书聚焦中国周边国家和地区,着重经贸关系,系统分析"一带一路"在周边国家和地区的对接合作或竞争挑战,并给出相应对策建议。该书出版以后各方面反馈良好。

承袭该书编写的成功经验,边海院继续担纲,组织编写了这本《"一带一路"建设:中国与周边地区的经贸合作研究(2018~2019)》。与上一本相比，本书既保持了整体谋篇布局上的统一性，又有自身新的特点。首先，本书重点关注过去两年中在"一带一路"框架下，与我国经贸合作有较大进展的国家与地区。精心选择包括中国-东盟合作、中国与欧亚经济联盟经贸合作等专题报告十余篇，报告篇数较上一本有较大精练，更加突出研究年度内的重点进展情况。其次，各专题报告结构基本保持一致，都在回顾报告主题区域 2018~2019 年在"一带一路"框架下与中国经贸合作的主要进展的基础上，指出合作中所存在的问题与不足或者面临的挑战，并提出对策建议。最后，本书作者来源更加广泛。除我院"一带一路"研究团队青年学者外，更广泛邀请到云南省社会科学院、西北大学、中国地质大学（武汉）等单位对"一带一路"有深度研究的青年才俊为本书撰稿。这些青年学者深厚的学术功底、对"一带一路"长期的研究积累以及开阔的研究视角均为本书增色不少，在此也对他们一并表示诚挚的感谢！

本书是对 2018~2019 年在"一带一路"框架下中国与周边经贸关系的阶段性探讨。本书旨在抛砖引玉，希望加强学界对"一带一路"与中国周边问题的研究，并为读者提供些许有益参考。

余敏友

2020 年 5 月于武汉大学珞珈山

摘　要

"一带一路"倡议的首要合作伙伴是周边国家,首要受益对象也是周边国家。2018~2019年,"一带一路"倡议下中国与周边地区合作积极推进,不仅取得了丰硕的成果,还在部分领域取得了新突破。

在东南亚,"一带一路"倡议为中国-东盟经贸合作注入"平等与协商"、"务实与共建"和"包容与共享"的合作新理念,逐步形成了不同层次、形式多样的对接与合作。2018~2019年,陆海新通道从中新(重庆)战略性互联互通示范项目上升为国家战略,泰国"东部经济走廊"积极与"一带一路"对接,成为中国-东盟经贸合作的新亮点。

在南亚,"一带一路"倡议下的经贸合作,在不同国家各有侧重、各具特点。2018~2019年,中国与斯里兰卡、孟加拉国、尼泊尔、马尔代夫等,在政策沟通、基础设施、金融合作、人文交流等领域取得不同程度的进展。而随着"一带一路"建设的逐步推进,印度虽然仍存顾虑和误解,但是也采取了"选择性参与"的务实态度。

在东北亚,日本和韩国对"一带一路"的态度已悄然变化。2018~2019年,中韩就"新北方政策"及"新南方政策"与"一带一路"对接取得重要共识。而日本高层、商界及主流媒体对参与"一带一路"建设态度转向积极,并将第三方市场合作确立为现阶段合作主要模式。

在欧亚地区及阿盟国家,"一带一路"下的经贸合作取得一些新突破。2018~2019年,《中国与欧亚经济联盟经贸合作协定》的签署并生效,标志着对接合作由项目驱动转向制度引领。在中俄高层沟通协作下,两国经贸合作及"一带一盟"对接在基础设施、跨国运输、数字经济等重点领域取得进展,上海合作组织也通过了《多边经贸合作纲要》。中国与阿盟国家签署了《中阿合作共建"一带一路"行动宣言》，推动"一带一路"同阿拉伯国家重大发展战略和政策对接。

未来，"一带一路"下中国与周边国家的经贸合作不仅要继续欢迎实质性合作，打造"标杆"项目和示范区域，更要清醒认识合作中的障碍、困难和挑战，着力描绘"一带一路"精进细腻的"工笔画"。

目 录

Ⅰ 总报告

"一带一路"建设下中国与周边地区的经贸关系 …… 谭秀杰 夏 帆 / 001

Ⅱ 东南亚篇

"一带一路"视域下中国-东盟经贸合作新发展

………………………………………… 谷合强 范斯聪 张振源 / 017

陆海新通道的周边联动效应和区域发展影响 ……… 熊 灵 徐俊俊 / 038

"21世纪海上丝绸之路"与"东部经济走廊"：中泰合作的

成效、问题与对策 ………………………… 熊 灵 杜 莹 / 054

Ⅲ 南亚篇

"一带一路"框架下中国与南亚四国的经贸合作与发展……… 毛海欧 / 073

"一带一路"背景下的中印经贸合作…………………………… 胡 娟 / 092

001

Ⅳ 东北亚篇

中国"一带一路"与韩国"两新政策"的对接与合作
.... 李　斌　谭　蓉 / 104

"一带一路"框架下的中日经贸合作SWOT分析及对策研究
.... 夏　帆 / 123

Ⅴ 俄罗斯中亚西亚篇

《中国与欧亚经济联盟经贸合作协定》对中国-欧亚经济联盟自贸区建设的影响 .... 谭秀杰　张继荣 / 140

"丝绸之路经济带"与欧亚经济联盟对接：进展、挑战和建议
.... 谭秀杰 / 157

"一带一路"框架下2018~2019年中俄经贸合作分析
.... 牟沫英　陈方珺　王菁菁 / 178

"一带一路"背景下上海合作组织经贸合作的进展、挑战与对策
.... 薛志华 / 197

"一带一路"框架下中国与阿拉伯国家经贸合作的进展与前景
.... 李　玮　成　飞 / 210

Abstract .... / 223
Contents .... / 225

总 报 告

General Report

"一带一路"建设下中国与周边地区的经贸关系

谭秀杰 夏帆*

摘　要： "一带一路"建设的首要合作伙伴是周边国家。2018~2019年，"一带一路"建设下中国与周边地区合作积极推进，不仅取得了丰硕的成果，还在部分领域取得了新突破。具体而言，在东南亚，"一带一路"与东盟逐步形成了不同层次、形式多样的对接与合作，陆海新通道、泰国"东部经济走廊"与"一带一路"对接成为新亮点；在南亚，"一带一路"下的经贸合作，在不同国家各有侧重、各具特点，印度也采取了"选择性参与"的务实态度；在东北亚，日本和韩国对"一带一路"的态度已悄然变化，中韩就"新北方政策"及

---

* 谭秀杰，博士，武汉大学国际问题研究院副教授，国家领土主权与海洋权益协同创新中心研究员；夏帆，博士，武汉大学中国边界与海洋研究院讲师，国家领土主权与海洋权益协同创新中心副研究员。

"新南方政策"与"一带一路"对接取得重要共识；在欧亚地区及阿盟国家，《中国与欧亚经济联盟经贸合作协定》签署并生效，上海合作组织也通过了《多边经贸合作纲要》，中国与阿盟国家发布了《中阿合作共建"一带一路"行动宣言》。

关键词： "一带一路"　周边国家　经贸合作　地区组织

2018~2019年，中国周边国家和地区仍然维持着推进"一带一路"合作的重要支撑和重点区域的地位不变。在此期间，中国与周边国家经贸合作积极推进，取得实质性进展和丰硕成果。2019年4月，第二届"一带一路"国际合作高峰论坛发布的成果清单的6大类283项务实成果所涉的合作倡议、多边合作文件、合作平台、投融资及项目等，多与周边国家和地区有关，充分说明中国与周边国家和地区"一带一路"合作取得了有效成果，前景看好。

一 "一带一路"建设在东南亚：进展良好

2018~2019年，"一带一路"建设在东南亚国家有效推进、进展良好。其中，既有自"一带一路"倡议提出以来中国与东盟国家的持续互动，也有陆海新通道建设与"一带一路"的联动以及中泰"一带一路"倡议与"东部经济走廊"发展战略对接等新态势。

（一）"一带一路"倡议为中国-东盟合作注入新理念

中国奉行对东盟国家睦邻友好政策，东南亚是中国周边外交的优先方向。东南亚是"一带一路"（尤其是"21世纪海上丝绸之路"）经过的重要区域，东盟各国长期支持、参与"一带一路"建设。由于东盟国家的认同度和支持度不断提高，双方在"一带一路"框架下的道路基础设施互联互通以及经贸、产业、能源、人文等领域的合作快速发展。

"一带一路"倡议为中国-东盟经贸合作注入了"平等与协商"、"务实与共建"及"包容与共享"的新理念，推动中国东盟双边关系从"黄金十年"向"钻石十年"发展。在合作新理念的基础上，中国-东盟逐渐建立起各种形式的合作平台。"发展战略对接"平台：实现"一带一路"与东盟共同体愿景以及成员国发展战略的对接。"系统化工程"平台：通过共建基础设施、鼓励优势产业合作、开发第三方市场等促进生产要素自由流动。"跨国产业园区"平台：发展境外经贸合作区，推动产业聚集、形成规模经济效益。"多元化创新"平台：探讨建立科技创新合作机制、共建科技园区、落实中国-东盟科技伙伴计划。此外，"一带一路"下政府引导、企业主体与社会支持的多层次、多元化合作机制建设也取得成效，为中国-东盟经贸合作提供了保障。在政策沟通机制方面，中国-东盟以及中国与东盟成员国间构建起从中国-东盟领导人会议（10+1）、中国-东盟博览会到中国与东盟各成员国间的系列合作协议。在设施联通方面，中国与东盟间在铁路、公路、港口、电力、建材等基础设施方面互联互通发展迅速。在资金融通方面，中国-东盟在银行合作、金融市场、重大项目融资上取得积极进展。

当然，"一带一路"项目在东盟推进过程中面临内部民族主义上升和域外大国力量的干扰等风险，中国企业投资风险呈现日益多元化趋势。中国在未来中国-东盟经贸合作中需要更好承担大国责任和发挥地区稳定发展的积极作用，彰显"睦邻、安邻、富邻"和"亲、诚、惠、容"周边外交理念，持续推动中国-东盟利益共同体、安全共同体和命运共同体建设。

（二）陆海新通道建设与"一带一路"的联动效应

陆海新通道实质上是西部内陆通过铁路、海运等多种运输方式南连东南亚，北接中亚、欧洲，进而辐射整个亚欧地区的多式联运贸易物流新通道。

陆海新通道源于中新（重庆）互联互通项目，现在已经升级为国家战略，在衔接"一带一路"廊道、推动周边互联互通、带动西部开放发展等方面都具有重要的战略意义。

随着陆海新通道总体规划的发布和西部各地实施方案的推进，陆海新通道给沿线地区和辐射区域带来了实质性社会经济影响。第一，陆海新通道深化了中国与新加坡的经贸关系，2018年新加坡与重庆的进出口额增长15.7%。第二，陆海新通道将带动西部地区与东南亚的基建完善、运输对接、外贸增长以及投资增加，助力东南亚的经济腾飞。第三，陆海新通道北上联通中欧铁路，成为中亚新的南下运输通道，将增强中亚与中国西部、东南亚地区的联系。第四，陆海新通道打通最近的出海通道，改变传统东西向运输格局，降低跨境物流成本，节省物流时间并提升流转效率，为西部地区与东盟、中亚的双向贸易提供更便捷的物流通道，进一步促进与"一带一路"沿线国家和地区的贸易便利化。

但是，由于缺乏与东盟互联互通的国际合作机制安排，通道沿线的物流设施和经济基础欠佳，以及与周边国家的互信有待改善，未来还应尽快出台与周边互联互通对接的顶层规划，增强沿线的物流设施能力，提升沿线的产业发展水平，加强与周边国家多平台沟通，推动陆海新通道可持续稳健发展。为此，建议从以下方面着手。第一，尽快出台与周边互联互通对接的顶层规划。第二，大力增强物流基础设施能力，注意与相关国家和地区的物流运输等合作。第三，提升通道沿线的产业聚集和产能合作水平，促进陆海新通道沿线产业的发展，为通道可持续发展打下坚实的经济基础。第四，加强与周边国家的多平台互信沟通，消除周边国家对中国崛起的忧虑。

（三）中泰"海上丝绸之路"与"东部经济走廊"对接

自2016年泰国总理巴育提出"东部经济走廊"战略以来，泰方不仅致力于吸引高新产业提升创新能力以打造未来产业超级集群，还期望通过优化基础设施建设凸显泰国东部国际交通要塞优势。这与"一带一路"倡导的区域互联互通高度契合，逐渐成为中泰合作的新亮点。在近一时期，加强"一带一路"同泰国"东部经济走廊"的对接是中泰双方领导人及政府高层在各种场合反复重申的重要共识。

随着中泰对"一带一路"与"东部经济走廊"对接的日益重视，两国在双边合作机制构建、基础设施建设合作、产业合作结构优化、第三方市场合作等方面取得了明显的进展与成效。第一，《共同推进"一带一路"建设谅解备忘录》和《战略性合作共同行动计划》等纲领性文件成为中泰经济战略合作的重要基础。第二，中国凭借成熟的基建技术和充足的建设资金，在"东部经济走廊"战略下设施联通领域开展了许多项目，中泰铁路合作项目和素万那普机场扩建项目成为双方合作的亮点。第三，泰中罗勇工业园成为"东部经济走廊"战略下中泰产业合作的典范和重要工业园区，中国企业积极投资数字经济、机器人制造、航空业、生物燃料和生物化学等泰国五大未来目标产业，带动了两国产业结构的优化升级。第四，中日双方就设置推进中日在第三国合作的官民委员会达成协议，泰国"东部经济走廊"战略下三座机场间铁路被定位为样板。未来中日还将尝试以"产业+技术+资本+市场"的合作模式，就铁路、公路及城市建设项目开展合作。

当然，中泰"一带一路"与"东部经济走廊"合作也面临诸多问题和挑战。泰国政局多元化，面临政策不确定性；基建项目限制多，中企参与泰国基建项目空间较小，合作潜力有待挖掘；泰国对中国投资存在担忧，害怕中国投资可能挤压本国市场；中日泰未能达成协议，第三方合作尚未成型。因此，建议采取以下有针对性的对策措施，加快推进对接合作进程。第一，中泰两国高层仍应着眼于战略合作的长远发展目标，加强沟通深化互信，统筹规划协调合作机制，以保持对接合作的政策连续性与机制稳定性。第二，转变合作思路，将合作环节从施工向设计、咨询等上游产业链拓展，带动中国标准"走出去"。第三，在各层面加强合作收益共识，减少泰国对中国投资的担忧，在具体项目上科学规划，实现合作共赢。第四，应着力培养合作信心，促进中日在泰第三方市场合作。

二 "一带一路"建设在南亚：各有侧重

2018~2019年，"一带一路"倡议与南亚国家的合作，各有特点，进展不一。既有与斯里兰卡、孟加拉国、尼泊尔等国各有侧重的合作建设，还有印度对"一带一路"建设的"选择性参与"。

（一）中国与南亚四国经贸合作各有侧重

斯里兰卡、孟加拉国、尼泊尔、马尔代夫四国地理位置重要，与中国和印度联系密切，在地缘政治上有重要战略地位，是中国在南亚地区深入推进"一带一路"建设的重要合作伙伴。

2018~2019年，中国与南亚四国在政策沟通、基础设施建设、经贸合作和人文交流上取得了进展。在政策沟通方面，中国分别与尼泊尔、马尔代夫发表了联合声明，为双边经贸合作提供了有力的制度保障，推动了"一带一路"建设和合作。在基础设施建设方面，中国与南亚四国合作成果丰硕，合作项目涵盖水电、港口、交通、信息基础设施各个领域。其中斯里兰卡是基础设施合作最为密切的国家，主要集中在港口和水电建设项目上，科伦坡港口城项目是中斯共建"一带一路"的重点项目，对两国和南亚地区战略意义重大。在金融合作方面，2018年以来，中国与孟加拉国的合作取得一定突破，包括蚂蚁金服、银联、证券交易所等纷纷与孟加拉国企业开展合作，涉及二维码支付、普惠金融、银联手机闪付等具体项目，中孟金融领域合作更加全面务实。在人文交流方面，合作形式更加多样。其中，较有特色的合作主要包括与斯里兰卡的历史考古交流以及医疗合作等。

当前，中国与南亚四国推进"一带一路"建设面临的问题与挑战主要包括：政权更替增加了风险，南亚四国受印度影响巨大，对中国贸易逆差严重，合作方式较为单一，民众对中国的认识有待提升。为此，建议从以下方面深化经贸合作。第一，加强政治互信，建立全面、平衡的政党关系，降低政党更迭对外交政策的冲击。第二，从安全互信和构建共同利益两个角度处理好与印度的关系，以应对印度的对华战略和对南亚四国施压的不利影响。第三，推进贸易便利化，以协助出口产业发展等手段减少南亚四国对华贸易逆差。第四，加大文化交流力度，提高共识和理解，以缓解南亚四国民众和社会对"一带一路"的担忧。

（二）印度"选择性参与""一带一路"

当前，"一带一路"倡议进入了全面实施阶段。印度是南亚最大的国家，是中国在"一带一路"倡议实施过程中争取合作、实现对接与互利共赢的主要国家之一。但是印度出于战略层面的种种担忧，没有公开支持"一带一路"，不过也没有一概而论地反对中国提出的所有合作倡议。印度是亚投行主要成员，是仅次于中国的第二大股东，对孟中印缅经济走廊项目印度也给予了积极回应。由此可见，印度对"一带一路"建设采取的是一种有所保留的"选择性参与"的态度。2018年4月，在两国领导人武汉非正式会晤之后，中印关系改善，经贸合作状况好转。

2018~2019年，中印双边贸易规模与两国的经济规模严重不匹配，双边贸易增长缓慢、贸易结构不合理、贸易失衡问题突出，但中国对印度直接投资已初具规模。两国仍需加强战略磋商和政策协调，助推双边贸易合作迈上新的台阶。但是，"一带一路"建设背景下中印经贸合作还存在许多问题。政治互信的缺失和印度对"一带一路"认知的偏差，导致了其对"一带一路"的经济考量被弱化，安全顾虑被放大。中印产业结构和发展水平比较接近，竞争性比较大。随着印度经济、科技等方面的发展和投资环境的改善，也会有越来越多的外资流向印度，中国在吸引外资投向高科技产业方面也面临竞争。中印贸易的不平衡状态也在加剧贸易摩擦和印度对华贸易保护主义。

作为发展中国家的领头羊，中印应从长期战略利益来分析两国关系，而不是只顾眼前的得失。建议从改善经贸合作的软硬环境、启动中印自由贸易区谈判、改善金融合作和改善政治互信等方面推动中印经贸合作，而不是只顾眼前的得失。

三 "一带一路"建设在东北亚：悄然升温

2018~2019年，日本和韩国对待"一带一路"的态度已悄然发生变化。韩国文在寅政府积极推动中韩关系的改善，"新北方政策"及"新南方政策"与"一带一路"对接取得重要共识。而日本高层、商界及主流媒体对"一带一路"建设的态度转向积极，并将第三方市场合作确立为现阶段"一带一路"倡议下中日合作的主要模式。

（一）韩国"两新政策"对接"一带一路"

韩国文在寅政府主政以来，对中国的"一带一路"建设开展情况非常重视，也一直在筹划可以与"一带一路"对接的国家级合作发展方案。2018年年初以来，趋于稳定的半岛局势，以及两国共同的互利协作政策目标、较为一致的政策覆盖区域和两国均重视经济贸易、交通物流、基础设施等领域发展为"一带一路"与韩国"新北方政策"及"新南方政策"（以下简称"两新政策"）的对接创造了基础与条件。

当前，"一带一路"与"两新政策"的对接合作主要体现在基础设施互联互通、双边贸易投资往来、第三方市场合作、地方政府间的实质性合作、人文交流领域的对接合作等方面。当然，中韩合作也面临诸多挑战。"萨德"遗留问题使得中韩政治互信始终不够深入，双方合作自然受到影响。中美贸易摩擦对全球产业链尤其是韩国进出口贸易的影响也将成为中韩两国实现政策对接、促进经贸领域合作的又一大障碍。韩国总统的任期限制造成相关政策的延续与执行均可能受到影响。最后，中韩贸易摩擦和贸易不平衡问题依然存在，也将对对接合作造成负面影响。

为此，双方共同着力在促进"五通"方面加强合作。第一，加强政策沟通。中韩可参考《中韩航路优化合作备忘录》的形式，尽快制定其他领域如文化交流、金融投资、电路设施等领域的合作文件。第二，加强设施联通。在政策对接的大合作理念指引下，中国可以携手韩国一起开发"一道"。该项目不仅有助于双方造船方面专业技术水平的提升,还有助于两国海运业、物流业和建设业的协同发展。第三,促进贸易畅通。中韩应该建立贸易监测管理机制,调整商品贸易结构。提高两国在贸易往来过程中的信息共享水平,确保贸易畅通。还应该共同制定争端解决机制,减少贸易摩擦带来的负面影响。第四,促进资金融通。中韩两国可以从寻求两国银行和各金融机构的支持,以及促进两国政府、企业之间的直接投资两方面共同努力。第五,增进民心相通。可通过举办更多人文交流活动拉近两国民众心理距离,同时重视两国间的教育等交流。

(二)日本对"一带一路"由质疑到合作

2018年以来,"一带一路"下中日经贸合作进入新的发展阶段。"一带一路"倡议提出后,日本工商界就敏锐地意识到其中的商机,期待能够互利共赢,并推动政府参与其中。在过去的两年中,中日高层往来不断,就"一带一路"倡议及相关议题反复沟通意见,这些协调沟通促成了日方对"一带一路"建设的态度转变。双方将第三方市场合作视为现阶段"一带一路"框架下中日合作的主要模式,并确定泰国东部走廊项目为首个中日第三方市场合作项目。与此同时,日本主流媒体对"一带一路"建设的积极报道也增多了。

SWOT分析模式是基于内外部竞争环境和竞争条件的态势分析,适合用来分析复杂环境下的中日经贸合作议题。从优势来看,中日经贸合作具有地理邻近以及文化相同的优势,而且双方在长期经贸往来过程中早已形成密切关联。这不仅体现在中日进出口总额长年保持在3000亿美元左右量级,而且中国是日本企业海外投资、经营的重要目的地,在今后一段时间内也仍然维持该地位不变。从劣势来看,中日之间存在的二战遗留问题、钓鱼岛及东海划界问题以及日方潜在竞争心理是"一带一路"框架下中日经贸合作的劣势。从机遇来看,"一带一路"建设将为中日经贸合作开辟新的增长空间,如提供工程建设机会、搭建海外经贸合作平台以及提高物流运输效率等,而中日韩三方合作在中日韩自贸协定谈判等方面的稳步推进也将提供诸多合作机会。从挑战来看，美国与日本为同盟关系，可能会干扰中日在"一带一路"建设下的经贸合作；印度及其"大周边"战略也可能影响中日经贸合作。

对此，建议中日双方在保持高层交流与对话、管控政治风险、增强政治互信，继续推进区域经济一体化、打造良好地区环境，充分发挥中日比较优势、展开第三方市场合作以弱化竞争心理，以及积极探讨在低敏感的新兴领域开展合作的可能等方面共同努力，促进"一带一路"框架下中日经贸合作继续深入发展。

四 "一带一路"建设在欧亚地区和阿盟国家：实质推进

在欧亚地区及阿盟国家，"一带一路"倡议下经贸合作取得了一些新突破。2018~2019年，《中国与欧亚经济联盟经贸合作协定》的签署并生效标志着对接合作由项目驱动转向制度引领。在中俄高层沟通协作下，两国经贸合作及"一带一盟"对接在基础设施、跨国运输、数字经济等重点领域取得进展。上海合作组织也通过了《多边经贸合作纲要》。中国与阿盟国家签署了《中阿合作共建"一带一路"行动宣言》，推动"一带一路"倡议同阿拉伯国家重大发展战略和政策对接。

（一）《中国与欧亚经济联盟经贸合作协定》生效

2018年5月17日，中国与欧亚经济联盟及其成员国签署了《中国与欧亚经济联盟经贸合作协定》（以下简称《协定》），标志着"一带一盟"的对接合作由项目驱动转向制度引领，将推动丝绸之路经济带与欧亚经济联盟的对接合作进入新阶段。

《协定》作为中国与欧亚经济联盟首次达成的经贸合作协议，涵盖海关合作和便利化、电子商务、政府采购、部门合作等13个章节。《协定》重在关切贸易便利化，例如简化缔约方的海关业务、促进通关便利化等。同时，规定了有关技术性贸易壁垒、卫生标准与检验检疫议题，谋求提高措施透明度。这将有利于促进通关便利化，便利各国贸易，降低交易成本，推动贸易和经济的增长，解决长期以来受烦琐的官僚程序和复杂的规章制度困扰的问题，为产业发展营造良好环境。《协定》关注知识产权、电子商务、竞争、政府采购等新议题，充分体现了各方对未来经贸合作形势的研判。《协定》的规定有助于保护知识产权，应对反竞争行为，促进电子商务这一新贸易形式的发展。同时，对政府采购的规定也体现出各方对这一问题的重视，对于未来政府采购领域的合作意义重大。《协定》注重加强合作与交流，提出构建"联合委员会"工作机制，指明了未来对接合作的主要领域和对话方式。这为"一带一盟"对接合作提供了制度性和机制性保障，有利于未来对接合作更加有序、高效展开。当然，《协定》并未涉及关税减免事项，属于非优惠经贸合作协议。

"一带一盟"对接合作的最终目标之一，就是构建中国与欧亚经济联盟自由贸易区。当前，《协定》的签署为构建自贸区奠定了一定的基础，但未来建成自贸区还面临一定困难：一方面，欧亚经济联盟国家无法完全遵循WTO规则和标准，并且自身市场化水平较低；另一方面，联盟各国政治上害怕受到控制和挤压，经济上担心与中国深度合作将形成对国内市场的冲击。未来，在建设路径上可以借鉴中国与东盟自贸区的建设经验和欧亚经济联盟与越南、伊朗自贸协定的实践，同时注意以俄罗斯提倡的"欧亚经济伙伴关系"促进自贸区构建，推进"一带一盟"对接合作。在加强政策协调、发挥"联合委员会"作用、构建良好合作环境的同时，夯实双方贸易投资合作的基础。

（二）"一带一盟"对接合作取得实质进展

在欧亚经济联盟内部，贸易自由化和便利化水平得到提升。2018年1月1日，《欧亚经济联盟海关法典》正式生效，新法典力图推动海关数字化以及流程简化，预计海关手续办理时间将缩短一半。欧亚联盟还致力于推动统一药品、能源及金融市场，并分别取得一定阶段性成果。特别在2018年12月，欧亚经济委员会最高理事会会议通过了《关于建立欧亚经济联盟统一天然气市场规划》，在统一天然气市场问题上有所突破。此外，欧亚经济联盟还大力推动数字经济发展，并推动自由贸易协定签署。截至2019年年底，欧亚经济联盟与越南签署自贸协定并生效，与伊朗签署自由贸易"临时协定"并生效，与新加坡、塞尔维亚签署自贸协定。

欧亚经济联盟是中国推进"一带一路"建设的重要伙伴，"一带一盟"在制度对接上已经取得重要进展。2018年5月，欧亚经济联盟和中国签署《中国与欧亚经济联盟经贸合作协定》，这是中国与欧亚经济联盟在经贸方面首次达成重要制度性安排，标志着中国与该联盟及其成员国的经贸合作从项目带动进入制度引领的新阶段，是对接合作取得实质进展的重要标志。同时，双方在技术设施建设、跨国运输、数字经济等重点领域展开合作。代表性成果包括，2019年6月，欧亚经济联盟与中国签署的《欧亚经济联盟与中国国际运输货物和交通工具信息交换协定》。该协定的签署有助于简化国际运输流程、强化海关监管。最后，双方还通过各层级沟通磋商，讨论"大欧亚伙伴关系"构想，希望共同促进区域组织、双多边一体化进程，造福欧亚大陆人民。

但同时，"一带一盟"对接合作也面临诸多挑战。一方面，欧亚经济联盟自身经济发展现状制约对外合作水平，而内部整合效果也影响对外开放程度。另一方面，中国也面临多边与双边的考量以及协调大欧亚伙伴关系与"一带一路"建设的挑战。为推动"一带一盟"对接合作，我们提出以下政策建议。第一，充分落实《中国与欧亚经济联盟经贸合作协定》，以减少非关税壁垒、促进贸易便利化、解决现阶段对接合作中的问题。第二，注意促进在数字经济、能源、金融、基础设施建设与运输合作等重点领域的合作。第三，积极回应并支持大欧亚伙伴关系，并且设法在参与中引导其朝着对中国有利的方向发展。

（三）中俄"一带一路"经贸合作势头强劲

俄罗斯是中国北部最大邻国和重要的战略合作伙伴，是"一带一路"建设的重要参与方。2018~2019年是"一带一路"建设推进的两年，亦是中俄"一带一路"经贸合作推进发展的两年。在舆论氛围上,不仅俄总统普京对"一带一路"建设多次给予高度评价,俄专家也对"一带一路"建设及在"一带一路"建设下发展中俄经贸合作持更加积极的态度。在政策沟通方面,中俄先后签署《中国与欧亚经济联盟经贸合作协定》、《关于电子商务合作的谅解备忘录》、《关于服务贸易领域合作的谅解备忘录》以及《中华人民共和国和俄罗斯联邦关于发展新时代全面战略协作伙伴关系的联合声明》等重要文件。这为双边经贸合作提供了更为稳定的政治保障,也为相关经贸活动的顺利开展打下了更为扎实的制度与机制基础。在设施联通方面,中俄在交通设施、物流通道建设与能源运输等领域的合作亦取得了一定成果,中俄同江铁路桥、原油和天然气运输管道等建设顺利推进。在贸易畅通方面,中俄双方在能源进出口、地方经贸合作、召开贸易博览会等方面继续深化合作,其中,地方经贸合作的发展成为一大亮点,两国贸易总额创历史新高。在资金融通方面,中俄金融合作同样创历史新高,中俄两国最大评级机构签署合作备忘录,本币结算合作加深、业务扩大。

当然,中俄"一带一路"合作也存在一定问题。俄罗斯国内依然有较多对"一带一路"的动机、可行性等方面的质疑,在政策沟通方面也存在"上热下冷"的现象。俄方交通运输网络不完善,交通基础设施落后,对跨境基础设施建设积极性不高,运输能力较弱、口岸便利化水平较低等都导致设施联通进度受到一定阻滞。在贸易畅通方面,中俄双边贸易规模较小、结构不合理等问题未有改善,边境经贸的布局也不甚合理,加之俄方法律保障不健全,以及地方保护主义严重,也进一步加大了对俄投资风险。最后,双方金融合作也存在融资担保难以落实、人民币与卢布直接结算量低、金融开放政策滞后等困难。为此建议:第一,着力消除俄方疑虑,深化政策沟通,加强"一带一路"下的合作互信;第二,继续加强双方政府间信息沟通,推动有关设施联通的政策协调,提高通道运输能力;第三,继续调整贸易结构,完善贸易布局,加强有关贸易安全保护机制建设,加强地方经贸合作;第四,通过增进中俄货币直接结算、完善金融开放政策等加强资金融通合作。

（四）上海合作组织经贸合作基础不断巩固

伴随着"一带一路"建设的稳步推进，中国与上合组织其他成员国的经贸合作联系日益紧密、基础不断巩固。上合组织已建立以国家元首和政府首脑会议机制为引领，以经贸部长会议机制为支撑，由高官委员会和专业工作组进行辅助，涉及能源、电子商务、投资促进等多领域的区域经济合作机制。2019年11月，上合组织审议通过《上合组织成员国多边贸易合作纲要》，明确了未来15年的合作方向，包括加强成员国间互联互通、促进欧亚地区合作、推动数字经济发展。当前，上合组织各成员国正以互利合作为原则，推进贸易便利化、加快融资体系建设和金融监督合作，经贸合作领域不断扩展。

上合组织成员国经贸合作发展势头良好，合作质量和水平不断提升，呈现出以下特点：能源、资源以及农业等优势领域合作持续深化，互利共赢成为合作的基本原则，新兴产业领域成为未来合作重点。2018～2019年，上合组织成员国整体贸易保持增长势头，中国与各成员国商品贸易结构逐渐优化，机电产品和机械设备的比重正不断提高。同时，中国与上合组织成员国间的工程承包合作稳步增长，并带动大量资本及人员"走出去"，强化了上合组织成员国间的经济合作联系。依托境外合作区，上合组织各成员国间积极开展以基础设施建设、贸易投资和产业合作为代表的产能合作，成效显著。

但与此同时，上合组织成员国间的经贸合作在贸易投资便利化水平、营商环境、项目管理方面还有较大提升空间。成员国间在战略对接、具体合作、机制建设、同类型制度竞争层面均存在不足。部分中亚国家和印度、巴基斯坦所面临的严峻恐怖主义威胁，影响上合组织经贸合作的持续、深入开展。另外，包括美国、欧盟等在内的域外国家或组织对于中亚事务的介入以及上合组织成员国之间的利益分歧，也将成为影响上合组织经贸合作的重要因素。

为此建议：第一，始终弘扬"上海原则精神"，增进政治互信；第二，秉承正确义利观，摒弃过时的零和思维，推进经济合作；第三，以灵活精准为原则，完善合作机制；第四，以共同利益观为基础，巩固安全合作。

（五）中国与阿盟"一带一路"建设下的合作

中国同阿拉伯国家间的友好交往历久绵长，双方在长期的历史进程中相互了解、相互影响、相互促进。阿拉伯国家联盟是中东和北非地区阿拉伯国家共同建立的地区多边合作机制，阿盟成员国是"一带一路"重要共建国家。在2018年7月的中阿合作论坛第八届部长级会议上，中阿双方签署了《中阿合作共建"一带一路"行动宣言》，推动"一带一路"同阿拉伯国家重大发展战略和政策对接，实现互利共赢。当前，拥有良好基础的中阿经贸活动正在"一带一路"建设的推进中进一步深化发展。中国同阿拉伯国家之间的经贸合作机制逐渐步入常态化运转，培育起了中阿合作论坛、中阿博览会以及中阿技术转移中心三大合作机制和平台。依托这些机制和平台，中阿积极拓展形式多样的双边—多边进程，有力推动了中阿经贸合作的进步。

中国同阿拉伯国家间的经济和贸易领域因合作程度高、收益多、前景好，受到中阿各国的特别重视。中阿经贸合作集中体现在能源、基础设施建设、贸易投资以及航空航天四大领域，"一带一路"推进过程中，又逐渐形成了商品贸易、服务贸易、技术合作、投资合作、旅游合作五大活动板块。当前，中阿经贸合作稳步提升，经贸关系发展良好。2019年，中国与阿拉伯国家贸易额达2664亿美元，再创新高。在"一带一路"共建过程中，中国政府鼓励两国企业在相互投资、工程承包等领域开展合作。2019年，中国对阿全行业直接投资14.2亿美元，同比增长18.8%。此外，中阿金融合作同样成果丰硕，中国的银行强化在阿盟国家的布局，双方开展了担保项目、贷款、融资等合作。

当然，阿拉伯国家间内部分歧和矛盾、教派冲突导致的阵营分化以及阿拉伯国家新兴合作机制（红海安全合作实体）均会对中阿贸易合作产生影响。为此建议：第一，自上而下地释放有利于中阿经贸合作的积极信号，通过促进高层互访，向各方传递"一带一路"建设权威声音及信心；第二，自下而上地建构有利于中阿经贸合作的环境，通过加强传媒合作，有意识地向阿拉伯国家投送有关中国发展和中国文化的音视频资料；第三，注意在中间层面充分利用已建立的各种中阿合作机制与平台，巩固落实已有合作成果，通过中阿经贸合作打造中国外交新型伙伴关系的重要样板。

东南亚篇
Southeast Asia

"一带一路"视域下中国-东盟经贸合作新发展

谷合强 范斯聪 张振源[*]

摘　要： "一带一路"建设是新时代中国深化国内改革与拓展对外开放的战略性举措，是打造更加紧密的中国-东盟命运共同体的重要抓手。"一带一路"倡议为中国-东盟经贸合作注入"平等与协商"、"务实与共建"和"包容与共享"的合作新理念，搭建"发展战略对接"、"系统化工程"、"跨国产业园区"和"多元化创新"的合作新平台，建立"政策沟通"、"设施联通"和"资金融通"的合作新机制。同时"一带一路"项目在东盟推进过程中面临内部民族主义上升和域外大国力量的干扰等风险，中国企业投资风险日益呈现多元化趋

---

[*] 谷合强，暨南大学国际关系学院国际关系博士研究生；范斯聪，博士，武汉大学国际问题研究院讲师，国家领土主权与海洋权益创新中心副研究员；张振源，博士，深圳市地方金融监督管理局职员。

势。中国在未来中国－东盟经贸合作中需要更好地承担大国责任和发挥地区稳定发展的积极作用，彰显"睦邻、安邻、富邻"和"亲、诚、惠、容"周边外交理念，持续推动中国－东盟利益共同体、安全共同体和命运共同体的建设。

关键词： "一带一路"倡议　中国－东盟　经贸合作

自 2013 年 10 月，习近平主席访问印度尼西亚期间提出与东盟共建"21世纪海上丝绸之路"、打造中国－东盟命运共同体等合作新倡议以来，"一带一路"建设在东盟国家的认同度和支持度不断提升，双方在"一带一路"框架中的道路基础设施互联互通、经贸、产业、能源、人文等领域的合作快速发展。本文尝试从"一带一路"倡议为中国－东盟经贸合作注入新理念、搭建新平台与提供新保障三个层次分析双边经济关系新发展。

一　"一带一路"倡议为中国－东盟经贸合作注入新理念

"一带一路"倡议为中国－东盟经贸合作注入"平等与协商"、"务实与共建"及"包容与共享"的新理念，[1] 推动中国东盟双边关系从"黄金十年"向"钻石十年"发展。

（一）"平等与协商"理念

历史上出现的国际组织或机制多具有不平等性，如拿破仑战争后的维也纳体系、一战后的凡尔赛－华盛顿体系、二战后的雅尔塔体系及后冷战时代美国主导的"亚太新秩序"，因而传统国际体系或机制无法真正消除国家间

---

[1] 《推动共建丝绸之路经济带和21世纪海上丝绸之路的愿景与行动》，《人民日报》2015年3月29日，第4版。

的矛盾和冲突，结果是各种矛盾、冲突不断积累，难以阻止战争的爆发。当前国际体系一定程度上表现为美国与中国的国际规则制定权的博弈，"一带一路"倡议正是中国力图避免传统大国间出现"修昔底德陷阱"的中国方案：坚持国家地位平等，建立"平等协商、开放包容、互惠互利"的国际合作新机制和实现各国共同分享发展成果。[1] 中国是"一带一路"倡议的发起者，但绝不谋求领导权，而是通过友好协商继承或发展既有国际机制，寻找各方合作共赢的切入点与潜力点。[2] 中国-东盟经贸合作坚持各国地位平等，通过友好协商解决"一带一路"建设中出现的矛盾与利益冲突。

其一，强调各国地位平等。主权是在无政府状态国际社会中维护国家利益的重要保障，中国-东盟"一带一路"建设中恪守主权原则，尊重彼此国家的独立、主权和领土完整，不干涉他国内政，依据国际法和平解决分歧，共同促进地区和平、安全与稳定。[3] 早在2003年发表的《中国和东盟国家领导人关于面向和平与繁荣的战略伙伴关系的联合声明》就强调"政治上，双方相互尊重领土主权完整和各自选择的发展道路"，2018年的《中国-东盟战略伙伴关系2030年愿景》"进一步重申依据国际法相互尊重彼此独立、主权和领土完整，及不干涉他国内政原则"。

其二，重视项目协商。"一带一路"项目建设坚持政策沟通优先，充分尊重东盟国家利益。2018年5月，第二届中国-中南半岛经济走廊发展论坛在南宁举行，主题为"设施联通与能力提升"。中国和中南半岛多个国家的政府官员、金融机构代表、知名学者、商界精英和新闻媒体人士等130多名嘉宾参与交流互动。[4]

其三，拓宽协商渠道。"一带一路"倡议注重通过举办论坛、研讨会、培训班与实地考察等方式开展广泛协商，提高东盟国家对"一带一路"的

---

[1] 王跃生：《"一带一路"与国际合作的中国理念》，《中国高校社会科学》2016年第1期。
[2] Scott Kennedy and David A. Parker, "Building China's 'One Belt One Road'", CSIS Publication, http://csis.org/publication/building-chinas-one-belt-one-road.
[3] 《中国-东盟战略伙伴关系2030年愿景》，《人民日报》2018年11月16日，第2版。
[4] 《第二届中国-中南半岛经济走廊发展论坛在南宁举办》，中国新闻网，http://www.gx.chinanews.com/news/2018/0524/23553.html。

认知。例如，缅甸国务资政昂山素季认为"一带一路"有利于双边高层达成政治共识和民众增强相互理解。① 2019年9月21~24日，以"共建'一带一路'，共绘合作愿景"为主题的第16届中国－东盟博览会、中国－东盟商务与投资峰会在广西南宁举行。与会各国领导人高度评价中国－东盟友好合作成果及东博会在其中发挥的重要作用，表明了落实《中国－东盟战略伙伴关系2030年愿景》、深化全面友好合作、共同反对单边主义和保护主义、共建"一带一路"的强烈愿望和决心。②

（二）"务实与共建"理念

近年来，国际金融危机的消极影响依然存在，全球贸易与投资双下降局面尚未根本扭转，各国经济增长乏力。东亚长期形成的"区域内生产和区域外消费"产业结构更加受到国际经济宏观环境的影响，"一带一路"项目注重"务实与共建"理念、为推动东盟经济增长提供"中国方案"。

其一，共同制定发展规划。中国与东盟经过多轮友好谈判，在综合考虑各方利益的基础上制定相关的经济发展计划或规划，中国与老挝、缅甸和泰国等国共同编制了《澜沧江－湄公河国际航运发展规划（2015~2025年）》，计划2025年思茅港南得坝至老挝琅勃拉邦航道实现500吨级船舶航道通航，实现"泛亚铁路"中线与东南亚"互联互通"。2018年9月12日，澜湄国家产能合作联合工作组第三次司局级会议在广西南宁召开，各方就编制澜湄国家产能合作三年行动计划、组建澜湄国家产能与投资合作联盟、开展"多国多园"合作、设立澜湄产能合作基金等事项进行了富有成效的研讨。③

其二，共建新型次区域合作。澜湄合作机制是澜沧江－湄公河沿岸六国

---

① Xi, "World Leaders Reach Belt and Road Pacts", http：//europe.chinadaily.com.cn/epaper/2017-05/19/content29413900.htm.
② 《第16届中国－东盟博览会闭幕 力促"一带一路"贸易畅通》，中国新闻网，http：//www.chinanews.com/cj/2019/09-24/8964396.shtml.
③ 《澜湄国家产能合作联合工作组第三次会议在广西南宁召开》，中国一带一路网，https：//www.yidaiyilu.gov.cn/xwzx/gnxw/66297.htm.

共同建设的新型次区域合作机制，致力于打造澜湄流域经济发展带、建设澜湄国家命运共同体。① 2018年1月10~11日，澜湄合作第二次领导人会议在柬埔寨金边举行，会议发表了《澜湄合作五年行动计划》和《澜湄合作第二次领导人会议金边宣言》，标志着澜湄合作机制已从培育期发展到成长期。② 截至2019年，中国已先后与柬埔寨、老挝、缅甸和泰国签订了澜湄合作专项基金项目协议，澜湄合作机制加速成长。中缅经济走廊联合委员会是中缅"互联互通"合作重要机制。2018年9月，联合委员会第一次会议在北京举行，双方就走廊合作理念及原则、联合委员会工作机制、早期收获项目、合作规划及推进重大合作项目等问题进行磋商并达成共识，同意设立发展规划、产能与投资、边境经济合作区、数字丝绸之路等12个重点合作领域专项工作组。③

（三）"包容与共享"理念

"一带一路"是推动共建国家经济开放发展与合作共赢的新平台，是中国贡献给世界经济社会发展的"公共产品"，中国愿意与东盟共同分享本国发展机遇，欢迎搭乘"中国发展快车"，为中国-东盟经贸合作注入"包容与共享"理念。

其一，推动区域经济一体化发展。2015年11月，中国-东盟自贸区升级议定书签署；2019年10月，在所有东盟国家均完成了国内核准程序后，升级议定书对所有协定成员全面生效。升级议定书在货物贸易、服务贸易、投资和经济合作等方面均进行了升级，将进一步释放自贸区红利，让自贸协定的优惠政策真正惠及自贸区所有协定成员国的企业和人民，也必将有力地推动双方经贸合作再上新台阶，为双方经济发展提供

---

① 王毅：《建设澜湄国家命运共同体 开创区域合作美好未来》，中国一带一路网，https：//www.yidaiyilu.gov.cn/ghsl/gnzjgd/50859.htm。
② 《澜湄合作第二次领导人会议开幕》，新华网，http：//www.xinhuanet.com//politics/leaders/2018-01/10/c_1122240551.htm。
③ 《中缅经济走廊联合委员会第一次会议在北京召开》，中国一带一路网，https：//www.yidaiyilu.gov.cn/xwzx/gnxw/66088.htm。

新的助力。① 更值得关注的是，2019年11月4日，第三次"区域全面经济伙伴关系协定"（RCEP）领导人会议在泰国曼谷闭幕，会后RCEP领导人发布了联合声明，表示RCEP 16个国家中有15个国家已经完成了所有20个章节以及几乎所有市场准入制度的文本谈判，下一步将进行法律审查以让该协议在2020年正式签署。②

其二，从双边贸易发展来看，2004年双边贸易额为891.6亿美元，2018年为4837.6亿美元，14年间增加了4.4倍，年均增速达12.8%。从出口来看，2004年，中国对东盟出口额为477.6亿美元，2018年出口额达2848.1亿美元，增加了5倍，年均增速为13.6%。从进口来看，2004年中国对东盟进口额为414亿美元，2018年进口额为1989.6亿美元，增加了3.8倍，年均增速为11.9%。中国对东盟贸易顺差由2004年的63.7亿美元扩大到了2018年的858.5亿美元。

其三，从双方投资情况来看，2018年，中国对东盟的直接投资流量为136.94亿美元，占当年流量总额的9.6%，占对亚洲投资流量的13%，投资在10亿美元以上国家依次是新加坡、印度尼西亚、马来西亚、老挝和越南；年末存量为1028.58亿美元，占存量总额的5.2%、对亚洲投资存量的8.1%。2018年年末，中国共在东盟设立直接投资企业超过5200家，雇用外方员工近43万人。从流量行业构成情况看，投资的第一目标行业是制造业，资金为44.97亿美元，同比增长41.7%，占32.8%，主要流向马来西亚、印度尼西亚、越南、新加坡和泰国。

概言之，"一带一路"推动了中国－东盟经济"绝对"与"相对"收益的同步增加，彰显了新时代中国特色外交"共同生存、共享发展、公平治理、合作共赢、共同进步"的核心价值理念与"亲、诚、惠、容"的周

---

① 《中国－东盟自贸区升级〈议定书〉全面生效》，中国自由贸易区服务网，http://fta.mofcom.gov.cn/article/chinadongmeng/dongmengnews/201910/41660_1.html。
② 《RCEP发布领导人联合声明：全面区域经济伙伴关系协定将于明年签署》，央视网，http://m.news.cctv.com/2019/11/04/ARTILjvtcZREQkEm0UWtBL0X191104.shtml。

边外交思想。① 中国自觉承担相应的国际、地区发展责任，推动了亚太区域经济一体化发展，中国-东盟经贸合作成功回击了中国利用亚洲大国地位诱导周边国家变成严重依赖中国经济附庸等新殖民主义言论。②

二 "一带一路"倡议为中国-东盟经贸合作搭建新平台

"一带一路"倡议不仅为中国-东盟经贸合作注入多种新理念，还为双边搭建起"发展战略对接"、"系统化工程"、"跨国产业园区"与"多元化创新"等合作平台，推动双方在商品贸易、基础设施建设、工程承包、产能合作和金融服务等领域的合作。

（一）"发展战略对接"平台

中国-东盟"一带一路"框架合作坚持以东盟国家发展实际为基础，建立起各种形式的"战略对接"平台。

其一，"一带一路"倡议与东盟共同体愿景的对接。一是与东盟"经济共同体远景规划"对接。2016年第27届东盟峰会提出《东盟经济共同体2025蓝图》（ASEAN Economic Community Blueprint 2025），强调消除成员国之间的贸易壁垒和实现基础设施"互联互通"。"一带一路"的基础设施"互联互通"与《东盟互联互通总体规划2025》具有内在一致性，为中国-东盟经济整体发展战略对接奠定了基础。③ 2018年是中国-东盟建立战略伙伴关系15周年，李克强总理出席了在新加坡举行的第21次中国-东盟领导人会议，发表了《中国-东盟战略伙伴关系2030年愿景》。2019年11月，第22次中国-东盟领导人会议宣布制定《落实中国-东盟面向和平与

---

① 王存刚：《论中国外交核心价值观》，《世界经济与政治》2015年第5期，第15~18页。
② David Arase, "China's Two Silk Roads: Implications for Southeast Asia", ISEAS Perspective, January 22, 2015, pp. 334–354.
③ Zhao Hong, "How ASEAN's Vision can Join with China's Belt and Road Initiative", http://www.Straitstimes.com/opinion/how-aseans-vision-can-jive-with-chinas-belt-and-road-initiative.

繁荣的战略伙伴关系联合宣言的行动计划（2021～2025）》，发表《中国－东盟关于"一带一路"倡议与〈东盟互联互通总体规划2025〉对接合作的联合声明》，共同推动区域经济一体化发展和中国－东盟命运共同体建设。

其二，"一带一路"与具体国家的战略对接。中国倡导"一带一路"与各国发展战略的对接，强调"一国一策"。①"一带一路"与泰国"东部经济走廊建设"、老挝"陆联国"战略、越南"两廊一圈"战略、柬埔寨"四角战略"、菲律宾"大建特建"计划、印尼"全球海洋支点"战略、马来西亚"2020年全面发达国家"战略都进行了对接。其中，中国与泰国签署"一带一路"建设与泰国"东部经济走廊建设"谅解备忘录，实现"一带一路"与"泰国工业4.0""数字泰国""东部经济走廊"等发展规划合作"互联互通"机制化建设。2019年4月，中国与柬埔寨签署《柬埔寨"四角战略"对接"一带一路"倡议合作谅解备忘录》，该备忘录作为中国银行与柬埔寨政府合作的总体框架协议，旨在将柬埔寨"四角战略"对接"一带一路"倡议。②

（二）"系统化工程"平台

长期以来，中国－东盟经贸合作主要表现为具体项目、具体领域和贸易合作，商品贸易的比重过大，贸易不平衡产生的"相对收益"矛盾制约了双边经济发展。"一带一路"强调提升共建国家的产业链和价值链，为中国－东盟合作搭建"系统化工程"平台，促进各种生产要素自由流动与各方经济互利合作。

其一，协力共建基础设施。目前中国国内大多数工农业产品生产处于"产能过剩"状态，而东盟大多数国家正处于工业化发展初中期阶段，对基础设施类产品需求巨大。亚洲发展银行分析，2016～2030年东南亚地区每

---

① 宋国友：《"一带一路"战略构想与中国经济外交新发展》，《国际观察》2015年第4期，第25～30页。
② 《中国银行与柬埔寨财经部签署〈柬埔寨"四角战略"对接"一带一路"倡议合作谅解备忘录〉》，中国一带一路网，https://www.yidaiyilu.gov.cn/xwzx/gnxw/88727.htm。

年至少需在基础设施领域投资 1.7 万亿美元来保持相应发展速度。① 基于印尼雅万高铁、中老铁路、中泰铁路等重大基础设施项目投资需要资金多、建设周期长与风险复杂等因素，中国－东盟通过组建各种企业综合体负责项目的建设与管理。

其二，鼓励彼此优势产业合作。中国与东盟之间在产业结构上存在较大差异，东盟十国之间经济发展水平差距也比较明显，在产业发展上各具优势。新加坡服务业优势明显，新加坡中资企业协会与新加坡工商联合会（SBF）等东盟 30 家商会和商团共同组建的"商团商会联盟"，集中服务东南亚地区的商业社群发展和帮助企业提升技能、发展转型、营造良好贸易投资环境等，与中国签署了 100 多份"一带一路"框架内的合作备忘录。② 中国与马来西亚签署了共同开发马六甲皇京港谅解备忘录，整合双方优势共同发展旅游、智能城市、商业枢纽、深水港、造船及海洋工业园等项目。③ 2019 年 6 月，马六甲皇京港第一岛的国际游轮码头项目已展开打桩工程，竣工后将成为东南亚最大的游轮码头。④

其三，组建合资公司开发第三方市场。2018 年 4 月，新加坡贸工部与中国国家发展改革委签署谅解备忘录，在"一带一路"共建国家开展第三方市场合作。根据谅解备忘录，双方将联合组建工作小组，确认两国可共同开发的市场和领域；定期主办企业配对交流活动和论坛，加强新中企业合作；同商业和政策性银行、保险公司和金融机构合作，支持两国企业在开拓

---

① "Reviving the Ancient Silk Road: What's the Big Deal about China's One Belt One Road Project", http://www.straitstimes.com/asia/east-asia/reviving-the-ancient-silk-road-whats-the-big-deal-about-chinas-one-belt-one-road.
② 《工商总会与30家商会商团组成联盟协助企业转型》，联合早报网，http://www.zaobao.com/finance/singapore/story20170906-793007。
③ 《马中企业合作310亿马币发展9项合作计划》，商务部网站，http://my.mofcom.gov.cn/article/sqfb/201705/20170502579164.shtml。
④ 《几经波折，马六甲皇京港第一岛码头即将竣工》，中国报道网，http://www.chinareports.org.cn/djbd/2019/0611/9557.html。

第三方市场时的融资和项目策划需求。① 随后，中国机械设备工程股份有限公司与新加坡星桥腾飞集团在印度合作开发金奈晨光物流产业园区，主要产业方向为机械加工业及工业物流，目前，一期厂房已全部租出。② 中国富春控股集团与新加坡叶水福集团合作开发"一带一路"沿线物流产业，初始规模为1.5亿美元的"富春·叶水福一带一路物流资产私募基金"已于2018年下半年正式启动发行。③ 中国魏桥集团和烟台港务局与新加坡韦立集团在几内亚成立"赢联盟"，共同开发几内亚铝土矿。截至2019年9月，通过几内亚博凯港至山东烟台港长达11400海里的航线，"赢联盟"从几内亚运回了1.2亿吨铝土矿，使几内亚超过澳大利亚成为世界第一大铝土矿出口国。④

（三）"跨国产业园区"平台

现代产业经济理论认为一国内部的产业集聚有利于规模经济效益的形成，同样"跨国产业园区"可以打破国家间的贸易壁垒，降低企业海外融资成本而实现国家间经济利益增加。为此，中国与东盟国家开展了多种形式的跨国产业园区合作，表1整理了中国在东盟国家经过确认考核的境外经贸合作区。其中，泰中罗勇工业园是中国的首批境外经济贸易合作区之一，5年多来有近60家新企业入园，园区实现工业总产值90亿美元，约占最近10年园区累计实现工业总产值的75%。罗勇工业园已成为中国在泰国乃至东盟的最大产业集群中心和制造业出口基地，促进了泰国经济的发展与繁荣。⑤ 中

---

① 《新中将在"一带一路"沿线国家开展第三方市场合作》，商务部网站，http://www.mofcom.gov.cn/article/i/jyjl/j/201804/20180402729685.shtml。
② 《白绍桐出席首届中国-新加坡"一带一路"投资合作论坛》，国机集团，http://www.sinomach.com.cn/xwzx/jtdt/jt17/201810/t20181026_194270.html。
③ 《浙江-新加坡经济贸易理事会专题会议在新加坡举行 张国标董事长出席会议并签署合作备忘录》，富春集团，http://forchn.com.cn/newsinfo.aspx?id=150。
④ 《韦立国际总裁孙修顺："赢联盟"已从几内亚运回1.2亿吨铝土矿》，新浪网，http://finance.sina.com.cn/roll/2019-09-07/doc-iicezueu4061004.shtml。
⑤ 《罗勇工业园驶入发展快车道》，《人民日报》，http://paper.people.com.cn/rmrb/html/2019-03/02/nw.D110000renmrb_20190302_1-03.htm。

柬（埔寨）共建西哈努克港经济特区集中发展纺织、木材加工、机械制造等产业，至2019年10月，西港特区6平方公里区域内已初步实现通路、通电、通水、通信、排污（五通）和平地（一平），成为柬埔寨当地生产、生活配套环境完善的工业园区之一，并吸引了来自中国、欧美、东南亚等国家和地区的165家企业入驻，创造就业岗位近3万个。[①]

表1 中国在东盟国家经过确认考核的境外经贸合作区名录统计

序号	合作区名称	境内实施企业名称
1	柬埔寨西哈努克港经济特区	江苏太湖柬埔寨国际经济合作区投资有限公司
2	泰国泰中罗勇工业园	华立产业集团有限公司
3	越南龙江工业园	前江投资管理有限责任公司
4	老挝万象赛色塔综合开发区	云南省海外投资有限公司
5	中国·印尼经贸合作区	广西农垦集团有限责任公司
6	中国印尼综合产业园区青山园区	上海鼎信投资（集团）有限公司
7	中国·印尼聚龙农业产业合作区	天津聚龙集团

资料来源：《通过确认考核的境外经贸合作区名录》，商务部对外投资和经济合作司网站，http：//fec.mofcom.gov.cn/article/jwjmhzq/article01.shtml。

（四）"多元化创新"平台

"一带一路"倡议坚持创新理念，为中国-东盟经贸合作搭建"多元化创新"平台。2018年是"中国-东盟创新年"，双方共同发表《中国-东盟科技创新合作联合声明》，探讨建立科技创新合作机制、共建科技园区、落实中国-东盟科技伙伴计划。

其一，数字经济、人工智能、"互联网+"等新业态是目前双边创新合作重点领域。2018年12月，中国（南宁）跨境电子商务综合试验区开区运

[①] 杨陈：《柬埔寨西哈努克港经济特区成中柬合作样板 已解决当地21000多人就业》，中国新闻网，http：//www.chinanews.com/gj/2018/11-02/8666100.shtml。

营，标志着"电商广西、电商东盟"联动机制形成。① 2019年10月召开的第14次中国-东盟电信部长会议审议通过了《2020年中国-东盟信息通信合作计划》《第14次中国-东盟电信部长会议联合声明》，以数字经济合作引领双方全方位创新合作。② 企业更是深入开展实质性合作，包括阿里巴巴、华为、中国移动等企业。在泰国东部经济走廊经济区，阿里巴巴将建设"柬老缅越泰中南半岛五国智能数字枢纽"。华为拟开展东南亚地区最大的云数据中心数字化建设。③ 阿里巴巴通过进驻马来西亚"数字自贸区"帮助当地中小企业利用网络经济发展跨境电子商务，助力马来西亚实现电子商务交易量至2020年翻一番的目标。④ 2019年7月，中国移动国际有限公司宣布其在新加坡自建自营的数据中心正式启动，这是其首个落成运营的海外数据中心。

其二，其他产业各类型"创新平台"逐渐形成。2019年9月22日，在中国-东盟重要创新合作项目签约仪式上，7个项目成功签约，分别是中国-柬埔寨科技创新合作与技术转移谅解备忘录、共建中国-东盟互联网应用技术联合创新中心、共建广西-老挝传统药物研究联合实验室、中国-东盟空间信息数据关键技术及应用合作、共建人工智能与大数据国际合作联合实验室、共建中国-东盟综合交通国际联合实验室、共建中国-东盟泌尿外科疾病防治联合创新中心。⑤

目前，东盟大多数国家仍然处于全球供应链和价值链的中低端环节，作为原材料供应基地与加工车间的地位尚没有根本改变，而且中国-东盟产业

---

① 黄艳梅：《广西打造中国-东盟跨境电子商务基地》，人民网，http：//gx. people. com. cn/n/2015/0917/c373137 - 26421952. html。
② 《中国-东盟合作新亮点：数字经济合作》，中国-东盟自由贸易区商务门户，http：//www. cn - asean. org/xwfb/201911/t20191122_ 906456. html。
③ 吕健：《中国驻泰国大使：共建"一带一路"让中泰亲上加亲》，中国新闻网，http：//www. chinanews. com/gn/2018/10 - 05/8642784. shtml。
④ 《苏晓晖："一带一路"中马合作重要平台》，《人民日报》（海外版）2018年8月20日，第1版。
⑤ 《7个中国-东盟重要创新合作项目签约》，中国-东盟自由贸易区商务门户，http：//www. cn - asean. org/xwfb/201909/t20190923_ 892863. html。

结构存在趋同化状况，传统产业的经济竞争存在潜在冲突的一面。因此，中国－东盟应在"一带一路"框架下，搭建起多元化平等开放、互利互惠的经济合作平台，促进各种资源要素的合理配置，推动参与国利益的增长和企业"抱团"发展。

三 "一带一路"为中国－东盟经贸合作提供新保障

国际机制、规则与规范是国家间关系稳定的重要保障，"一带一路"推动政府引导、企业主体与社会支持多层次、多元化的合作机制建设，为中国－东盟经贸合作提供制度化保障，有利于化解双方经贸关系发展中出现的矛盾和冲突，构建更加和谐、互利与共赢的新型经贸关系。

（一）"政策沟通"机制

"一带一路"建设将建立和完善"政策沟通"机制，加强中国和共建国家、国际组织之间的政策协调与沟通。中国与东盟之间建立了多层次的政策沟通机制，取得了一系列成果。

其一，中国－东盟层面的政策沟通机制。中国－东盟形成了中国－东盟领导人会议（10+1）、中国－东盟博览会、中国－东盟商务投资峰会、中国－东盟商务理事会、中国－东盟中心等五大对话合作机制。2018年11月，第21次中国－东盟（10+1）领导人会议暨庆祝中国－东盟建立战略伙伴关系15周年纪念峰会在新加坡会展中心举行，通过了《中国－东盟战略伙伴关系2030年愿景》；2019年11月，第22次中国－东盟（10+1）领导人会议在泰国曼谷举行，会议宣布制定《落实中国－东盟面向和平与繁荣的战略伙伴关系联合宣言的行动计划（2021～2025）》，针对东盟地区的基础设施建设，强调通过"一带一路"来促进投资并加强经济合作。

2018年9月，第15届中国－东盟博览会、中国－东盟商务与投资峰会举行，以"共建 21 世纪海上丝绸之路，构建中国－东盟创新共同体"为主题。① 该届博览会总参展企业 2780 家，举办有组织的贸易投资促进活动 90 余场，推动中国－东盟经贸合作取得新成效。② 2019 年 9 月，第 16 届中国－东盟博览会、中国－东盟商务与投资峰会举行，以"共建'一带一路'，共绘合作愿景"为主题。参展企业增至 2848 家，举办了 90 场贸易投资促进活动，重点突出《中国－东盟战略伙伴关系 2030 年愿景》内容，推动合作迈上新台阶。③

2018～2019 年，中国－东盟商务理事会先后主办了两次东盟商机对话会和一次"一带一路"中国－东盟产业合作圆桌会议，与纺织业、建筑材料业、机械制造业、家电业、皮革制造业、电力行业、食品业、水产流通与加工业等行业签署了"一带一路"框架下的合作备忘录。

2018～2019 年，中国－东盟中心先后举办了中国－东盟青年夏令营、中国－东盟日、中国－东盟互联互通专题研讨会、中国－东盟工业设计与创新论坛、中国－东盟智能产业大会、中国－东盟青年论坛、中国－东盟数字经济产业论坛、东盟与中国关系系列演讲等一系列活动。

其二，中国与东盟成员国层面的政策沟通机制。中国与东盟成员国在政府层面保持了密切的沟通，达成了一系列合作协议（见表 2）。此外，东盟成员国还成立了由政府、企业和学术团体等构成的"一带一路"信息服务机构。新加坡国际企业发展局（IE Singapore）负责为新加坡企业参与"一带一路"建设提供政策咨询服务，并牵头与中国国家发展改革委等部门共同举办"一带一路"圆桌会议。马来西亚成立了隶属于马来西亚华人公会对华事务委员会的"一带一路"中心，负责为本国企业提供"一带一路"信息咨询、市场开拓和政府联络服务。

---

① 《"一带一路"、创新合作成第 15 届东博会关键词》，中国政府网，http：//www.gov.cn/xinwen/2018－07/17/content_ 5307221.htm。
② 《第 16 届东博会初定 2019 年 9 月在南宁举行 印尼任主题国》，中国政府网，http：//www.gov.cn/xinwen/2018－09/15/content_ 5322131.htm。
③ 《30 多个国家的 2800 多家企业将亮相第 16 届中国－东盟博览会》，中国政府网，http：//www.gov.cn/xinwen/2019－09/20/content_ 5431676.htm。

表2　中国-东盟"一带一路"合作项目/协议

类别	项目/协议	国家
政策沟通	政府间"一带一路"合作谅解备忘录	新加坡、缅甸、马来西亚、菲律宾、印度尼西亚
	共建"一带一路"政府间双边合作规划	老挝、柬埔寨、越南、泰国
	政府间经贸合作协议	越南、柬埔寨、老挝、菲律宾、印度尼西亚、缅甸、文莱
设施联通	政府间和平利用核能协定	泰国
	关于开展航天合作的谅解备忘录	泰国
	水资源领域谅解备忘录	马来西亚
	加强基础设施领域合作的谅解备忘录	柬埔寨
	"一带一路"交通运输领域合作文件	柬埔寨、巴基斯坦、缅甸
	联合海洋观测站	柬埔寨
	基础设施融资合作协议	印度尼西亚、老挝、泰国
	轻轨项目贷款协议	柬埔寨、越南
	机场扩改建项目贷款协议	缅甸
	推进"全球海洋支点"建设谅解备忘录	印度尼西亚
贸易畅通	边境经济合作区的谅解备忘录	缅甸
	关于开展泰国"东部经济走廊"建设合作的谅解备忘录	泰国
	电子商务合作的谅解备忘录	越南
	关于加强标准合作,助推"一带一路"建设的联合倡议	马来西亚、柬埔寨
	中国与新加坡关于推广、接受和使用电子证书的谅解备忘录	新加坡
资金融通	融资授信额度战略合作、框架协议	菲律宾
	化工、冶金、石化等领域产能合作、融资合作协议	印度尼西亚、马来西亚
	融资、债券承销等领域务实合作	菲律宾、柬埔寨、马来西亚
	转贷款、贸易融资等领域务实合作	马来西亚、泰国
	信用保险公司合作框架协议	老挝、柬埔寨、印度尼西亚

资料来源:根据中国一带一路网(https://www.yidaiyilu.gov.cn/index.htm)刊载的相关资料整理得到。

(二)"设施联通"机制

目前"一带一路"建设处于以基础设施"互联互通"为主的发展阶段,

中国企业在铁路、公路、港口、电力、建材等行业具有雄厚实力，推动了中国－东盟的设施联通。

中国－东盟分别成立中国－东盟互联互通合作委员会中方工作委员会与东盟互联互通协调委员会，负责在互联互通、基础设施建设、技术转移与人员培训等领域的沟通协调工作。

其一，铁路建设进展。2019 年 12 月 2 日，中老铁路首根 500 米钢轨在位于老挝首都万象的中铁二局焊轨基地完成焊接，标志着中老铁路焊轨基地正式投入生产，为中老铁路全线轨道铺设奠定了坚实基础，当月中老铁路供电项目开工仪式在老挝首都万象举行。① 2018 年 11 月 23 日，中泰双方召开中泰铁路合作联合委员会第 26 次会议，双方就加快推动中泰铁路合作进行了深入磋商，达成多项共识，并签署了会议纪要。2019 年 5 月 14 日，由中国与印尼国企联合体组建的中印尼合资公司承建的雅加达至万隆高速铁路（"雅万高铁"）瓦利尼隧道贯通，是雅万高铁首条贯通的隧道，标志着雅万高铁建设取得阶段性重要进展，为雅万高铁全线加速建设奠定了重要基础。②

其二，港口建设及合作。港口合作是中国－东盟"一带一路"合作的重要内容，近年来双方加强了港口的"共建共管"。文莱地处东盟东部增长区核心区，希望与中方合作将摩拉港建成国际性大型港口。2017 年，广西北部湾国际港务集团与文莱达鲁萨兰资产管理公司组建文莱摩拉港有限公司，正式接手港口集装箱码头业务，通过增加新吊机等港口作业设备实现单船平均作业效率提高 50%，2018 年前 10 个月集装箱吞吐量达 93257 标箱，同比增长 7%。③ 此外，港口城市合作网络是中国－东盟开展海上"互联互通"合作的重要机制，中国－东盟港口物流信息一期工程实现广西钦州港

---

① 《中老铁路焊轨基地正式投入生产》，新华网，http：//www.xinhuanet.com/world/2019 - 12/02/c_1125299281.htm。

② 《印尼雅万高铁首条隧道顺利贯通》，《人民日报》，http：//paper.people.com.cn/rmrb/html/2019 - 05/18/nw.D110000renmrb_20190518_7 - 03.htm。

③ 孙广勇、林芮：《中文合资企业提升文莱摩拉港区域竞争力 帮助打造东盟航运中心》，中国东盟博览会网，http：//www.caexpo.org/html/2018/info_1211/231506.html。

与互航的东盟港口物流信息"互联互通"。

其三，跨国运输建设。中新（重庆）战略性互联互通示范项目体现了中新合作理念创新，以重庆为基地带动整个中国西部发展，是一个不受地理位置约束的网络概念，通过做好经济发展要素、融资、物流成本降至最低点等途径挖掘中国西部发展潜力。[1] 截至2018年11月7日，中新双方在中新互联互通项目框架下共签约137个合作项目，总金额逾219亿美元。[2] 2018年12月，重庆至新加坡的东盟班车线路启动测试，从重庆巴南开出，经过广西凭祥友谊关、越南、老挝、泰国、马来西亚到达新加坡，全长约4500公里，历时7天，全程采用陆运方式，以45尺集装箱为运输单元，中途不换箱，可以满足中国西南地区制造、加工贸易企业国际物流货运和东盟国家商品进入中国内地的需求。[3] 成都港投集团、广西北部湾集团、中远海运物流、香港新华集团发挥各自港口、物流、贸易等方面优势，共同出资成立南向通道平台公司——成都川桂南拓铁海国际多式联运有限公司，通过共建共享加快南向通道发展，构建中国西部陆海互济、东西畅达、南北贯通的新欧亚大陆桥，促进中国与南亚、东南亚各国的经贸联系。

总之，"一带一路"开创"轴辐式物流网络模式"，实现港口与铁路系统"配对"和"点到点"货物交付模式，取代了传统"港口到港口的模式"，降低单位运输成本并基于网络干线形成规模效应，提高资源利用率，产生集群效应，带动所在区域及城市经济发展。[4]

---

[1]《新加坡贸工部长：新中可携手到第三方市场做"一带一路"项目》，陕西一带一路网，http：//snydyl.sndrc.gov.cn/article/27084.html。
[2]《中新互联互通项目三年"答卷"》，中国政府网，http：//www.gov.cn/xinwen/2018-11/14/content_5340146.htm。
[3]《中欧班列（郑州）东盟线路开行》，中国一带一路网，https：//www.yidaiyilu.gov.cn/xwzx/dfdt/73962.htm。
[4] 林佳：《外媒："一带一路"重塑全球物流模式》，海外网，http：//m.haiwainet.cn/middle/3542291/2018/1206/content_31453832_1.html。

（三）"资金融通"机制

"一带一路"建设需要资金支持，"资金融通"机制是保证各类项目顺利进行的重要机制。中国-东盟重视完善"资金融通"机制，在银行合作、金融市场、重大项目融资上取得了积极进展。

其一，银行间合作。中国各类商业银行、证券公司利用中新合作机制在新加坡设立分支机构，中国银行、中国工商银行在新加坡获得全牌照可经营零售业务，中国建设银行在新加坡设立全球基础设施建设服务中心，海通证券、中泰国际等中国证券公司设立有分公司。中资银行还与新加坡一些重要企业签署了全球现金与财务管理合作协议，打造B2B电子商务结算平台，支付宝、蚂蚁金服、腾讯等互联网金融公司先后进入新加坡市场，推动当地移动支付发展。2018年10月，中国农业银行与泰国农业及合作社银行就开展人力资源发展和提升机构经营效率签署谅解备忘录，对泰方农合银行职员进行培训以提升服务效率，创新与农业领域中小企业、经营商、农户合作模式，帮助农民增加收入和改善生活。① 2018~2019年，桂林银行与柬埔寨加华银行、柳州银行与柬埔寨加华银行、桂林银行与马来西亚丰隆银行分别签订了战略合作协议，中银香港东南亚业务运营中心启动。

其二，金融市场合作。2018年亚太交易所在新加坡成立，为中国企业首次在海外创办的期货交易所，主要开展农产品、能源化工等大宗商品期货交易。2018年5月，马来西亚第二大银行联昌国际银行集团旗下子公司与支付宝母公司蚂蚁金服组建股权合资公司，为马来西亚国内民众与企业提供移动钱包和相关金融服务。② 同月，中老首条双边本币现钞陆路调运通道在中国老挝磨憨-磨丁经济合作区正式建立。截至2019年9月末，富滇银行西双版纳磨憨支行累计向老中银行磨丁分行调出人民币现钞1.96亿元、调

---

① 《泰中银行合作加强农业商务对接》，中华人民共和国驻泰国经商处，http://th.mofcom.gov.cn/article/zxhz/201810/20181002798840.shtml。
② 《蚂蚁金服联手马来西亚第二大银行组建合资公司》，中华人民共和国驻马来西亚经济商参处，http://my.mofcom.gov.cn/article/sqfb/201805/20180502749578.shtml。

入老挝基普现钞5亿元。2019年9月9日，中国-东盟金融服务平台在广西南宁启动，旨在以东盟作为突破口，整合东盟区域金融数据及信息资源，打造成为富有中国-东盟特色、辐射中国乃至"一带一路"共建国家的金融信息服务平台。

其三，重大项目融资。2018年5月，中国国家开发银行全资子公司国开金融公司与广西投资集团、新加坡大华创投、法国凯辉在南宁签署广西-东盟"一带一路"倡议投资基金法律文件，总规模100亿元人民币，首期为20亿元人民币投资基金，主要投向广西-东盟"一带一路"区域内具有竞争优势和增长前景的行业。[1] 2018年11月，中新（重庆）战略性互联互通示范项目金融峰会机制建立并举行首届峰会，强化中新金融合作示范辐射作用，推进共建国家和地区资金融通，释放和激发金融服务产业、金融服务"一带一路"能力。[2] 亚洲基础设施投资银行和丝绸之路基金通过金融服务创新满足共建国家对资金的需求。2016~2019年，亚投行已投资6个东盟国家的10个基础设施项目，涉及贷款总额达10亿美元，目前该机构正在筹备对东盟国家的6个基建项目，涉及贷款总额预计为10.9亿美元。

四 中国-东盟经贸关系发展面临的挑战及对策建议

"一带一路"建设推动了中国-东盟经贸合作发展和经济利益相互依存，中国-东盟命运共同体的内涵不断丰富。但是日益紧密的经济联系意味着双方会出现更加复杂的经济利益冲突和贸易摩擦，尤其东盟各国经济发展不平衡可能导致双边产业产生同类竞争。另外，世界经济增长放缓带来的贸易保护主义上升、东盟内部民族主义的上升以及域外力量长期在东南亚存在都会对中国-东盟在"一带一路"框架下的经贸合作产生消极影响。

---

[1] 邓君洋、杨展：《广西东盟"一带一路"产业投资基金设立》，央广网，http://news.cnr.cn/native/city/20180515/t20180515_524234671.shtml。

[2] 王龙博：《首届中新（重庆）战略性互联互通示范项目金融峰会将在重庆举行》，新华网，http://www.cq.xinhuanet.com/2018/zxjrfh/。

第一,东盟内部民族主义上升。大多数东盟国家正处于工业化初中期发展阶段,城镇化快速推进以及政治社会体制急剧转型时期。由于国内基础设施落后和发展资金严重匮乏,东盟各国都希望通过参与"一带一路"搭中国发展便车。同时,东盟国家的现代民族国家历史较短,过去长期遭受西方列强的政治统治和经济掠夺,对国家主权十分珍视。中国-东盟经济合作往往受双边领土主权等"高级政治"因素影响,例如越南与菲律宾对中国日益增长的实力始终保持高度担忧。[1]印度尼西亚一些中小企业人士认为中国对印尼进口商品主要是能源及初级商品,两国经贸合作竞争色彩明显。[2]东盟国家重视发展对华经贸合作,同时也倚重美国提供的安全保护,"对冲"战略尚没有发生根本性改变。[3]

第二,域外大国的消极影响。中国-东盟经贸合作发展必然使中国在东南亚地区的影响力趋于增长,因而导致美国等域外国家对该地区权力结构变化的担忧,例如美国媒体认为中国正利用"一带一路"向邻国基础设施投资并成为亚洲最具影响力角色。[4]尼赫鲁大学中国问题专家迪派克(B. R. Deepak)认为"一带一路"将增强中国在东南亚的主导作用。[5]日本也通过向东盟国家扩大投资及支持与中国有领海争端的国家等扩大本国影响力。

第三,中国企业投资风险复杂多元化。当前大多数东盟国家存在不同程度的政局不稳、族群冲突与宗教矛盾复杂等问题,中国企业参与东盟经济合

---

[1] 毕海东:《"一带一路"在东南亚面临的地缘政治风险与中国的政策选择》,《战略决策研究》2016年第2期,第54~60页。

[2] Rizal Sukma "Indonesia's Response to the Rise of China", in Jun Tsunekawa, ed. *The Rise of China: Responses Southeast Asia and Japan*, p. 149.

[3] Chien-peng Chung, "Southeast Asia – China Relations: Dialectics of 'Hedging' and 'Counter-Hedging'", *Southeast Asian Affair*, 2004, pp. 35-36.

[4] Nadege Rolland, "China's New Silk Road", *The National Bureau of Asian Research Commentary*, February 12, 2015, pp. 43-46.

[5] B. R. Deepak, "'One Belt One Road': China at the Centre of the Global Geopolitics and Geo-economics?", South Asia Analysis Group, December 4, 2014, http://www.southasiaanalysis.org/node/1672.

作面临各种投资风险。

结合"一带一路"在东南亚地区面临的挑战，我们建议双方在以下方面加强合作。第一，扩大政治合作，增强政治互信。围绕东盟"中心"深化双边政治合作，利用已有"10+1"、"10+3"、东盟地区论坛、东亚峰会等双边、多边合作机制为经贸合作营造良好政治氛围。第二，拓展经贸合作，打造利益共同体。完善中国－东盟博览会、中国国际进口博览会等平台机制建设，重视从东盟国家进口更多商品，帮助东盟企业开发中国市场，以及更好分享中国对外开放成果。加强"一带一路"与东盟共同体发展战略对接，推动"2+7"框架下"早期收获"项目落实；完善"澜沧江－湄公河区域"合作机制、加强泛北部湾经济合作。[①]第三，加强双边安全合作，推动安全共同体建设。共同应对传统、非传统安全，在南海问题上推进"双规思路"外交。[②]客观看待东盟的"平衡"外交，对个别国家的安全关切给予理解。第四，推动公共外交，塑造共同身份认知。重视媒体、智库及华侨华人社团作用，宣传好"一带一路"倡议的合作共赢理念。引导中国企业做好投资对象国的政治、经济、社会等领域风险评估；深入了解东道国历史传统，尊重当地民俗、宗教文化和生活习惯。

[①] Sanchita Basu Das, "Asia's Regional Comprehensive Economic Partnership", *East Asia Forum*, August 27, 2012, pp. 43–45.
[②] "双规思路"指"有关争议由直接当事国在尊重历史事实和国际法的基础上通过友好协商谈判寻求和平解决，而南海的和平稳定则由中国与东盟国家共同维护，两者相辅相成、相互促进，有效管控和妥善处理具体争议"。

陆海新通道的周边联动效应和区域发展影响[*]

熊灵　徐俊俊[**]

摘　要： 西部陆海新通道建设上升为国家战略，在衔接"一带一路"廊道、推动周边互联互通、带动西部开放发展等方面都具有重要的战略意义。当前，陆海新通道在深化中国与新加坡双边经贸关系、繁荣西部地区与东南亚贸易投资、增强中亚与中国西部及东南亚的联通、推动西部地区高质量开放发展方面已初显良好的周边联动效应和区域发展影响。但是，由于缺乏与东盟互联互通的国际合作机制安排，通道沿线的物流设施和经济基础欠佳，以及与周边国家的互信有待改善，未来还应尽快出台与周边互联互通对接的顶层规划，增强沿线的物流设施能力，提升沿线的产业发展水平，加强与周边国家多平台沟通，推动陆海新通道可持续稳健发展。

关键词： 陆海新通道　"一带一路"　周边联动　西部开放

陆海新通道源于中新（重庆）互联互通项目，后来上升为国家战略，其目标定位是建设成为中国西部地区与周边国家国际共推、区域联通、带路

---

[*] 本文部分内容发表于《边界与海洋研究》2019年第1期，此报告有所增减。
[**] 熊灵，博士，武汉大学中国边界与海洋研究院副教授、院长助理，国家领土主权与海洋权益协同创新中心研究员；徐俊俊，武汉大学中国边界与海洋研究院硕士研究生。

衔接的陆海联动通道、贸易物流通道和综合运输通道。在当前国家"实施更积极主动的大开放战略,构建沿海沿江沿边沿国际大通道"的新要求下,结合当前中国西部开放水平欠佳、内部发展各异的现实,加快建立一个真正连通西部内陆、联系周边国家、通达世界各地的国际新通道已成为陆海新通道建设的当务之急、题中应有之义。

一 陆海新通道建设的重要战略意义

陆海新通道实质上是西部内陆通过铁路、海运等多种运输方式南连东南亚,北接中亚、欧洲,进而辐射整个亚欧地区的多式联运贸易物流新通道,旨在通过加强西部内陆及其与世界的联通,改变西部传统东西向运输格局,进而推动中国西部地区的发展。陆海新通道的建设与我国"加快形成面向国内国际的开放合作新格局"的战略思维和外交理念高度契合。[1] 陆海新通道作为具有辐射效应和经济前景的贸易物流大通道,在衔接"一带一路"廊道、推动周边国际合作、实施国家开放新战略、带动西部经济发展等方面都具有极其重要的战略意义。

(一)衔接"一带一路"形成环线

基于独特的地缘优势,陆海新通道向北借"渝新欧"班列等线路连接中亚、欧洲等"丝绸之路经济带"沿线国家,向南与东盟国家海陆相通连接"21世纪海上丝绸之路",可实现"一带"与"一路"的有机衔接,[2] 让"一带一路"经中国西部地区形成完整的环线。通过陆海新通道与"渝新欧"铁路衔接,可将中亚、欧洲与东南亚连接起来,丰富国际多式联运运输方式,拓展陆海新通道的北向线路,形成中国西部国际贸易的陆海完整运输线。同时,依托"渝新欧"班列品牌,可极大丰富和改善陆海新通道的

---

[1] 李京文:《"南向通道"的理论之源》,《中国社会科学报》2018年7月26日,第7版。
[2] 刘华新、庞革平:《南向通道连接一带一路》,《人民日报》2017年9月11日,第23版。

货源问题，支撑陆海新通道可持续发展，为"一带"与"一路"的对接打下坚实基础。

陆海新通道建设已被列入"一带一路"项目库，[①] 不仅致力于完善交通物流基础设施，促进铁路、港口全面发展，降低物流成本，而且还将通过信息港建设工程搭建信息平台，为"一带一路"共建国家和地区提供信息支撑，真正实现"一带一路"共建国家间软硬兼具的双向度、低成本、高效率的设施联通。依托陆海新通道，中国西部地区与"一带一路"共建国家可实现产能、市场等要素的共享，共同打造一条具有强大生命力的国际海陆贸易新通道，助力西部更有效地融入世界经济网络。[②]

（二）助推中国与东盟互联互通

2017年和2018年，中国与东盟进出口额分别达5148亿美元、5879亿美元，同比增长13.8%、14.2%；2019年，中国与东盟贸易额再次取得突破，高达6415亿美元，东盟成为中国第二大贸易伙伴，而中国已连续10年是东盟第一大贸易伙伴。在中国－东盟经贸关系黄金期的大背景下，陆海新通道建设有助于推进中国与东盟的互联互通水平。

首先，陆海新通道定位于区域联通，本身就与中国－东盟互联互通战略相契合。陆海新通道连接东盟地区的铁路、公路、港口等交通基础设施，强化交通物流信息共享，形成中国西北、西南等地区与东南亚的贸易新通道，将极大促进中国与东盟贸易自由化，推进中国－东盟命运共同体建设。其次，陆海新通道突出外贸功能，将与东盟合作开展通关一体化，从根本上解决中国与东盟间关检不互认、口岸平台缺乏问题，提高与东盟的通关便利程度，改写中国与东盟传统物流格局，缩短双向物流时间，降低物流成本，提

[①] 喻庆：《南向通道获国家级待遇，助渝建"两点""两地"》，凤凰网，https：//cq.ifeng.com/a/20180228/6398720_0.shtml。

[②] 杨耀源、庞伟：《建设南向通道，促进"东西双向互济"》，人民画报网，http：//www.rmhb.com.cn/zt/ydyl/201807/t20180710_800134846.html。

升互联互通水平。[1] 另外,"一带一路"实施以来,中国投资东盟交通设施建设项目众多,上述项目与陆海新通道实现联通对接后,将帮助东盟国家吸引更多的外国直接投资,优化区域经济和产业结构,缩小东盟国家间的贫富差距。[2]

(三)构建"南北向"新亚欧大陆桥

传统上新亚欧大陆桥是东起太平洋西岸的中国连云港等东部港口,西至大西洋东岸的荷兰鹿特丹等地,以铁路为主体、横贯亚欧两大洲中部地带的东西向交通大动脉。[3] 而目前在建的陆海新通道,则北上与"渝新欧"铁路对接,南延与西南各港口、口岸连通,形成贯穿西部、联接中亚、通达欧洲的南北向物流通道,构建起欧洲直达我国西南出海口甚至东南亚各国的"南北向"新亚欧大陆桥,这将给世界贸易格局带来新的变化。

一方面,陆海新通道以铁海联运为基础,聚焦于物流交通设施及多式联运体系建设,将助推亚欧大陆桥技术的革新,以通道技术驱动产业繁荣,增强大陆桥的辐射范围和影响力;另一方面,陆海新通道将促使欧洲与东南亚双向贸易成本降低、里程缩短及效率提升。对接中欧铁路后,新亚欧大陆桥南延至我国西南地区,陆海新通道将拓展原先的消费市场,新增货运量和贸易体量,带动"南北向"新亚欧大陆桥沿线地区的外向型经济发展。

(四)形成西部地区南北开放大走廊

陆海新通道建设带动"南北向"新亚欧大陆桥贯穿西部地区,将形成"西部大开发"南北开放大走廊,助推西部地区经济开放发展。首先,陆海新通道作为西部首条南北向大动脉,联通整个广阔的西部地区,有利于西部

---

[1] 《新闻办就中国 – 东盟经贸合作情况暨第 14 届中国 – 东盟博览会等情况举行发布会》,中国政府网,http://www.gov.cn/xinwen/2017 – 07/10/content_ 5209246. htm#1。
[2] Y. C. Yap, "Rail link Connecting China and ASEAN", http://cpps.org.my/publications/rail – link – connecting – china – and – asean/.
[3] 胡勇:《机遇与挑战:新亚欧大陆桥发展前景与对策》,《宏观经济管理》2001 年第 2 期,第 19 ~ 20 页。

地区间相互协作发展，有效促进区域内资源合理配置。其次，陆海新通道与中欧班列、长江水道完成对接，实现南北开放大走廊与东西黄金水道交叉互动，沿线商贸流、资金流可直通西部地区，推动西部地区的经贸发展。最后，陆海新通道注重西部地区交通物流基建的完善，强调提升通关便利水平，鼓励合作开展物流服务、建设物流园区，将有力保障南北开放大走廊对西部经济的带动作用。

陆海新通道南北向出海大通道还将有助于长江上游地区承接东部地区产业转移，改善上游地区经济格局，落实"长江经济带"上游建设的产业布局，实现"一带一路"建设与"长江经济带"发展战略的有机联动。从距离上看，重庆至钦州港的陆海新通道较长江航运的江海联运通道缩短了2150公里，能节约12天以上的时间。① 陆海新通道将成为长江上游地区一条新的对外开放主通道，同时也将缓解长江水道因物流通过能力日趋饱和、季节性因素制约等瓶颈形成的运载压力。随着陆海新通道的不断完善，"渝新欧"班列与长江黄金水道完成水陆联通，在重庆实现"丝路与长江的交汇"，将增加长江上游与长江中下游的双向贸易量，缩小西部内陆与东部沿海的外贸差距。

二 陆海新通道建设的周边联动效应与区域发展影响

随着陆海新通道总体规划的发布与西部各地实施方案的推进，陆海新通道必将给沿线地区和辐射区域带来实质性的社会经济影响，给中国西部地区与东南亚、中亚等周边国家的经贸合作带来新的发展机遇，展现其对"一带一路"充满想象的联通作用和联动效应。

（一）深化发展中新双边经贸关系

陆海新通道将促进新加坡与中国西部地区的经贸合作深化发展。2013~

---

① 《中新南向通道建设顺利开局》，中国政府网，http://www.gov.cn/xinwen/2018-05/28/content_5294167.htm。

2017年,新加坡与重庆、广西的进出口额在前期均稳步上升,但是后期却出现负增长,2016年与两省市进出口额分别为14.8亿美元和4.9亿美元,降幅达两位数,与广西进出口降幅甚至达36.6%;2017年与重庆进出口额持续下降到12.81亿美元。陆海新通道建设将改善中新双边贸易的物流状况,有利于扭转进出口负增长局面。实际上,2018年新加坡与重庆的进出口额实现了增长15.7%。依托陆海新通道,新加坡与我国潜力巨大的西部相连,既可促进与我国西部地区的贸易往来,同时也可北上寻求开拓中亚欧洲市场。

新加坡作为陆海新通道主要参建国,大量项目建设投资还将进一步拉动新加坡与我国西部地区的投资活动。目前,新加坡浩瀚石油集团、太平船务、PSA集团、辉联集团已加入陆海新通道建设;新加坡企业已在重庆投资了260多个项目,包括金融、交通物流等领域;在广西投资100亿元建设的中新(南宁)国际物流园区,成为新加坡在华最大投资项目。同时,新加坡较早便响应了"一带一路"倡议,陆海新通道衔接"一带"与"一路"后的巨大商机及物流效应也将促进新加坡更深层次参与"一带一路"建设。

就新加坡而言,作为全球物流绩效突出的国家和世界最繁忙的港口之一,借陆海新通道可大力发展转运枢纽和中转贸易,建设国际陆海贸易新通道,进一步降低通道物流成本,加强新加坡互联互通,巩固新加坡全球运输重要节点的地位。另外,新加坡是陆海新通道的最早参与国,拥有项目合作经验和话语权,在东盟各国参与陆海新通道热情高涨的大背景下,新加坡也可借陆海新通道提升自身在东盟的影响力。[1]

(二)繁荣西部地区与东南亚的贸易投资

陆海新通道不仅是中国西部的陆海联动通道,还将进一步成为中南半岛的陆海贸易大通道。随着项目辐射效应和影响力的不断增强,陆海新通道将

---

[1] 李牧原、郝攀峰、许伟:《试看"南向通道"的战略布局(二)》,《中国远洋海运》2018年第7期,第48~49页。

带动西部地区与东南亚的基建完善、运输对接、外贸增长以及投资增加,助力东南亚的经济腾飞。

陆海新通道的贸易大通道作用,有利于西部地区与东南亚的对外贸易发展。在西南地区的对外贸易中,其与东南亚的双边贸易在其进出口总额中的占比是最高的,主要经北部湾中转实现。但是,对比东部沿海与东盟的进出口额,西南地区与东盟的进出口规模仍然过小,其中广西与东盟的贸易额不到 300 亿美元,而贵州与东盟的贸易额仅在 10 亿美元左右。① 究其原因,主要之一就是交通运输不畅。同时,据海关统计,西南地区对东南亚主要出口电子、机械等工业制成品,进口多为农产品,双方贸易具有较强互补性和发展潜力。陆海新通道提供的双边贸易运输新通道,既可解决贸易畅通问题,又能进一步挖掘贸易潜力,刺激西部地区与东南亚对外贸易的发展。② 陆海新通道项目将吸引更多东南亚国家的参与,菲律宾驻重庆总领事馆总领事莲丽就认为"菲律宾企业应该利用地理位置的优势,去触碰这个巨大的、相对未打开的市场"。③

陆海新通道还将带动东南亚招商引资,尤其是在基础设施建设上的投资。陆海新通道建设涉及对接东盟的交通物流基建与服务,例如北部湾港-新加坡公共航线、南宁-越南河内班列、中越友谊关口岸等项目,根据陆海新通道规划的国际铁路联运、海铁联运通道建设要求,陆海新通道未来还将与泰国东部经济走廊、中老铁路、越南海防港等项目对接共建,这会进一步带动对中国、对东盟的基建投资和直接投资。据统计,2018 年,中国对东盟直接投资流量为 99.5 亿美元,同比增长 5.1%,显著高于上一年 1.7% 的增幅。越南是较早实质性参与陆海新通道的东南亚国家,中越两国在交通物流方面的合作不断深化,目前双方已经就陆海新通道铁海联运班列、跨境公路

---

① 数据来源于广西、贵州统计年鉴,广西为 2017 年数据,贵州为 2016 年数据。
② OH Yoon Ah, "China's Economic Ties with Southeast Asia", http://www.kiep.go.kr/eng/sub/view.do?bbsId=worldEcoUdt&nttId=196286&pageIndex=1.
③ 熊怡、Han Fanglan:《菲律宾驻重庆总领事馆总领事莲丽:"南向通道"将扩大重庆与菲律宾的合作前景》,《重庆与世界》2017 年第 19 期,第 33 页。

班车、国际铁路联运班列开展了深入合作并取得了积极成效,越南企业有进一步参与陆海新通道建设的意愿和兴趣,期待共享陆海新通道机遇。①

(三)增强中亚与中国西部及东南亚地区的联通

陆海新通道北上联通中欧铁路,成为中亚新的南下运输通道,将增强中亚与中国西部、东南亚地区的联系。近年来,中亚经济总量均保持5%以上的增速,对外贸易也不断发展,贸易通道的重要性凸显。随着中亚五国深度参与"一带一路"建设,近年来贸易额大幅增长,2017年仅哈萨克斯坦贸易额就为776.47亿美元,增长25%,与中国贸易额为360亿美元,涨幅达19.8%。②

然而,中亚五国与东盟的贸易处于低水平状态,规模相对较小(见表1)。2017年,中亚五国与东盟的进出口总额仅为约8.2亿美元,哈萨克斯坦是中亚与东盟最大的贸易国,但2017年贸易额也仅为5.8亿美元。在中亚对外贸易大幅增长的大背景下,与东南亚的贸易量却处于较小的规模,部分中亚国家与东盟进出口额甚至仅为几百万美元,其中缺少畅通便捷的运输通道是主要原因之一。中亚与东盟贸易传统路径是从中国北方港口出海,经海运至东盟国家,而陆海新通道将为中亚打通经中国西部纵向铁路至北部湾出海的物流线路,节省大量运输时间,提升物流效率。中亚各国可借中欧、中亚班列对接陆海新通道,南下出口货物至东南亚,同时东南亚的货物也可北上通达中亚,大大改善中亚与东南亚贸易运输状况,增强中亚与东南亚的联动。2017年9月12日,哈萨克斯坦第一副总理马明表示哈国将参与建设陆海新通道,谋求与中国西部、东盟间合作,充分发挥内陆港、陆路过境的区位优势,联通起哈萨克斯坦等中亚国家与东盟各国,这也契合中哈两国推进"一带一路"建设同哈国经济政策对接的需求。③

---

① 耿鹏宇、赵宇飞:《越南企业期待共享"南向通道"机遇》,新华网,http://www.cq.xinhuanet.com/2018-05/11/c_1122819040.htm。
② 数据来源于UN Conmtrade数据库、《"一带一路"贸易合作大数据报告2018》,本文作者整理得到。
③ 张广权、俞靖、杨陈:《哈萨克斯坦第一副总理:将借"南宁渠道"进军东盟》,中国新闻网,www.chinanews.com/cj/2017/09-12/8329114.shtml。

表1　2013~2017年中亚五国与东盟进出口总额

单位：百万美元

国家	2013年	2014年	2015年	2016年	2017年
吉尔吉斯斯坦	16.1	16.3	9.5	6.7	6.6
哈萨克斯坦	415.3	440.1	331.5	338.7	578.9
塔吉克斯坦	10.3	9.3	3.9	3.9	15.9
土库曼斯坦	65.4	59.2	56.3	55.3	47.8
乌兹别克斯坦	302.7	161.2	152	169.1	169.3

数据来源：ASEAN数据库，由作者整理得到。

陆海新通道也将加强中亚与我国西部地区的联系。陆海新通道与中欧（重庆）班列、中亚班列对接后，重庆、甘肃的物流枢纽能力进一步提高。2017年，中欧（重庆）班列进出口额为178.8亿元，增长39.7%，中欧（重庆）班列对公路运输和空运的替代作用增强，中亚联动效应显现；甘肃共开行中欧、中亚、南亚国际班列305列、1.34万车，累计货运34.5万吨，货值10.4亿美元。中亚可借助重庆、甘肃中转枢纽将能源、矿产品等优势产品打入中国市场，同时新增运输能力也将成为中亚新的贸易机会，刺激中亚与我国西部地区的经贸往来。①

（四）推动西部地区转向高质量开放型经济发展

对我国西部地区来说，陆海新通道将打通最近的出海通道，改变传统东西向运输格局，降低跨境物流成本，节省物流时间并提升流转效率，为西部地区与东盟、中亚的双向贸易提供更便捷的物流通道，进一步促进与"一带一路"共建国家和地区的贸易便利化。根据《西部陆海新通道总体规划》的战略定位，西部地区要充分发挥衔接北部湾港的区位优势，提升与东南亚等地区的互联互通水平，进一步扩大对外开放；要充分发挥连接"一带"

---

① 《2017年重庆市进出口持续稳步增长》，重庆海关，http://chongqing.customs.gov.cn/publish/portal153/tab60851/module141200/info879398.htm；《甘肃：从中亚班列开行看对外开放提速》，甘肃省政府网，http://www.gansu.gov.cn/art/2018/3/26/art_35_358981.html。

和"一路"的纽带作用,深化陆海双向开放,强化措施推进西部大开发形成新格局,推动区域经济高质量发展。①

重庆是西部陆海新通道的主要发起、推动、实践省市之一,《西部陆海新通道总体规划》对重庆的定位是国际性综合交通枢纽以及物流通道和运营组织中心。陆海新通道建设中重庆加快构建国际性综合交通枢纽,将驱动物流产业的跨越式发展,优化创新物流产业新模式,吸引更多国际贸易商、金融企业、物流企业进驻重庆。同时,陆海新通道将为重庆提供最近的出海通道,保障其与东盟的双向贸易流通。依据《重庆规划》的目标,2020年重庆将实现国际物流贸易额达950亿元,与东盟的进出口额将达到200亿美元。此外,陆海新通道产生的通道经济,接通加工业的境外资源、市场,将有力带动重庆加工贸易的发展。② 2017~2019年重庆市加工贸易进出口连续三年保持两位数增长,2019年实现进出口额达2973.4亿元,加工贸易已成为重庆新的经济增长点。总的来说,陆海新通道将对重庆的交通物流、加工贸易以及金融服务业产生深远影响,推动重庆建成内陆口岸开放高地及国际物流枢纽。

广西北部湾港是西部内陆最近的出海口,也是陆海新通道的国际门户港,具有重要枢纽地位。依据《广西方案》,广西将进行港口通道设施、物流基地及多式联运体系等建设,进而扩大国际贸易和双向投资,陆海新通道对广西的影响主要集中于通道基建和国际贸易两方面。自陆海新通道建设开启,广西交通物流领域迎来大变革:2018年钦州港铁路集装箱中心、中新(南宁)国际物流园区等41个项目稳步建设,"重庆-北部湾港班列""北部湾港-新加坡直运航班"实现"天天班",加密北部湾港至林查班港、胡志明港、海防港等航班,南下集装箱报关时间由4小时降到1小时,进出口

---

① 《西部陆海新通道总体规划》,国家发展改革委,http://www.gov.cn/xinwen/2019-08/15/5421375/files/345c17c4bbaf4606ac36f49b149cbaec.pdf。
② 《去年重庆出口总值2883.7亿元,便携式电脑占半壁江山》,重庆海关,http://chongqing.customs.gov.cn/chongqing_customs/515855/515856/1724828/index.html;《2018年上半年重庆市经济运行情况》,重庆市统计局,http://www.cqtj.gov.cn/tjsj/sjjd/201807/t20180727_450682.htm。

通关和车辆出境时时间大大压缩,极大改善了通关效率。2018年和2019年,广西北部湾港口吞吐量不断突破新高,分别达到1.83亿吨、2.33亿吨。其中,外贸货物吞吐量增长率由负转正,正是陆海新通道建设提供的新增货源扭转了前期持续下降的趋势。

具体来看,陆海新通道的建设将对广西对外贸易产生以下影响:一是陆海新通道越南班列等线路将为广西与越南的双向贸易提供便捷新通道,降低物流成本,推动外贸的发展;二是广西还可北上与中亚、欧洲地区发展对外贸易,扩大外贸市场;三是广西借陆海新通道产生的通道经济及海陆融通优势,承接发达地区的产业转移,发展加工贸易,扩大外向型经济体量。根据海关统计,2018年广西进出口总额达到4107亿元,其中与东盟的贸易额为2061亿元,保持增长态势。总体而言,陆海新通道有利于广西发展海陆双向经济,促进对外贸易发展,成为泛北部湾经济合作转型升级的"助推器"。①

西部地区其他重要节点城市,如贵阳、昆明、兰州等,也可依托内陆开放型经济试验区、国家级新区、自由贸易试验区和重要口岸,密切与主通道的联系,创新通道运行组织模式,提高通道整体效率和效益。同时,陆海新通道将进一步推动这些西部城市的战略定位升级,探索物流驱动产业发展的新模式,吸引外来投资、优化产业结构,带动西部实现产业转型升级,从而有力支撑西部地区经济社会高质量发展。

三 陆海新通道建设面临的风险与挑战

陆海新通道具有重要的战略意义及市场前景,沿线区域热烈响应陆海新通道建设,已产生显著的周边联动效应和区域发展影响,但在具体推进过程中还存在一些颇具挑战性的问题。

---

① 杨耀源:《泛北部湾经济合作转型升级的"助推器"——论中新互联互通南向通道在泛北部湾经济合作转型升级中的作用》,《东南亚纵横》2018年第2期,第19页。

（一）与东盟互联互通的国际合作机制缺失

陆海新通道起源于中新政府间的重庆项目，中新双边已建立起联合协调理事会、工作委员会、实施委员会三级合作机制，协同推进项目合作。当前，陆海新通道建设涉及范围已远远超出中新双边项目范围，包括越南、老挝、泰国等在内的很多东盟国家都提出参与或有意愿参与陆海新通道建设。对此，总体规划中也特别提到要加强陆海新通道的对外开放与国际合作。然而，尽管中国与东盟于2019年11月签署了《中国－东盟关于"一带一路"倡议同〈东盟互联互通总体规划2025〉对接合作的联合声明》，表示了将加强中国与东盟基础设施互联互通合作的意愿，[1] 但是具体的合作机制仍然缺乏。

随着陆海新通道沿线国家逐步实质性参与建设，缺少国际层面的合作机制和协调机构，必将影响陆海新通道国际合作项目的进程。由于中国与东盟缺乏整体交通物流体系的顶层规划协调，港口、铁路、公路等运输方式未建立有机合作机制，未形成高效衔接的格局，即便大型港口、铁路站点和跨境公路建成使用，也无法充分发挥陆海新通道有效整合资源、降低物流成本、联通区域发展的战略作用。

（二）通道沿线的物流基础设施亟待完善

陆海新通道沿线地区物流基建仍旧设施落后、发展不均衡，港口、铁路、公路基础设施均存在突出问题。北部湾码头船舶靠泊数量过多、等待时间过长，港口信息数据共享尚未完善，报检通关手续复杂、审核时间过长，影响了运输效率。铁路基础设施仍旧滞后，技术标准低且运量小，改造需较长过渡时间，铁海联运"最后一公里"的瓶颈问题还未得到根本性解决；当前冷链运输能力严重不足，设备标准不统一，铁路与港口连接不够通畅，

---

[1] 《综述：中国－东盟对接发展规划为互联互通注入新动力》，新华网，http://www.xinhuanet.com/world/2019-11/04/c_1125191590.htm。

造成铁路冷链运营实效欠佳。公路方面,路况较差配套老旧,路段建设标准存在差异,线路稀疏车次少,口岸建设落后,通关服务欠佳,造成跨境公路运输量过小。

虽然西部地区社会物流总费用与GDP的比值逐年下降,比如广西在2017年已降至15.1%[①],仍远高于8%的国际平均水平。西部地区交通物流发展瓶颈是陆海新通道建设中不可忽视的问题,交通物流基础设施亟待改善,否则将难以支撑陆海新通道的高效推进。

(三)通道沿线的产业集聚与竞争力不足

陆海新通道南北向串联重庆、四川、广西、贵州、甘肃、青海、新疆、云南、宁夏、陕西等西部多个省区市,虽然覆盖的区域广阔,但是除了重庆、成都、西安等少数中心城市外,沿线大部分城市的产业集聚度不高、竞争力不强。对于陆海新通道建设来说,这是一种内生性缺陷,将极大限制其通道效应的发挥。陆海新通道南下拓展涵盖的东南亚国家,包括老挝、缅甸、印尼、泰国、马来西亚等,也都存在产业结构单一、竞争力不足的问题。如果陆海新通道沿线的产业得不到足够发展,其后续可能会面临通道使用效率不高、各方逐渐丧失信心等严峻挑战。

(四)与周边国家间的互信有待改善

陆海新通道沟通中国与周边国家的经贸往来,其进展深受周边政治关系影响。虽然目前陆海新通道在国内已经进入实质性建设阶段,但是周边国家对其关注和投入还比较少。这一方面是由于周边个别国家与中国在南海存在领土主权争端;另一方面是因为部分国家对中国崛起存有疑虑,特别是由于有关中国投资的港口、铁路等具有战略意义的大型基础设施可能会对当地政府产生控制影响的恐慌疑虑,不愿过分依赖中国贸易和投资,转而将一些经

---

① 《广西社会物流总费用占GDP比重逐年下降》,广西壮族自治区政府网,http://www.gxzf.gov.cn/sytt/20180805-706749.shtml。

贸合作项目交给他国企业，致使陆海新通道建设遭遇阻碍。① 只有改善与周边国家的政治互信，才能逐步消除这些阻碍。

四 推进陆海新通道稳健可持续发展的建议

针对当前面临的风险与挑战，为进一步稳健推进陆海新通道建设与可持续发展，实现连接"一带一路"，联通中亚东南亚，推动周边国际合作，促进西部地区高质量开放发展，建议考虑以下措施。

（一）尽快出台与周边互联互通对接的顶层规划

国家应顶层推动与通道沿线国家海关、口岸合作，出台专项规划，适时使陆海新通道与中欧、中亚铁路接轨，及时推出陆海新通道与东盟互联互通的国际合作机制，实现交通链、物流链、产业链对接互通。在陆海新通道与东盟互联互通的国际合作机制中，要充分整合利用现有的合作平台，加强中国－东盟信息港和港口城市合作网络建设，衔接好澜沧江－湄公河、中越陆上基础设施等合作机制，协调好国际铁路、航运、道路等运输规则，推动与东盟国际货物"一站式"运输。国家应不断提升陆海新通道的国际合作层次、政策支持力度，调动各方资源，更好地促进沿线国家及西部各省区市间的合作，更好地共商共建共享陆海新通道。②

（二）大力增强通道沿线的物流基础设施能力

陆海新通道落地要求完善沿线物流基础设施，具体来说，持续推进交通基础设施网络建设，加密海铁联运集装箱班列、广西北部湾港国际班轮航

---

① Linda Lim, "China's Belt-and-Road Initiative: Future Bonanza or Nightmare?", http://www.rsis.edu.sg/rsis-publication/rsis/co18058-chinas-belt-and-road-initiative-future-bonanza-or-nightmare/.
② 袁波：《关于"南向通道"合作与中国西部开放发展的思考》，《东南亚纵横》2018年第2期，第8页。

线、跨境公路运输线路等；加强物流枢纽和物流园区的建设，例如修建出港铁路、跨境公路，以及在各节点城市构建综合性物流园区等；进一步加强口岸科学规划和建设，建设码头铁路专线，解决货物进港"最后一公里"问题，提升口岸通货能力；着力提升物流组织化水平，采取措施优化公、铁、水运输结构，大力发展多式联运、甩挂运输等先进运输组织方式，降低物流费用、缩短运输时间，最终实现物流低成本的目标。① 还应联通中国与东盟的铁路、公路、港口等物流基建，加强口岸合作、强化物流通道协作，建立基建互联互通专项资金，统一基础设施建设标准，形成西部直通东盟的国际物流网络，增强其对"一带一路"的联动效应。

（三）提升通道沿线的产业集聚和产能合作水平

一方面，西部地区城市应整合各类开发区、产业园区，积极引导东部地区产业向通道沿线有序转移，促进生产要素向通道沿线更有竞争力的地区集聚，形成一批具有辐射带动作用的特色产业集聚区。同时，通过深度挖掘本地优势，积极培育本土龙头企业，带动产业链自主创新，打造具有国际竞争力的本土产业集群。尤其是在一些枢纽节点，要着力打造陆港经济区、临港经济区、临空经济区。另一方面，要加大中老、中越跨境经济合作区建设的推进力度，加快中泰、中缅、中马、中印尼等国际合作园区的建设进度，不断提升国际产能合作水平，从而促进陆海新通道沿线产业的发展，为通道可持续发展打下坚实的经济基础。

（四）加强与周边国家的多平台互信沟通

政治互信是经济合作得以深化、推进的重要保障，应进一步加强政治互信，提升经济合作的契合度，秉持"亲、诚、惠、容"的周边外交理念，坚持"睦邻、安邻、富邻"的周边外交方针，消除周边国家对中国崛起的

---

① 国家发展改革委经济运行局：《我国物流成本现状及国际比较》，《中国经贸导刊》2017年第22期，第34~36页。

忧虑。

　　具体到陆海新通道建设，可建立与周边国家有关陆海新通道建设的高层磋商交流机制和联席会议制度，形成稳固有效的合作推动机制。在与周边国家合作建设陆海新通道时，应了解其真实需求，聚焦经济合作搁置政治争端。充分利用中国国际进口博览会、中国-东盟博览会、中国西部国际博览会和中国西部国际投资贸易洽谈会等合作平台，以及中新（重庆）互联互通项目会议现有平台，对陆海新通道各项机制建设进行深入讨论，明确和完善陆海新通道建设的目标和政策，营造共建陆海新通道的良好舆论氛围，消除周边国家对中国基建投资的疑虑，打响陆海新通道品牌，并吸引更多周边国家参与其中。

"21世纪海上丝绸之路"与"东部经济走廊":中泰合作的成效、问题与对策

熊灵 杜莹*

摘　要：泰国提出的"东部经济走廊"战略与我国的"21世纪海上丝绸之路"倡议高度契合,成为中泰合作的新亮点。"一带一路"与"东部经济走廊"的对接获得两国政府高度重视,中泰合作机制不断完善,基建项目稳健推进,产业合作成效初显,第三方市场合作取得共识,中泰关系获得了长足的发展。但是,由于泰国当前政局不稳、基建项目限制颇多、对中国投资忧虑日增、第三方合作尚未成型等问题,中泰合作还面临不少挑战。两国只有深化合作互信、转变合作思路、深化共赢认识、培育合作信心、紧抓战略机遇,才能开创中泰合作的新格局。

关键词：　"一带一路"　海上丝绸之路　东部经济走廊　中泰合作

　　2016年泰国总理巴育提出的"东部经济走廊"战略,不仅致力于吸引高新产业提升创新能力以打造未来产业超级集群,还期望通过优化基础设施建设凸显泰国东部国际交通枢纽优势,与"一带一路"倡导的区域互联互通高度契合,逐渐成为中泰合作的新亮点。2018年8月24日,中国国务委员

---

* 熊灵,博士,武汉大学中国边界与海洋研究院副教授、院长助理,国家领土主权与海洋权益协同创新中心研究员；杜莹,武汉大学中国边界与海洋研究院硕士研究生。

"21世纪海上丝绸之路"与"东部经济走廊"：中泰合作的成效、问题与对策

王勇在曼谷会见泰国总理巴育时表示，中方愿同泰方一道落实好两国领导人的重要共识，加强"一带一路"倡议同泰国"东部经济走廊"等发展战略对接；同日在中泰经贸联委会第六次会议上，泰国副总理颂奇表示泰方高度重视深化两国经贸合作，愿借鉴中国发展经验，加强"东部经济走廊"与"一带一路"建设衔接。① 因而，"一带一路"与"东部经济走廊"如何对接及取得的成果将成为影响中泰合作的重要问题。本文将从泰国"东部经济走廊"战略的提出背景及主要内容出发，分析泰国"东部经济走廊"战略与我国"21世纪海上丝绸之路"倡议对接的进展与成效，剖析对接合作中存在的问题和面临的挑战，并提出针对性的对策建议，以促进中泰两国携手发展合作共赢。

一 泰国"东部经济走廊"战略的提出及主要内容

自20世纪80年代起，泰国采取了出口导向型的经济政策，实现了由传统农业国向新兴工业国的转变，并于90年代初跻身中等收入国家之列。但亚洲经济危机以来，泰国传统制造业一蹶不振，工业竞争力逐年下降，劳动力成本不断上升，致使泰国难以实现向高收入国家的转变。在发展和转型的双重困境下，寻找新的战略突破口成为泰国当局亟须解决的问题。

（一）泰国"东部经济走廊"战略提出的背景

当前，工业竞争力下降、人力资源短缺、基础设施落后成为泰国经济结构转型中亟待解决的三大难题，也是泰国"东部经济走廊"战略提出的主要背景。

（1）工业竞争力减退，创新能力不足。泰国作为新兴工业化国家，工业基础较好，但产业研发能力弱、生产环节附加值低。随着泰国劳动力成本

---

① 杨舟、徐海涛：《王勇赴泰主持中泰经贸联委会第六次会议》，新华网，http://www.xinhuanet.com/world/2018-08/24/c_1123325862.htm。

不断上升,外来制造商正向泰国周边国家转移,致使泰国制造业指数逐年降低。加之泰国本土工业企业目前仍以低技术水平的轻工业为主,甚至还包括大量高耗能、技术落后的中小型企业,创新能力严重不足。另外,泰国森林资源也在急剧减少,矿产资源过度开发,泰国越来越难以通过消耗自然资源来持续推动经济发展。因此,形成产业自主研发的科技实力、推动泰国产业优化升级、增强高端制造业竞争力已迫在眉睫。

(2) 人力资源短缺,科研人才不足。泰国本土劳工缺乏,从事基础工作的劳工大部分来自老挝、缅甸、柬埔寨。近年来,随着周边国家经济的发展,劳工回流严重,加之泰国正在进入老龄化社会,目前泰国已经面临严重的劳工缺失问题。长久以来,泰国本土教育"重文轻理",忽视技术职业教育,导致科研人才、高级技术工人极其缺乏,制造业、高新技术企业面临较大的人力资源竞争压力。泰国工业院副主席差堤亚指出,按照政府"东部经济走廊"未来扶持产业发展人才需求看,未来5年高技术人才岗位缺口至少是10万个。[①] 劳动力短缺和科研人才不足已成为泰国经济转型发展的严重障碍。

(3) 基建亟待升级,联通有待提高。泰国"东部经济走廊"北连中国、南连东盟、东连太平洋、西连印度洋,坐拥国际交通十字路口的重要位置,是泰国传统的工业基地以及海运物流中心。但是,该地区各运输方式衔接效率低,交通运输成本高,交通枢纽优势未能显现;林查班、马达普国际深水港口以及开发中的萨达西港口,港口货物吞吐量低,港口间连接性弱;国内主要依靠3号、7号两条国道连接曼谷与东部主要工业区,运输方式单一、效率低且成本高;乌达堡、素万那普等大型机场亟待升级,旅客吞吐量少,机场间联通时间长。总体而言,东部经济地区高效便捷的交通布局尚未形成。

(二) 泰国"东部经济走廊"战略的主要内容

在泰国经济转型的背景下,利用科技创新驱动经济发展,聚焦发展高附

[①] 《EEC未来5年还有10万"高才"缺口,开放科研成果加快培养创新》,泰国中华网,https://thaizhonghua.com/2017/09/11/55548.html。

"21世纪海上丝绸之路"与"东部经济走廊":中泰合作的成效、问题与对策

加值产业,从而实现从中等收入国家到高收入国家的华丽蜕变,成为"泰国4.0"战略的主要内容。"东部经济走廊"战略作为"泰国4.0"战略的重要抓手,旨在通过泰国东部沿海经济特区建设,推动泰国由低技术含量的产业向高新技术产业转型;通过新建或者升级海陆空基础设施,衔接各种运输方式,提升走廊内产业供应链的运输效率,从而提高泰国在东南亚乃至全球的影响力,对泰国未来发展意义重大。

2016年10月4日,泰国政府内阁通过《东部经济特区法案》①,泰国总理巴育动用泰国2014年临时宪法第44条赋予的特权,以国家维持和平秩序委员会主席令方式批准了"东部经济走廊"战略。② 但是,由于2016年《东部经济特区法案》没能实现对该地区进行整体规划和管理,无法发挥东部地区的最大潜力,内阁提交修正法案。2018年2月9日,泰国国家立法议会通过《东部特别经济开发区法案》③,并废止了国家安全委员会颁布的关于"东部经济走廊"建设的2/2560号令、28/2560号令及47/2560号令。④

东部特别经济开发区政策委员会是"东部经济走廊"的主管机构,泰国总理巴育任该委员会主席,泰国主要部委和机构的负责人担任委员。政策委员会的决议对所有委员所在部委和机构都具有约束力,保证了特区政策实施的效力。政策委员会负责制定东部特别经济开发区的发展政策和整体发展规划,委员会制定的各项议案送至内阁审评通过后实施。为避免官僚主义作

---

① 《泰国东部经济走廊:支持未来产业的新政策》,中国商务部网站,2016年10月29日,http://www.mofcom.gov.cn/article/i/jyjl/j/201610/20161001512909.shtml。
② 常翔、张锡镇:《泰国东部经济走廊发展规划》,《东南亚纵横》2017年第4期,第14~20页。
③ 《东部经济走廊正式启动:支持泰国未来经济发展的重要因素》,中国驻清迈经商室,2018年2月23日,http://chiangmai.mofcom.gov.cn/article/jmxw/201802/20180202713877.shtml。
④ 《东部特别经济开发区法案》第3条:"同时废止以下法律法规:1. 国家安全委员会2017年1月17日颁布的关于发展东部经济走廊的第2/2560号令、2017年5月26日颁布的关于加强东部经济走廊发展效率措施的第28/2560号令、2017年10月25日颁布的关于东部经济走廊土地使用规定的第47/2560号令。……"资料来自《东部特别经济开发区法案》,工商银行(泰国)译版。

风，减免复杂烦琐的审批程序，《东部特别经济开发区法案》还授予东部特别经济开发区审批特权[1]等特殊权力，可见该法案对于泰国以往行政模式的突破，以及泰国政府高效建设"东部经济走廊"的决心。

根据《东部特别经济开发区法案》的规定，"东部经济走廊"的发展将聚焦以下方面。

（1）完善基础设施，凸显地缘优势。"东部经济走廊"战略计划将泰国东部打造成集海、陆、空交通于一体的国际交通要塞，交通基础设施发展规划如下。在水运交通上，将林查班港口升级为世界十大港口，成为亚洲的物流中心；改造萨达西港口，使其能够接纳大型集装箱运输船和散装船，提升泰国湾东西部间的旅行及货运效率；扩建马达普深海港口，用于运输石油和天然气，支持全国的石化工业。在空运交通上，升级乌达堡机场，实现20年内机场年旅客吞吐能力达到3000万人次目标。在陆运交通上，通过高铁连接三大机场，依靠双线铁路连接林查班与马达普港。为满足东部经济特区未来的发展需求，泰国政府计划在2017年至2021年分阶段至少投资1.5万亿泰铢，兴建15个重大项目，以全面提高基础设施建设水平，促进区域工业化设施配套完善、互联互通能力提升和城市生活环境改善。其中，2019年已获批准的"东部经济走廊"项目总价值约为6840亿泰铢。[2] 其五大基础设施项目见表1。

表1 泰国"东部经济走廊"五大基础设施项目

项目名称	项目投资方式	项目进展
乌达堡机场航空维修中心	泰国国际航空公司与民营企业共同投资并负责施工设计、采购与设备安装	2019年2月完成竞标评估

---

[1] 任何发生在经济特区内且与下列法律有关的行为，如法律要求此行为须经过相关政府部门或法律委员会批准或向相关政府部门进行登记，或向法律委员会报备的，开发区秘书长有权批准或接受上述登记和报备。这些法律包括《土地挖掘及填埋法》、《建筑物管控法》、《机械登记法》、《公共卫生法》、《移民法》（仅限于根据第54条〈一〉或〈二〉中对外籍人士继续在泰国停留居住的许可）、《商业登记法》、《工厂法》、《土地分配法》。资料来自《东部特别经济开发区法案》，工商银行（泰国）译版。

[2] 《东部经济走廊（EEC）概况》，开泰研究中心报告，中国驻清迈经济商务室，http://th.mofcom.gov.cn/article/ztdy/201811/20181102811278.shtml。

续表

项目名称	项目投资方式	项目进展
乌达堡机场与东部航空城	政府负责项目征地、基础设施建设投资,民营企业投资发展机场内的商业区	2019年2月28日开放民营企业提交提案
林查班码头三期工程	政府负责投资设计、兴建基础设施,民营企业将负责管理集装箱码头业务	2019年2月14日重新开放提交提案
马达普码头三期开发	第一阶段进行发展基础建设,泰国工业园区管理局与民营企业共同投资;第二阶段使用泰国工业园区管理局的收益进行投资	2019年2月6日投标方提交技术方案
连接三大机场高铁	政府负责项目征地,正大集团及联合体(CPH)负责高铁基础设施建设、运营及高铁周边商业区开发	2019年5月28日泰国内阁会议批准项目

资料来源:根据泰国中华网、光明网、中国商务部网站、中国驻泰国大使馆经商参赞处、中国驻清迈经商室网站等的资料整理得到。

(2) 优化产业结构,提升人才素质。《东部特别经济开发区法案》第39条规定,"东部经济走廊"将聚焦发展十大目标产业,包括泰国具备优势的第一波S形曲线(First S-curve)产业——现代汽车产业、智能电子产业、高端旅游及保健旅游、农业和生物技术、食品加工业,以及面向泰国未来的新一波S形曲线(New S-curve)产业——机器人、航空与物流、生物燃料和生物化学、数字产业、全方位医疗产业。泰国政府还从投资促进、土地、税收等方面为投资者提供优惠条件,例如《东部特别经济开发区法案》第49条对经济特区内的土地及其他不动产的相关权利进行了规定,泰国投资促进委员会(BOI) 4/2557号、(BOI) 4/2560号公告对目标产业的优惠条件做出了详细规定,"东部经济走廊"综合服务中心的建设也将为投资者提供更加简便快捷的服务。

随着产业升级,泰国人才缺口将增大,尤其是特殊技能人才需求将会增加。泰国内阁要求教育部制订清晰的人才发展计划,尤其增强科技和创新产业方面的人才培养。泰国劳工部建立了高校、职业技术学院、职业技术培训中心多方合作模式,提升技术人员素质。2017年4月14日,巴育总理以维安委主任的身份签署两项特别命令,为全球知名高校在"东部经济走廊"

内开设分校提供政策支持,以提升该区域的科研软实力。[1] 泰国还与新加坡、日本、澳大利亚等国联合制定技术和创新人才合作培养战略,期望借鉴先进的人才培养经验。[2] 2018年7月泰国内阁批准了一项预算额达6亿泰铢的"东部经济走廊"现代化技术人才培养战略计划议案,要求加快国内高等教育师资队伍培养,促成行业和高校建立专项科研实验室,增加国内科研人员储备,以达到未来5年至少培养19.5万掌握现代科学技术的高素质专业人才队伍的目标。[3]

(3) 推动新城建设,带动国家发展。"东部经济走廊"战略的实施将把北柳府的城市环境和生活质量提升到国际标准;将春武里府打造成优质旅游景点、区域商业中心和外国企业的国际总部;将罗勇府打造成高新技术产业特别投资区,成为一流大学、国际学校、医院和医疗中心的聚集地。"东部经济走廊"作为泰国产业升级、人才培养、物流建设、科技发展、城市发展的重要试点,将为泰国各地区的发展积累经验,以促进泰国经济社会的平衡发展,发挥国家经济发展新引擎的作用。

二 中泰在"一带一路"与"东部经济走廊"下的合作进展

随着中泰对"一带一路"与"东部经济走廊"对接的日益重视,两国在双边合作机制构建、基础设施建设合作、产业合作结构优化、第三方市场合作等方面取得了明显的进展与成效。

(一)"一带一路"与"东部经济走廊"下的中泰合作机制构建

近年来,中泰合作成果丰硕,但战略层面的对接不尽如人意。随着中国

---

[1] 《巴育总理拟颁"特令"引入哈佛大学等全球名校在EEC开分校》,泰国中华网,https://thaizhonghua.com/2017/04/14/47334.html。
[2] 《面向EEC的泰、日人才和教师团队培养计划获得内阁批准》,泰国中华网,https://thaizhonghua.com/2018/03/29/63539.html。
[3] 《东部经济走廊人才培养战略计划获内阁支持》,泰国中华网,https://thaizhonghua.com/2017/07/18/52888.html。

"一带一路"倡议和泰国"东部经济走廊"战略的提出,中泰两国有了战略合作的重要着力点,得到两国高层的大力支持。目前,两国已经签署《共同推进"一带一路"建设谅解备忘录》和未来5年《战略性合作共同行动计划》等纲领性文件,成为中泰经济战略合作的重要基础,构成两国合作的顶层机制设计。

具体而言,在高层互动层面,巴育政府高度重视对华关系,两国高层保持了密切的交流与沟通,李克强总理也在多次与泰国总理巴育的会晤中表达了对中泰铁路项目进展的关切,有力推动了相关谈判进程。在部委沟通层面,中泰外交部长形成了常态稳定的沟通机制,及时有效沟通解决双方合作中存在的问题;而中泰各部委通过中泰经贸联委会、中泰科技联委会、中泰铁路联委会等联动参与"东部经济走廊"建设,对中泰合作中的问题保持密切沟通,根据合作备忘录等合作文件,稳健推进有关项目。在地方合作层面,上海泰国东部经济走廊投资推荐会、中国重庆市与泰国友好合作工作小组会议等,有针对性地开展了双方地方政企合作对话;泰国跨境贸易和投资合作洽谈会、泰中商业论坛、中泰经贸合作论坛为双方政企沟通搭建了平台。随着"一带一路"与"东部经济走廊"对接的深入,中泰正依托不同类型的平台,构建起覆盖多领域、各层次的合作机制。

(二)中泰基础设施建设合作稳步推进

自"一带一路"倡议提出以来,中国凭借成熟的基建技术和充足的建设资金,在设施联通领域开展了许多项目,为中泰基础设施建设合作积累了经验。在"东部经济走廊"战略下,中泰铁路合作项目和素万那普机场扩建项目成为双方合作的亮点。

(1)中泰铁路合作项目实质推进

中泰铁路建设既有利于带动泰国沿线地区产业的繁荣、奠定泰国作为地区互联互通枢纽和东盟重要经济中心的地位,也有利于实现泛亚铁路网的突破,是两国"一带一路"框架下的旗舰项目。2018年6月22日,泰国副总理颂奇在"泰国大战略动向"说明会上强调,泰国要与"一带一路"对接,特别是实现"东部经济走廊"铁路与中泰铁路合作项目对接,让"东部经济走廊"成为本地区的物流中心。① 可见中泰铁路对两国发展的重要意义。

中泰铁路项目作为两国交通基础设施建设合作的重点项目,实施过程可谓一波三折。为推动"泰国4.0"及"东部经济走廊"建设,巴育政府开始增加在交通运输基础设施方面的投资,被暂停的中泰铁路项目得以重启,直至《中泰两国关于深化铁路合作的谅解备忘录》签订,中泰铁路项目才正式敲定,随后双方就成本估算、融资方案、贷款利率以及开发权归属等问题展开了20多轮谈判。2017年6月,泰国总理巴育动用临时宪法第44条维和主席特权,免除了10项相关法律对中泰铁路合作项目的约束,加速谈判进程。2017年12月21日,中泰铁路合作项目第一期曼谷至呵叻段正式开工。泰国总理巴育在开工仪式上宣布:"中泰铁路合作项目一期工程开工是中泰合作史上的重要节点。"② 这标志着两国基础设施建设合作进入持续发展的阶段。

需要指出的是,中泰铁路的成功推进虽是两国"一带一路"与"东部经济走廊"对接在互联互通合作上的重要成果,但项目推进的缓慢过程中出现的中泰交通基础设施建设合作的障碍和问题也值得注意。

(2) 素万那普机场扩建项目树立榜样

泰国旅游业近年来增长强劲,机场旅客吞吐量更是快速增长。素万那普作为泰国最大的国际机场,早在2011年实际吞吐量就超越了当初设计的4500万人次,近年来更一直处于超负荷运营状态,2017年旅客量突破6000万人次。早在2011年年底,泰国机场集团就公布了该机场的二期扩建计划,后因军事政变延后。

随着泰国"东部经济走廊"战略的提出,素万那普机场扩建项目被重新提上日程。虽然泰国严格限制外资建筑公司在泰经营,但泰国机场集团提

---

① 《泰国东部经济走廊蓄势待发》,光明网,http://epaper.gmw.cn/gmrb/html/2019-01/24/nw.D110000gmrb_20190124_2-12.htm。
② 《"中泰铁路":"一带一路"倡议下的互利共赢之路》,光明网,http://news.gmw.cn/2018-01/03/content_27251177.htm。

出的22个月内完成新候机楼建设的招标要求让泰国本土建筑商望而却步,泰国机场集团迫于工期压力向中国的基建企业抛出了橄榄枝。2017年9月2日,中建集团泰国公司与泰国PLE公司组成的PCS联营体以142.35亿泰铢(约合28.73亿元人民币)的价格中标曼谷素万那普机场1号候机楼(2-4)层和南端连接通道项目,① 该项目成为中资企业在泰承建的规模最大的项目。2019年1月28日,素万那普机场扩建项目新候机楼提前约两个月封顶,② 展现了中国基础设施建设的速度,为后续工程建设赢得了宝贵时间,成为中泰基建合作的典范,并为未来中泰基建合作树立了榜样。

(三)中泰产业合作与结构优化成效显著

(1)泰中罗勇工业园建设成为典范

泰中罗勇工业园位于泰国东部海岸,靠近泰国首都曼谷和林查班深水港,总体规划面积为12平方公里,主要吸引汽配、机械、家电等中国企业入园设厂,计划打造成中国优势产业在泰国的产业集群中心与制造出口基地。至2018年年底,园区带动中国对泰国投资超35亿美元,入园企业已达118家,累计工业总产值超120亿美元,拥有泰籍员工32000余人,中国员工3000余人。③ 凭借优越的区位与交通优势、一流的基础设施、优惠的政策和优质的"一站式"服务,泰中罗勇工业园成为"东部经济走廊"战略下中泰产业合作的典范和重要工业园区,带动了两国产业结构的优化升级。

一方面,中资企业进入工业园,利用泰国本地丰富的资源,结合成熟的技术与管理,逐步恢复了传统产业失去的市场优势。比如杭州中策橡胶进入泰国投资生产后,不仅能够利用丰富的天然橡胶资源降低生产成本、开拓东

---

① 《中泰公司联营体中标曼谷素万那普机场项目》,中华网,2017年9月2日,https://3g.china.com/act/news/11038989/20170902/31265611.html。
② 《中国建筑承建泰国素万那普机场扩建项目主体结构提前封顶》,光明网,http://economy.gmw.cn/2019-01/30/content_32440757.htm。
③ 《泰国东部经济走廊蓄势待发》,光明网,http://epaper.gmw.cn/gmrb/html/2019-01/24/nw.D110000gmrb_20190124_2-12.htm。

盟市场，还能以泰国为产地出口欧美市场，从而避开欧美国家的反倾销措施，并带动泰国橡胶产业海外市场份额显著提升。目前进驻罗勇工业园的中国企业大多属于泰国第一波 S 形曲线的目标产业，如汽车产业、智能电子产业、食品加工业，符合泰国产业投资吸引目标的要求。

另一方面，中资企业带动国内产业链集群式"走出去"，提升中泰整个产业链的国际竞争力。例如，中策橡胶的投资带动国内橡胶轮胎行业多家配套企业集体入园，形成上下游完整配套的生产链，增强了中泰橡胶产业链的整体竞争力。在国内光伏企业进驻罗勇工业园后，原本只是制作铜导体的泰国德晋昌光电公司与这几家太阳能关联设备生产企业合作，产品日趋多元化，显示了产业集群发展的优势。

此外，入园的中资企业带来新技术、新材料，还填补了许多泰国产业发展的空白。例如中国光缆产业技术成熟、行业竞争力强，富通集团（泰国）通信技术有限公司入驻泰国，填补了泰国光缆技术空白，目前成为东盟地区最大的现代化光缆工厂，使得罗勇工业园成为中泰产业优化升级的重要平台。

（2）高科技产业合作成效初显

泰国总理巴育曾在"泰国机遇 2017"研讨会上表示，"泰国 4.0"战略将向高附加值产业全面进军，让科技创新成为泰国经济发展新引擎。中国投资者也根据泰国五大未来目标产业的指引，将目光投向了数字经济、机器人制造、航空业、生物燃料和生物化学等高科技产业。

中泰数据平台合作成绩亮眼。数字经济是泰国大力发展的领域，"东部经济走廊"向阿里巴巴、华为等中国企业抛出了橄榄枝。近年来，华为与泰国在通信基础设施建设、网络安全及产业数码化上的合作取得了重大进展。华为开放实验平台的开放为泰国提供了新的创新合作平台。该平台一是给泰国企业赋能，将华为信息与通信技术开放给客户和伙伴，以孵化新标准、新技术和新商业模式，推动泰国的初创企业及中小企业发展；二是针对特定的行业和伙伴进行联合创新，制定适合泰国本地特定行业的创新解决方案，包括泰国皇家警察 eLTE 集群创新项目、泰国最大电力公司 PEA 的电力 ICT 解决方案联合创新项目、泰国 KMITL 大学的智慧城市初创合作项目等，持续进行行业解决方案创新。"东部经济走廊"华为云数据中心的建设也将助力泰国云计算业务的发展，提供弹性云服务器、云存储、大数据等服务，满足不同客户的数据管理使用需求。这些新平台和技术还将支持泰国东部经济创新走廊在生物科技、自动化机器人、智能系统与数码信息科技等方面的研究。

中泰电子商务经济合作密切。阿里巴巴与泰国市场的合作也日益密切，提升了泰国电子商务领域的发展能力。双方未来的合作还将创新泰国新零售及电商模式，通过高效的数字化销售平台支持泰国农产品面向全球出口，为中小企业和贫困地区提供更多的发展机会，助力泰国成为本地区的电子商务中心，并带动邻国经济发展。2018年4月19日，阿里巴巴与泰国政府在曼谷正式签署了合作协议。根据双方签订的合作备忘录，阿里巴巴将在泰国投资110亿泰铢（3.5亿美元）建设智慧数字中心，以打造泰国产品面向全球出口的基础设施；通过与泰国商会、商务联合会、工业联合会合作，共同提升泰国企业在数字经济方面的能力；阿里巴巴还将帮助泰国政府培养数字经济人才，利用飞猪等平台推动泰国旅游业的整体数字化转型。

华为、阿里巴巴与泰国进行数字经济合作情况如表2所示。

表2 华为、阿里巴巴与泰国进行数字经济合作情况

	时间	合作内容
华为集团	2016年6月13日	在曼谷设立地区总部，成立东南亚第一个科技和创新中心
	2017年6月1日	华为全球第七个开放实验室在泰国曼谷揭幕
	2018年6月7日	与泰国的国家创新局和国家科学与科技发展局签署为期3年的合作备忘录
	2018年9月30日	华为云泰国正式提供线上服务
	2019年2月8日	在泰国建立华为在东南亚地区的首个5G测试台
阿里巴巴集团	2016年4月12日	获得泰国最大电商平台Lazada的控股权
	2016年11月1日	蚂蚁金服与正大集团合作打造泰国版"支付宝"
	2016年12月8日	与泰国商务部签署一系列协议，宣布在电商、物流、供应链等领域开展合作
	2018年4月19日	与泰国政府正式签署了关于投资、电子商务和旅游等方面的谅解备忘录

资料来源：根据泰国中华网、光明网、中国商务部网站、中国驻清迈经商室网站等的资料整理得到。

其他高科技产业合作取得重要进展。中泰在机器人制造、航空业、生物燃料和生物化学等高科技产业的合作上也取得了许多进展。比如,中泰签署航空运动合作协议,将建立中泰两国航空运动及产业配套设施发展战略合作伙伴关系[1]等。其中,中国科学院建立的曼谷创新中心为两国高科技产业合作搭建了桥梁。2018年10月19日,中国科学院曼谷创新合作中心与泰国国家科技发展署签署了战略合作协议;[2] 2018年11月16日,中国科学院曼谷创新合作中心和泰中科技产业园投资有限公司签署协议,联合打造中科院泰国高科技产业基地,[3] 双方的合作将推动技术创新和成果转化。中国科学院曼谷创新中心为中泰共享高科技创新成果开辟了新渠道,将为泰国经济发展和科技人才培养提供有力支撑。

(四)中日对在泰进行第三方市场合作取得初步共识

中国、日本与泰国长期保持密切友好关系,中日两国同样是泰国重要的合作伙伴。当前,日本企业投资约占该地区外商投资企业总数的50%。[4] 中日两国既是竞争对手,也能深挖合作空间。事实上,中日曾在泰国铁路项目上展开激烈竞争,但互相之间的较量压缩了彼此的利润空间,使得双方付出了不必要的竞争成本。目前,中日企业都有意参与连接三大机场的高铁项目,继续进行无序竞争将难以实现共赢。因而,中日两国都亟须转变竞争观念,尝试携手合作,促进在泰国的第三方市场开发。

"东部经济走廊"建设蕴含着巨大的投资机会,单凭泰国之力无法满足建设需求。泰国总理巴育、副总理颂奇等人在双边和多边场合多次对中、日

---

[1] 《中泰签署航空运动合作协议》,泰华网,http://www.thaicn.net/news/shgh/2018-10-22/20087.html。
[2] 《中国科学院曼谷创新合作中心-泰国皇家SCG集团签署战略合作协议》,中国科学院上海高等研究院网站,http://www.sari.cas.cn/xwzx/zhxw/201811/t20181103_5153739.html。
[3] 《中科院在泰国设立高科技产业基地》,中国新闻网,http://www.chinanews.com/gj/2018/11-16/8678344.shtml。
[4] 《泰国放宽东部经济走廊投资限制 加码数字经济》,泰国中华网,https://thaizhonghua.com/2018/05/06/64314.html。

"21世纪海上丝绸之路"与"东部经济走廊"：中泰合作的成效、问题与对策

两国领导人表示，希望中日两国联手投资"东部经济走廊"。泰国总理巴育表示，欢迎中国企业投资泰"东部经济走廊"建设，支持中国在泰开展三方合作。[①] 三座机场高铁项目更是为中日第三方市场合作提供了契机。2018年5月3日，泰国副总理颂奇在与日本国际协力银行时任副总裁前田匡史的会谈中，对中日联合参与连接泰国国内三座机场的高铁网络计划表达了强烈期待。[②] 2018年5月9日，李克强总理在与日本首相安倍的会谈中，就设置推进中日在第三国合作的官民委员会达成共识，三座机场间铁路被定位为样板。中日双方可尝试以"产业+技术+资本+市场"的合作模式，就泰国"东部经济走廊"的铁路、公路及城市建设项目开展合作。

三 中泰"一带一路"与"东部经济走廊"合作面临的挑战与问题

中泰社会各界对积极推进"一带一路"与"东部经济走廊"对接合作具有广泛共识，同时也必须认识到，虽然其前景美好但并非坦途，仍然面临相当的挑战和诸多问题。

（一）泰国政局多元化，面临政策不确定性

2014年泰国军方通过政变上台，总理巴育曾多次使用2014年临时宪法第44条赋予的特权对泰国的行政司法体制进行变革，引起泰国国内不满。泰国"东部经济走廊"战略亦得益于"宪法第44条特权"，虽获得了大部分民众的支持，但也面临军人政府不尊重法律、项目缺乏民众参与的质疑。2019年3月24日泰国大选后，巴育成功连任总理。但是，随着新政府的组建，巴育也将失去临时宪法第44条赋予的特权。这意味着，中

---

① 《王毅会见泰国总理巴育》，中国外交部，2018年8月31日，https://www.fmprc.gov.cn/web/gjhdq_676201/gj_676203/yz_676205/1206_676932/xgxw_676938/t1547062.shtml。
② 《日报文章：中日实力已经逆转 应建立更理性互惠关系》，参考消息网，http://column.cankaoxiaoxi.com/2018/1024/2343353_4.shtml。

泰合作对接如果失去政府的强有力支持，推进过程和实施落地将面临更多掣肘。另外值得注意的是，巴育连任泰国总理要依靠公民力量党和其他政党联合组阁，那么在关于"一带一路"与"东部经济走廊"对接合作上巴育政府就需要进行更多的政党之间的协商与妥协，可能面临重要事项议而不决的情况。[①]

对于"东部经济走廊"涉及的大型基建项目来说，泰国政府的稳定性和政策的连贯性非常重要，是保证项目顺利实施的重要条件。泰国政治多元化可能会导致政府效率变低，进而给中泰合作带来变数和未知的风险。因此，建设周期长、投资大的基础设施项目要做好风险控制，防范泰国政局变动带来的投资风险。

（二）基建项目限制多，合作潜力有待挖掘

基础设施建设既是泰国"东部经济走廊"战略的重点，也是中国企业"走出去"的优势所在。但是，目前中泰在"东部经济走廊"的基建项目偏少，中泰铁路推进缓慢暴露出中泰基建合作中存在以下问题。一是泰国法律对外资企业在泰开展基建项目限制较多。建筑业不是泰国鼓励外资投资的行业，合作要突破诸多法律限制。例如中泰铁路项目，泰国总理需要依靠临时宪法第44条排除禁令，特许中国工程师在泰国执行业务，才能继续推动中泰铁路的建设。二是泰国本土企业基建能力强、融资条件好，泰国政府更愿意与本地基建企业或者有合作经验的日本、美国等国家的企业开展合作，中企难有参与的空间。三是泰国对大型基建项目审批周期长、手续烦琐、前期投入高，对参与中企的实力是不小的考验。例如在中泰铁路项目中，中方多次敦促泰方提高环境评估效率以保证工程进度，但在已经签订合同的情况下，环评程序不仅影响合作效率，中方还得承担未通过的建设风险。四是泰国本地劳工的基建工程技术不足、效率不高，难以吃透中方的技术要求，但

[①] 周方冶：《中泰合作对接"一带一路"的机遇与挑战》，《当代世界》2019年第7期，第69~74页。

是泰国法律要求每雇用一名中国雇员就要至少雇用4名泰国雇员,增加了用工难度。此外,泰国社会仍存在中国基建是否有利于泰国的疑问,民众的抵触情绪依然存在,导致中泰基建合作潜力难以充分发挥。

(三)对中国投资存在担忧,双方认识存在偏差

面对汹涌而入的中国投资,泰国有关方面在对合作表示欢迎的同时,也表露了担忧。一是担忧享受投资特权的中国企业会对泰国的市场竞争带来负面影响、挤压中小企业的生存空间,例如泰国商人担忧阿里巴巴集团会对泰国进行贸易垄断。二是担忧中泰铁路项目不能实现双方共赢。例如,泰方认为如果答应中国要求在铁路沿线土地享有开发权的条件,就等于泰国失去了自己的领土,甚至有人认为泰国受控于中国,对泰国十分不利。[①] 另外,泰国政府强调技术转让是中泰铁路合作的基础,但双方对于技术转让的认知存在偏差,泰方担心与中国的高铁合作不能达到获得中国技术的目的。三是担忧中国的投资对未来产业促进作用有限。中国企业目前对于泰国"东部经济走廊"的投资领域集中于第一波S形曲线产业,包括太阳能电池和太阳能电池板制造、金属零件制造、橡胶制品加工、塑料及塑料制品,[②] 中国的高科技企业中仅有华为在泰国设立了地区总部,因此泰方希望在高科技领域能够吸引更多的中国企业进行投资。

(四)中日泰未能达成协议,在泰三方合作遇阻

泰国三座机场间的连接铁路曾被视为中日在泰开展第三方市场合作的标志性项目,但随着日本企业伊藤忠商事、日立制作所和建筑商藤田的缺席,中日泰合作的正大集团阵营未能成型。中日在泰开展第三方合作的标志项目

[①] 张帆、胡燕玲:《"一带一路"倡议之泰国与21世纪海上丝绸之路建设》,熊灵、谭秀杰主编《"一带一路"建设:中国与周边地区的经贸合作研究(2016~2017)》,社会科学文献出版社,2017,第34~47页。
[②] 《东部经济走廊正式启动:支持泰国未来经济发展的重要因素》,开泰研究中心报告,https://www.kasikornresearch.com/ch/analysis/k-econ/economy/Pages/36811.aspx。

未能落地，原因有三：一是三方对项目盈利的预期不同，伊藤忠商事认为该项目将产生严重亏损，要求将高铁改建为准高速铁路，但泰国正大集团认为沿线土地的估值上升和主要车站周边的再开发能够弥补铁路亏损；二是三方对于合作目标未能达成共识，泰国政府坚持"1小时连接三个机场"的条件，并反对日本提出的建设准高速铁路方案；三是企业与政府合作目标的差异，中日政府希望通过合作在亚洲地区获得最大经济权益，但是企业往往按照项目收益和经济合理性采取行动，不会轻易随着政治意图改变意向。由此可见，第三方合作作为"一带一路"合作新模式还面临不少障碍，中日在泰开展第三方合作的走向还不明朗。

四 推动中泰"一带一路"与"东部经济走廊"对接合作的建议

中泰在"一带一路"倡议和"东部经济走廊"战略下的对接获得了两国政府和企业的高度认同和支持，虽然面临不少挑战和棘手问题，但是仍可采取以下有针对性的对策措施，加快推进对接合作进程。

（一）深化合作互信，提高抵抗风险能力

泰国"东部经济走廊"建设得到《东部特别经济开发区法案》法律的支持，泰国工业部部长坞塔玛表示其投资政策不会因为任何原因而中途变道，更不会因为政府变更而改变其发展轨道。[①] 而备受关注的中泰铁路项目也被纳入提高泰国国家竞争力的物流系统发展规划，预计将会持续推进。对于"一带一路"与"东部经济走廊"的对接，中泰两国构建了多元的交流渠道，形成了丰富的合作机制。尽管如此，中泰两国高层仍应着眼于战略合作的长远发展目标，加强沟通，深化互信，统筹规划协调合作机制，以保持

---

① 《EEC政策发展规划不会因政府变更而中途变道》，泰国中华网，https://thaizhonghua.com/2018/08/12/67428.html。

对接合作的政策连续性与机制稳定性。面对泰国未来可能出现的不稳定政治环境，中国企业则要强化抵御风险能力：首先要强化风险意识，将风险管控理念融入企业文化；其次要加强海外投资风险管控体系建设，健全海外投资风险制度体系，完善海外投资风险管理的组织体系，善于运用海外投资风险管控工具；最后要在投资前做好风险的识别及评估工作，并制定相应措施以便最大限度降低风险管控成本。

（二）转变合作思路，提升基建合作水平

面对中泰铁路合作中出现的问题和中泰基建合作的种种局限，唯有转变合作思路才能提升双方合作水平。现阶段，中国企业在泰直接承包项目难度大、风险高，可以采取以下策略：一是将合作环节向设计、咨询等上游产业链拓展，带动中国标准"走出去"；二是减少与泰国本土工程企业的竞争，利用泰本土企业信息灵通、人脉资源丰富、拿项目能力强的优势，选择在技术、资质和资金上提供支持从而与其开展合作；三是通过中泰铁路等示范性项目，组织企业精干力量，安全科学高标准施工，按时保质保量完成项目建设，树立中国企业的良好形象，为进一步合作打下坚实基础。

（三）加强合作认识，实现双边合作共赢

针对泰国社会出现的对中国投资的诸多担忧，两国有关方面须在各层面加强对合作收益的认知，广泛接触泰国各阶层民众，充分听取民意，防止不良舆论愈演愈烈。一方面，针对与中国的投资合作，泰国政府首先应向民众表明与中国投资者合作有利于国家整体利益，同时要及时制定政策维护公平的市场竞争；另一方面，针对中国高科技产业对泰投资较少的情况，泰国政府应实施更多的非关税措施来吸引高科技企业，例如构建高新产业合作平台、颁布高新产业特殊优惠政策等，为高新企业在泰投资创造良好的环境。同时，中资企业在泰投资一是要信守合作承诺，进行必要的技术转移，帮助提升泰方的技术和管理能力；二是应该注重中泰合作项目带来的惠民效果，使泰国民众认识到两国合作确实能够促进其利益。此外，还应发挥中泰合作

机制和政策的引导作用，对两国产业合作进行科学规划安排，鼓励中国有实力的高科技企业在泰国发展，实现两国合作共赢。

（四）培育合作信心，促进中日泰三方合作

虽然泰国三座机场间的铁路项目无奈落空，但是中日作为泰国"东部经济走廊"的重要投资国，在泰合作的前景仍然广阔。在基建合作方面，中国具备资金雄厚、造价低廉、建设速度快、工人经验丰富、管理效率高等优势，日本拥有长期在东南亚国家进行基础设施建设的丰富经验，并擅长主打"高质量"和"全周期管理"。面对泰国东部未来的建设需求，中日企业具备互补的优势。在产业发展方面，日本汽车制造、半导体等产业仍占据着价值链的高端，同时食品加工有一流的技术，中国则在新能源汽车、光伏发电、生物科技等领域获得了长足发展，中日具备在产业链上合作的条件，但需要政策引导和科学规划，避免盲目竞争；在企业合作方面，中国中信集团、日本伊藤忠商事、泰国正大集团通过相互持股、共同投资等资本项目合作，已形成利益捆绑、风险共担的战略合作伙伴，是中日在泰合作的重要主体，可为三方合作的开展培育信心并创造条件。

南亚篇

South Asia

"一带一路"框架下中国与南亚四国的经贸合作与发展

毛海欧[*]

摘　要： 斯里兰卡、孟加拉国、尼泊尔、马尔代夫四国与中国经贸联系日益密切，是"一带一路"倡议的重要合作伙伴。2018~2019年，中国与南亚四国在基础设施上超过30个项目取得重大进展，但在高层政策沟通上仅与尼泊尔和马尔代夫达成新的联合声明，人文交流和金融合作进展较为缓慢。主要存在以下问题和挑战：政权更替增加了风险；南亚四国受印度影响巨大；对中国贸易逆差严重；合作方式较为单一；民众对中国的认知有待提升。为此，建议从以下方面深化经贸合作：一是加强政治互信，建立全面、平衡的政党关系；二是从安全互信和构建共同利益两个角度处理好与印度的关系；三是

---

[*] 毛海欧，博士，武汉大学中国边界与海洋研究院讲师，基尔全球化中心（Kiel Center for Globalization）外部研究员。

推进贸易便利化，努力促进贸易平衡；四是加大文化交流力度，提升共识与理解。

关键词： 南亚　"一带一路"　经贸合作　中国

本文所指南亚四国包括斯里兰卡、孟加拉国、尼泊尔、马尔代夫。其中，斯里兰卡素有"印度洋十字路口"之称，是连接中东、欧洲、非洲、东亚大陆的海运航线的必经之地，占据战略性地理位置，是"21世纪海上丝绸之路"的关键节点之一。孟加拉国东、西、北三面与印度毗邻，东南与缅甸接壤，南濒孟加拉湾，是中国在南亚地区的第三大贸易伙伴，是中国在南亚和印度洋地区开展"一带一路"建设的重要合作伙伴。尼泊尔位于中国与印度之间，中尼人文交流历史悠久，基础设施互联互通需求极为迫切，中尼合作共建"一带一路"具有良好的人文背景和现实需求。马尔代夫地理位置优越，处于印度洋中心，是多条国际主要航道的必经之地，在国际远洋运输中具有特殊的战略地位，中马于2017年12月签订了自贸协定。总的来说，南亚四国虽然经济体量较小，但地理位置重要，与中国和印度联系密切，在地缘政治上有重要战略地位，是在南亚地区深入推进"一带一路"建设的重要合作伙伴。

一　中国与南亚四国的经贸合作现状

（一）贸易总额持续增长，但与中国的逆差不断加大

表1列出了2013~2018年中国与南亚四国的进出口贸易变化情况。从贸易总额来看，斯里兰卡、孟加拉国、马尔代夫与中国的贸易呈现增长趋势，而中尼贸易在2015年及之后有较大幅度的下跌，这是地震引起的边界口岸基础设施损坏所致。在南亚四国中，孟加拉国与中国的贸易总额最大，

在 2018 年超过 160 亿美元。从进口额与出口额相对大小来看，南亚四国从中国的进口均远远大于对中国的出口，贸易逆差较大。例如，2018 年，斯里兰卡、孟加拉国、尼泊尔、马尔代夫的进口额分别为 45.84 亿美元、154.53 亿美元、13.42 亿美元、4.88 亿美元，而相应的出口额仅分别为 2.39 亿美元、8.45 亿美元、0.30 亿美元、0.03 亿美元。可见南亚四国从中国的进口额比其出口额至少高出 10 倍，差距巨大。换言之，南亚四国与中国的贸易逆差较大，且从时间趋势来看，呈现增长趋势。

表 1　2013～2018 年中国与南亚四国的贸易情况

单位：亿美元

年份	斯里兰卡				孟加拉国			
	进口	出口	贸易总额	贸易逆差	进口	出口	贸易总额	贸易逆差
2013	34.37	1.83	36.19	-32.54	97.05	6.02	103.07	-91.03
2014	37.93	2.48	40.41	-35.45	117.82	7.61	125.43	-110.21
2015	43.04	2.59	45.63	-40.45	138.95	8.17	147.12	-130.78
2016	42.87	2.73	45.60	-40.13	143.01	8.69	151.70	-134.31
2017	40.88	3.10	43.98	-37.78	151.69	8.75	160.44	-142.94
2018	45.84	2.39	48.23	-43.45	154.53	8.45	162.98	-146.07

年份	尼泊尔				马尔代夫			
	进口	出口	贸易总额	贸易逆差	进口	出口	贸易总额	贸易逆差
2013	22.11	0.43	22.54	-21.68	0.97	0.00	0.97	-0.97
2014	22.84	0.47	23.31	-22.37	1.04	0.00	1.04	-1.04
2015	8.33	0.32	8.65	-8.01	1.73	0.00	1.73	-1.73
2016	8.66	0.22	8.88	-8.44	3.21	0.00	3.21	-3.21
2017	9.67	0.18	9.85	-9.49	2.96	0.01	2.97	-2.95
2018	13.42	0.30	13.72	-13.12	4.88	0.03	4.91	-4.85

注：进口为南亚四国从中国进口额，出口为南亚四国对中国出口额。2013～2016 年马尔代夫对中国出口四舍五入之后为 0.00 亿美元，实际上大于 0。

资料来源：UNCTAD 数据库。

（二）对南亚国家的直接投资在迂回中前进

中国对南亚四国的非金融类对外直接投资流量数据如表 2 所示。"一带一路"倡议于2013年提出,以该年为界,比较之前和之后中国对南亚四国的对外直接投资流量可以发现,"一带一路"倡议提出后,中国对南亚四国的投资流量较倡议提出前有较大幅度的增长,对孟加拉国和尼泊尔两个国家的流量增长尤为明显。但在近两年,中国在斯里兰卡和尼泊尔的直接投资出现回流现象,2015年中国对斯里兰卡的直接投资流量大幅下降,仅1747万美元,2016年和2017年出现回流,分别为回流6023万美元、2527万美元,而2016年中国对尼泊尔的直接投资也出现回流,回流4882万美元。总的来说,虽然"一带一路"倡议提出后,中国在南亚四国的直接投资出现较大幅度的增长,但阻碍与困难也逐渐显现,呈现在迂回中前进的特征。

表2　2010~2018年中国对南亚四国的对外直接投资流量

单位:万美元

年份	斯里兰卡	孟加拉国	尼泊尔	马尔代夫
2010	2821	724	86	—
2011	8123	1032	858	—
2012	1675	3303	765	—
2013	7177	4137	3697	155
2014	8511	2502	4504	72
2015	1747	3119	7888	—
2016	-6023	4080	-4882	3341
2017	-2527	9903	755	3195
2018	783	54365	5122	-155

注:"—"表示在商务部未发现流向该国直接投资的备案记录,可视为0。
资料来源:《2018年中国对外直接投资统计公报》。

(三)工程合作进展良好

虽然中国与斯里兰卡和尼泊尔两国的工程合作在2015年和2016年遇到阻碍,但在2017年和2018年之后逆势上扬,与南亚四国的工程合作总体呈现良好发展态势(如表3所示)。就斯里兰卡而言,"一带一路"倡议提出后,中国与斯的工程合作呈现先上升后下降再上升的发展趋势。2013年和

2014年的对外承包工程营业额较2012年增长35%以上,然而随着2015年斯里兰卡国政府换届完成,中国在当地的工程合作经受较大挫折,2015年和2016年的营业额较2014年下降30%以上,但在2017年和2018年逆势上扬,恢复了增长态势。类似的变化趋势也呈现在从事工程人员数据上。就孟加拉国而言,"一带一路"倡议提出后,中国与该国的工程合作呈现快速增长态势。2010~2012年中国在当地的承包工程营业额均值为12.97亿美元,2014~2018年为25.83亿美元,增长99.15%;2010~2012年中国在当地从事承包工程人员的均值为1792.33人,2014~2018年为6490.80人,增长262%。就尼泊尔而言,中国与尼的工程合作虽然受到阻碍,但潜力较大。2014~2016年中国在尼的承包工程营业额相较2013年下降超过45%,显示中国在尼的工程合作遇到阻碍。然而,2018年中国在尼对外承包工程营业额和承包工程人员均较上年大幅上升。综合工程营业额和从事工程人员数据可知,中国在尼泊尔的工程合作遇阻只是短期问题。就马尔代夫而言,中国在当地的工程合作进展良好。"一带一路"倡议提出前,中国在马的承包工程营业额低于1亿美元,但自2015年开始,营业额大于1亿美元,且在2018年超过6亿美元。同时,2010~2012年从事工程合作人员均值为186人,2014~2018年为1084.6人,增长483%。

表3 2010~2018年中国在南亚四国的工程合作情况

单位:亿美元,人

年份	斯里兰卡		孟加拉国	
	对外承包工程营业额	境外从事承包工程人员	对外承包工程营业额	境外从事承包工程人员
2010	7.69	2743	3.55	1592
2011	12.57	3624	20.73	1885
2012	15.30	4390	14.62	1900
2013	20.92	5840	8.77	2197
2014	21.91	3043	17.79	3799
2015	13.69	3432	17.52	3335
2016	14.77	3775	19.16	4936
2017	22.53	3705	31.47	7861
2018	23.80	4267	43.22	12523

续表

年份	尼泊尔		马尔代夫	
	对外承包工程营业额	境外从事劳务合作人员	对外承包工程营业额	境外从事承包工程人员
2010	0.67	1014	0.08	59
2011	1.91	848	0.54	272
2012	1.67	940	0.57	227
2013	4.99	1162	0.20	170
2014	2.73	1883	0.69	185
2015	2.53	711	1.44	252
2016	2.23	1028	2.47	342
2017	2.97	1439	4.15	724
2018	4.57	1409	6.39	3920

资料来源：《中国贸易外经统计年鉴》。

二 "一带一路"框架下中国与南亚四国合作的新进展

2018~2019年，中国与南亚四国在基础设施建设上合作进展较快，超过30个项目取得重大进展；在政策沟通上，与尼泊尔和马尔代夫发表了关于共建"一带一路"的联合声明，与斯里兰卡和孟加拉国未取得新进展；在人文交流上，与斯里兰卡在历史文化交流和医疗合作上完成6个项目，而其他国家的人文交流合作较为分散；中国与南亚四国在金融合作上的总体进展较为缓慢，仅与孟加拉国实现了小范围的合作。

（一）政策沟通：与尼泊尔、马尔代夫取得新进展

2017年年底至2019年，中国分别与尼泊尔、马尔代夫发表了联合声明，为双边经贸合作提供了有力的制度保障，推动了"一带一路"框架下的建设和合作。2017年12月，中国与马尔代夫发表联合声明，双方保证中马友谊大桥、马累国际机场改扩建项目按期保质完成，并签署了《中华人民共和国政府和马尔代夫共和国政府自由贸易协定》。协定涵盖货物贸易、

服务贸易、投资、经济技术合作等内容，实现了全面、高水平和互利共赢的谈判目标，将为双方贸易投资自由化和便利化提供坚实的制度保障，有助于促进双方深化有关领域务实合作，既是中国与南亚国家共建"一带一路"的重要成果，也为"一带一路"建设的进一步推进提供了制度保障。

2018年6月，尼泊尔总理卡·普·夏尔马·奥利访问中国期间，两国发表了联合声明，双方同意在"一带一路"下加强口岸、公路、铁路、航空、通信等方面的互联互通，尽快恢复开通樟木口岸，提升吉隆口岸运行水平，鼓励两国空运企业根据两国民用航空运输协定开辟或运营更多直航航线，同意通过多种途径探讨在尼方选定地点修建储油设施的可行性，同意对中尼自贸协定进行可行性研究。2019年10月习近平主席访尼期间两国发布了联合声明，同意加快落实2018年联合声明提到的口岸、公路、铁路、航空、通信等合作项目，新增吉隆至加德满都跨境铁路项目可行性研究、扩大航权、技术人才培训等合作项目。中尼联合声明在口岸合作、基础设施连通、贸易畅通等方面取得了重大进展，为建设更高水平的经贸关系提供了支撑，也加快了自贸协定推进步伐。

中国与斯里兰卡和孟加拉国早在2016年就已在共建"一带一路"上取得了共识并发表了相应的联合声明，两国均表示愿意积极参与"一带一路"建设，加强在基础设施、工业园区、能源电力等方面的合作。2018年和2019年，双边继续执行之前发布的联合声明，未达成新的顶层政策沟通成果。

（二）基础设施建设：全面推进，成果丰硕

2017年年底至2019年年初，中国与南亚四国在基础设施建设上成果丰硕，合作项目涵盖水电、港口、交通、信息基础设施各个领域，其中斯里兰卡是合作最为密切的国家。中国与斯里兰卡的基础设施合作较其他南亚国家进展更快，主要集中在港口和水电建设项目上，具体项目情况如表4所示。两国企业在斯完成或签约启动了十余个基础设施项目，其中港口相关项目5个，水电类项目5个，完工或竣工项目7个，开工或启动、签约项目6个，

阶段性完工1个。科伦坡港口城是斯里兰卡迄今最大的外国直接投资项目，也是中国企业首次在海外投资的集填海造地、土地开发、基建配套、城市运营于一体的大型城市综合体开发项目。目前，科伦坡港口城项目的填海造地工程已经完工，科伦坡港口城内首个综合建筑群已顺利开工，贾亚集装箱码头改扩建项目协议也已签署。项目建成后将成为南亚地区集金融、旅游、物流、IT等于一体的高端城市综合体。该项目是中斯共建"一带一路"的重点项目，对双边关系和南亚地区战略意义重大。

2020年2月，中国工程企业海外咨询"第一大单"在斯里兰卡完成，由中国企业中国铁建第一勘察设计院承担全线咨询监理的斯里兰卡南部高速公路延长线23日通车。国际咨询服务属于海外工程界公认的高端项目，对咨询服务商的经验、能力和综合素质要求极高，本次海外咨询"第一大单"的顺利完成标志着，伴随"一带一路"的推进，中国企业开始从传统基建业务逐渐迈向高端服务领域。

表4 中国与斯里兰卡的基础设施建设项目进展

编号	项目名称	施工或合作企业	时间	进展
1	科伦坡港口城内综合建筑群	中国港湾工程有限责任公司	2018年1月	签署备忘录
2	科伦坡港贾亚集装箱码头改扩建项目	斯里兰卡国家港务局和中国港湾工程有限责任公司	2018年11月	签署协议
3	科伦坡港口城项目	中国交建与斯里兰卡国家港务局	2019年1月	填海造地工程完工
4	中斯汉班托塔港合作项目	中国招商局港口控股有限公司	2017年11月	正式启动
5	汉班托塔港液化石油气罐区项目	中国石油天然气集团旗下的中国寰球工程有限公司	2018年11月	竣工移交
6	汉班托塔变电站项目	中国正泰集团	2018年12月	动工
7	莫勒格哈坎达水库项目（M坝）	中国电建	2018年1月	竣工移交
8	斯里兰卡中部KMTC隧洞项目	中国电建	2018年7月	开工

续表

编号	项目名称	施工或合作企业	时间	进展
9	卡卢河大坝（K坝）	中国电建	2019年1月	完工
10	地下排水隧道项目	斯里兰卡大都市与西部发展部和中国石油管道局工程有限公司	2018年5月	签署合同
11	科伦坡莲花塔项目	中国电子进出口有限公司	2018年5月	完工
12	库鲁内格勒供水和污水处理项目	中国机械设备工程股份有限公司	2018年8月	竣工移交
13	斯里兰卡Astoria公寓项目	中航国际斯里兰卡分公司	2018年11月	封顶
14	斯里兰卡南部铁路项目	中国机械进出口（集团）有限公司	2019年1月	完工
15	斯里兰卡南部高速公路延长线	中国铁建第一勘察设计院	2020年2月	通车

资料来源：笔者根据中国一带一路网（https://www.yidaiyilu.gov.cn/index.htm）资料整理得到。

2018~2019年，中国与孟加拉国在交通基础设施建设上取得了重大进展，乔伊代堡普尔至伊舒尔迪复线铁路项目等对中国与南亚、东南亚国家的设施联通至关重要。具体项目如表5所示。中孟合作项目包括交通设施项目4项、污水处理项目1项、油电厂1项、石油管道项目1项、货运连通项目1项。代表性合作项目有阿考拉至锡尔赫特铁路改造项目、乔伊代堡普尔至伊舒尔迪复线铁路项目和孟加拉帕德玛桥项目。阿考拉至锡尔赫特铁路改造项目的工程内容包括路基、桥涵、站场、站房及轨道建设等，合同金额达14.45亿美元，该项目推广和使用了中国铁路技术标准，也带动了中国装备出口，是"一带一路"框架下中孟产能合作、基础设施建设合作的典型案例。乔伊代堡普尔至伊舒尔迪复线铁路项目是孟加拉国十大优先发展项目之一，对"一带一路"建设在孟中印缅地区的推进十分关键，该铁路项目是孟中印缅经济走廊建设的重要组成部分，也是"泛亚铁路网"在孟境内的主干线路。而帕德玛大桥被孟加拉国人民称为"梦想之桥"，不仅连接孟加拉国南部21个区与首都达卡，也使中国和印度泛亚铁路的南部对接，对深化中国与南亚及周边国家合作具有重要作用,是连接中国及东南亚"泛亚铁路"的重要通道之一,也是"一带一路"的重要交通支点工程。

表5 中国与孟加拉国的基础设施建设进展

	项目名称	合作企业	重大节点	进展
1	阿考拉至锡尔赫特铁路改造项目	中国铁建大桥工程局集团	2017年12月	签署协议
2	达舍尔甘地污水处理厂项目	中国水电工程顾问集团公司和达卡市水务局	2018年8月	开工
3	乔伊代堡普尔至伊舒尔迪复线铁路项目	中国土木工程集团有限公司	2018年12月	批准
4	阿苏岗杰150兆瓦重油电厂	中车资阳公司	2018年12月	投入运营
5	达卡环城高速路项目	四川公路桥梁建设集团有限公司	2018年12月	签署合作协议
6	孟加拉帕德玛桥	中铁大桥局承建,中铁大桥院承担施工详图设计和勘测	2019年7月	主桥钢桩插打完成
7	吉大港北部地区海岸单点系泊项目控制性工程	中国石油管道局工程有限公司	2019年12月	检测合格
8	西安至孟加拉国货运航线	圆通航空	2020年4月	开通

资料来源:笔者根据中国一带一路网(https://www.yidaiyilu.gov.cn/index.htm)资料整理得到。

2018~2019年,中国与尼泊尔的基础设施合作进展主要体现在水电建设、交通设施联通和信息设施建设三个方面,具体项目如表6所示。包括3个水电站项目、1个国际机场改造和国际航线项目、1个公路扩建项目和1个光缆骨干网项目。但近年来中国与尼泊尔的"一带一路"共建合作并非一帆风顺,2017年尼泊尔前政府以得标过程有瑕疵为由撤回了布达甘达基水电站建设的25亿美元协议,将建造单位由葛洲坝集团改为尼泊尔电力局。2018年尼泊尔现任总理卡·普·夏尔马·奥利上任后将该项目交还给葛洲坝集团。政权更替后,中国与尼泊尔进入"一带一路"合作蜜月期,2019年中国企业承接了5个基础设施项目,中国与尼泊尔合作态势向好。

表6 中国与尼泊尔的基础设施建设进展

	项目名称	合作企业	重大节点	进展
1	尼泊尔上博迪克西水电站修复项目	中国电力建设集团	2018年2月	签署合同
2	布达甘达基水电站项目	葛洲坝集团	2018年9月	交还
3	纳拉扬加特-布德沃尔高速公路路段扩建	中国建筑工程总公司	2019年3月	奠基
4	尼泊尔特里布国际机场升级改造项目	中国航空技术国际工程有限公司	2019年4月	开工
5	尼泊尔中部光缆骨干网项目	中国通信服务国际有限公司	2019年5月	奠基
6	开通中国与尼泊尔首都直飞航线	喜马拉雅航空公司	2019年10月	通航
7	塔莫（Tamor）蓄水式水电站	中国电力建设集团有限公司	2019年10月	签订合作备忘录

资料来源：笔者根据中国一带一路网（https://www.yidaiyilu.gov.cn/index.htm）资料整理得到。

中国与马尔代夫的基础设施建设进展相对缓慢，主要集中在机场建设方面，具体项目如表7所示，包括2个机场改造项目和1个大桥项目。虽然马尔代夫国土面积较小、中马基础设施合作项目较少，但在新型冠状病毒疫情蔓延到马尔代夫时，中国企业积极助力马国防控新冠疫情，帮助当地政府建立医学观察和人员隔离设施。

表7 中国与马尔代夫的基础设施建设进展

	项目名称	合作企业	重大节点	进展
1	维拉纳国际机场新货运航站楼和水飞机航站楼工程	北京城建集团	2018年1月	奠基
2	维拉纳国际机场改扩建工程	北京城建集团	2018年8月	校飞
3	中马友谊大桥	中国援建	2018年8月	通车
4	临时隔离设施改造工程	北京城建集团	2020年4月	开工

资料来源：笔者根据中国一带一路网（https://www.yidaiyilu.gov.cn/index.htm）资料整理得到。

（三）金融合作：在孟加拉国取得突破

在金融合作方面，中国与孟加拉国取得一些突破，如表8所示。2018年以来，来自中国的蚂蚁金服、银联、证券交易所等纷纷与孟加拉国企业开展合作，涉及二维码支付、普惠金融、银联手机闪付等具体项目，中孟金融领域合作更加全面务实，助力"一带一路"建设。

表8　中国与孟加拉国的金融合作进展

编号	合作内容	时间
1	蚂蚁金服与孟加拉国移动支付公司bKash宣布达成战略合作	2018年4月
2	深圳证券交易所和上海证券交易所组成的中方联合体与孟加拉国达卡交易所达成合作协议，成为后者的战略投资者	2018年5月
3	孟加拉国央行允许设立人民币结算账户	2018年8月
4	中国银联下属子公司银联国际与孟加拉国互信银行正式开展发卡和移动支付合作	2018年11月
5	亚洲基础设施投资银行向孟加拉国提供4.04亿美元贷款以支持该国改善交通基础设施	2020年4月

资料来源：笔者根据中国一带一路网（https://www.yidaiyilu.gov.cn/index.htm）资料整理得到。

（四）人文交流进展：形式多样但进展不一

在人文交流等合作领域，双方合作形式较为多样，与斯里兰卡合作成果较多。2018~2019年，中国与斯里兰卡在历史考古交流方面完成了3项合作，医疗有关合作3项，其他人文交流项目4项。在考古方面的合作包括中斯海上丝路历史文化展在斯里兰卡科伦坡国家博物馆举办，中斯联合发掘阿莱皮蒂遗址，签订关于未来5年开展考古发掘研究、专业人员交流、文物保护和科技分析等方面合作的备忘录，有力地促进了中斯文化互鉴、民心相通。

在医疗合作方面，从2017年中国援建斯里兰卡国家医院门诊楼开始，到建设斯里兰卡最大的肾病医院，再到承接斯里兰卡13所医院的医疗卫生设备升级，中国企业解决了斯国病房设施陈旧、医疗设备简陋、门诊室数量紧张等问题。在共建"一带一路"框架下，中国企业为斯里兰卡医疗卫生事业做出了重要贡献，对促进当地经济发展、造福当地民众具有重要意义。

中国与南亚四国的人文交流合作及其他合作进展情况如表9所示。

表9 中国与南亚四国的人文交流合作及其他合作进展

编号	合作事件	时间	国家	组织者或责任方
1	"中国·时代记忆非遗斯里兰卡行"	2017年12月	斯里兰卡	斯里兰卡旅游部、斯里兰卡中国文化中心
2	中斯海上丝路历史文化展	2017年12月	斯里兰卡	中国文物局、中国文物交流中心、斯里兰卡文化部、斯里兰卡国家博物馆
3	中国和斯里兰卡智库联合出版两国关系论文集	2018年1月	斯里兰卡	斯里兰卡探路者基金会、中国现代国际关系研究院
4	斯里兰卡医院设施升级项目	2018年6月	斯里兰卡	中电科技国际贸易有限公司
5	中国-斯里兰卡青年"一带一路"画展	2018年7月	斯里兰卡	北京市人民对外友好协会、斯里兰卡-中国社会文化合作协会
6	斯里兰卡国家肾内专科医院	2018年7月	斯里兰卡	中国政府援建，华山国际工程公司承建
7	中斯联合考古项目阿莱皮蒂遗址发掘	2018年8月	斯里兰卡	上海博物馆考古队
8	中国上海博物馆、斯里兰卡中央文化基金会在科伦坡签署合作备忘录	2018年9月	斯里兰卡	中国上海博物馆、斯里兰卡中央文化基金会
9	庆祝"一带一路"五周年友好论坛	2018年11月	斯里兰卡	斯里兰卡-中国社会文化合作协会、中国人民对外友好协会
10	"中华文化大讲堂——中国针灸讲座暨展示"活动	2018年12月	斯里兰卡	中国中医斯里兰卡中国文化中心、中国文化和旅游部中外文化交流中心
11	中尼联手在尼泊尔推广中国图书音像制品	2018年5月	尼泊尔	"中华书苑"、来自尼泊尔的10家书店
12	第八届尼泊尔"中国节"	2018年11月	尼泊尔	中国文化和旅游部、尼泊尔文化、旅游和民航部

续表

编号	合作事件	时间	国家	组织者或责任方
13	博卡拉"一带一路"爱心医务室	2018年12月	尼泊尔	中国（河北）第11批援尼泊尔医疗队、尼泊尔博卡拉华人华侨协会
14	支持尼泊尔青年就业技能（计算机运用和中文）培训项目（第三期）	2020年1月	尼泊尔	中国西藏善缘基金会、尼泊尔萨玛吉克协会
15	首届孟加拉国孔子学院论坛	2018年2月	孟加拉国	达卡大学孔子学院、达卡大学现代语言学院
16	"欢乐春节"游园会	2018年2月	孟加拉国	中国驻孟加拉国使馆主办，达卡大学孔子学院、孟加拉国人文大学承办
17	首次大规模中国－马尔代夫旅游合作论坛	2018年7月	马尔代夫	马尔代夫旅游部、中国文化和旅游部

资料来源：笔者根据中国一带一路网（https://www.yidaiyilu.gov.cn/index.htm）资料整理得到。

2018~2019年，中国与孟加拉国、尼泊尔、马尔代夫的人文交流合作进展不畅。中国与尼泊尔的人文交流合作涵盖出版、节庆、医疗、培训四个方面，包括"中华书苑"与尼泊尔10家书店联手推广中国图书音像制品、第八届尼泊尔"中国节"在加德满都开幕、中国援尼医疗队成立了爱心医务室、支持尼泊尔青年就业技能培训项目。中国与孟加拉国和马尔代夫的人文交流活动相对较少，仅孔子学院论坛、"欢乐春节"游园会、旅游合作论坛三项。这些合作项目虽然起到一定的促进两国人文交流的作用，但主题相对分散、活动策划不够系统，难以形成有效的、长期的、覆盖面广的影响力。

三 中国与南亚四国推进"一带一路"建设面临的问题与挑战

（一）政权更替带来不确定性

斯里兰卡和尼泊尔的政权更替增加了中国企业在当地进行经济活动的风

险。南亚国家国内党派众多，如斯里兰卡有四个主要政党、尼泊尔有 8 个、斯里兰卡有 5 个，各政党执政理念不一、党派关系复杂。[1] 这意味着政治格局变动可能带来较大的对外政策变化，引发政治风险。例如，2015 年迈特里帕拉·西里塞纳执政后，斯里兰卡外交政策发生重大转向，由对华友好转向加强与日本和印度的关系，面向中国企业的优惠政策被彻底改变[2]。可见政权更替带来的不确定性会给投资带来一定的风险和损失。同时，政局动荡一直是困扰尼泊尔的问题，虽然 2017 年尼共（联合马列）和尼共（毛主义中心）组成的左翼联盟在大选中取得了胜利，但两党在意识形态方面差异巨大，组建左翼联盟更多是为了赢得选举，在修宪、合并两党、对华对印关系等重大的内政外交问题上还存在分歧。政权更替的政治风险给中国带来的挑战兼具短期性和长期性，在短期如何与新政府恢复和巩固之前的合作，在长期如何建立稳定的合作机制和制度，是需要解决的问题。

（二）受第三国印度影响巨大

印度能够对南亚国家的外交政策、对外经济政策施加压力，中国与南亚四国的合作易受第三国印度的影响。从地缘因素来看，印度是南亚地区最重要的国家，近年来随着印度国力的提升和海洋战略的强化，其在南亚地区的影响力越来越大。一方面，印度与南亚四国之间有悠久的交往历史和地缘联系，具有比中国更便利的交往条件。另一方面，自莫迪担任总理后，印度对周边国家的外交政策放弃了战争和中立手段，转而采取新的"邻国优先"战略。[3] "邻国优先"战略不仅重视印度与南亚国家间的"互联互通"，而且在领土交换、经济投资和贸易对接等方面都采取了积极支持的态度和政策，与"一带一路"建设在南亚地区存在多处地理重叠与

---

[1] 刘丹丹：《中国对南亚直接投资中的政治风险影响研究》，云南大学硕士学位论文，2019。
[2] 张颖、魏斌：《习近平元首外交与中斯战略合作伙伴关系：路径选择、影响因素与危机处理》，《南亚研究》2017 年第 4 期，第 1~14 页。
[3] 张淑兰：《印度的南亚政策：历史遗产与现实动向》，《南亚研究季刊》2019 年第 3 期，第 17~24 页。

政策冲突。① 印度对中国采取"对冲"的"软制衡"策略，采取了一连串替代、牵制和围堵中国影响力的举措，② "邻国优先"战略就是以"软制衡"策略应对"一带一路"的体现。近年来中国与南亚国家在港口建设、基础设施等方面取得了较大合作进展，印度对中国的态度将更加复杂，预计会进一步向南亚国家施压，并采取竞争策略挤压中国与南亚国家的合作空间。

（三）贸易逆差严重

南亚四国对中国的贸易逆差分别由 2013 年的 146 亿美元上升至 2018 年的 207.53 亿美元，而 2017 年南亚四国对中国的出口总额不到 12 亿美元，充分显示了南亚四国与中国的贸易失衡十分严重。更加值得注意的是，近年来贸易逆差呈现不断上升的趋势。贸易逆差本身是双边贸易自然产生的问题，但在南亚国家被高度政治化，大部分国家在谈论与中国的关系时均会提及，且认为如果贸易逆差问题得不到解决，进一步的合作将受到影响。③ 同时，世界银行也发布报告称贸易失衡问题导致南亚国家经济增长动力不足和经济结构失衡等一系列不利后果。④ 目前，南亚国家与中国的贸易逆差问题并未得到充分解决，政府未就贸易逆差议题达成解决方案或者签署备忘录。

（四）合作方式相对单一

从近一年中国与南亚四国的合作进展来看，道路联通、能源设施、港口建设等基础设施建设项目取得了阶段性进展，而产业园区合作、投资建厂、合资并购等进展缓慢。例如，2018~2019 年中国与南亚国家在 34 个基础设

---

① 张根海：《印度"大周边"战略及其对"一带一路"倡议的影响》，《当代世界与社会主义》2019 年第 6 期，第 164~170 页。
② 胡娟：《印度对中国的"软制衡"战略：动因、表现与局限》，《南亚研究》2018 年第 3 期，第 18~33 页。
③ 杨思灵、高会平：《"一带一路"：中国与尼泊尔合作的挑战与路径》，《南亚研究》2017 年第 1 期，第 1~21 页。
④ World Bank：Export Wanted, 2019, http：//documents.worldbank.org/curated/en/527281554827140474/Exports-Wanted.

施项目上取得了进展,但产能合作并没有实质性开展。从数据来看,2018年中国与南亚四国的承包工程合同金额约为77.98亿美元,而同年中国对南亚四国的对外直接投资流量总值约为6.01亿美元,可见由工程合作实现的基础设施建设是中国与南亚四国国际合作的主要领域,外商直接投资流量显示中国与南亚四国的产能合作尚处于起步阶段。总的来说,中国与南亚四国的国际合作较为依赖国际工程,产业园区合作、直接投资、合资并购等合作方式并未得到充分利用。

(五)民众对中国的认知有待提高

南亚国家与中国语言不通,交流沟通不畅,而与印度民族交合、文化宗教类似,其民众易受印度媒体的宣传舆论引导。这些国家的主流媒体对中国的报道多缺乏客观、有效、可靠的信息源,其信息源部分来自印度,导致关于中国或"一带一路"的报道受印度影响颇大。[①] 而印度在涉及地缘格局、领土争端、宗教问题等敏感议题上,大多参与炒作"中国威胁论",[②] 导致南亚国家民众对中国的认知也不够客观和全面。进一步地,民众的负面情绪将阻碍中国企业在当地的合作的开展。例如,2017年年初,斯里兰卡政府与招商局港口公司签订协议,将汉班托塔港交由后者运营,并把临港土地交由中方开发建设产业园,而当地居民受舆论影响认为工作机会受到威胁,爆发了暴力抗议事件,不仅延误了建设工期,还造成了较为负面的社会影响,影响后续合作的开展。

四 推动共建"一带一路"的政策建议

(一)加强政治互信,建立全面、平衡的政党关系

应通过增强政治互信降低政党更替对对华外交政策的冲击,降低双边经

---

① 高卫华、刘辰辰:《尼泊尔主流英文报纸涉华报道分析》,《青年记者》2014年第16期,第79~80页。
② 朱文博:《印度媒体一年来涉华报道的变化》,《世界知识》2018年第5期,第32~33页。

贸合作面临的政治风险。加强双方政治互信，重申中国不干涉别国内政的外交理念，与四国各主要政党保持全面、主动、平衡、友好的关系。一是平衡好与各主要政党的关系。既与执政党增信释疑，又维持与在野党的友好联系。二是多方位开展与官方机构的合作。保持两国高校、智库等机构的联系，促进双边政党高层、政务人员、研究人员的联系，建立长期友谊。三是将民间外交、公共外交作为补充手段。加强两国行业组织、公益组织等社团的联系。宣传中国对"一带一路"共建国家留学生的优惠政策，提升两国高层次人才往来密度、强度。

（二）从安全互信和构建共同利益两个角度处理好与印度的关系

印度对华战略有两个矛盾的维度：一是认为中国对印度存在较大的地缘政治威胁，主张遏制中国在南亚的影响力；二是认为印度应该利用机会与中国进行经济项目合作。我们认为应当从两个方面处理好与印度的关系，为中国与南亚四国的经贸合作减少阻力。首先，加强政治与安全互信。加强中印高层互访的频率和双方交流深度，增强中印智库交流，为两国的制度性交流提供科学研究保障。其次，积极构建中印在"一带一路"建设中的共同利益，以更加包容开放的姿态加强政策沟通。与其采取竞争性的区域合作政策，不如在已有政策基础上采取战略对接、优势互补的策略，将战略对手转变为战略伙伴。

（三）推进贸易便利化、协助出口产业发展以减少贸易逆差

中国与南亚四国严重的贸易逆差问题主要由两方面原因导致。一是进口和出口的贸易便利化程度不对等。中国的经济发展程度相对较高，其出口基础设施、服务水平均相对南亚四国更高，因此中国对其出口偏向大于南亚四国对中国的出口。二是南亚四国的现代化产业基础相对落后，导致其产业缺乏国际竞争力。综合以上两个方面的原因，缓解贸易逆差可以从促进贸易便利化和构建产业比较优势两方面着手。首先，从双边经贸合作谈判、港口设施建设、通关合作三方面降低南亚四国对中国的出口门槛和出口成本，进而

提高出口总量，降低贸易逆差；其次，利用双边比较优势差异，开展产业合作，例如工业基础要求相对较低的纺织、食品加工等行业，帮助南亚四国构建起具有比较优势的出口产业，从而扩大其出口优势，在降低贸易逆差的同时，促进当地经济增长、提高双方福利水平。

（四）加大文化交流力度，提高共识与理解

中国与南亚四国语言不通、信仰方面有差异，且现有的文化交流活动和机制对于缓解民众和社会对"一带一路"建设的担忧作用较小，但共识的建立需要较长时间的经营和渗透，建议从以下几个方面展开。第一，开展广泛的人才培养教育交流活动。针对部分重要国家，实行人才培养或者科技创新计划，为相关人才赴华学习或者交流提供平台和资金支持。第二，鼓励和支持中国智库与南亚国家智库合作，在其国内媒体上发出有关"一带一路"建设的正面声音。第三，深化民间交往，广泛利用文化年、艺术节等活动平台开展文化交流活动，组建行业协会或者实业团队，定期开展交流活动。第四，发挥国际语言培训院校的作用，深化语言的传播基石作用。

"一带一路"背景下的中印经贸合作

胡 娟*

摘 要： 印度是中国周边唯一没有公开支持"一带一路"的国家。"一带一路"为中印提高经贸合作水平、拓宽合作领域创造了重大战略机遇，但由于印度对"一带一路"存在误解和顾虑，采取"选择性参与"的态度，双边贸易规模与两国的经济规模严重不匹配，两国仍需加强战略磋商和政策协调以推动双边贸易合作发展。目前，中印双边贸易增长缓慢、贸易结构不合理、贸易失衡问题突出，但中国对印度直接投资已初具规模。缺乏政治互信、产业竞争性较大、贸易不平衡加剧经贸摩擦、印度对中国抱有制衡和对冲心理是中印经贸合作无法回避的问题。建议从改善经贸合作的软硬环境、启动中印自由贸易区谈判、改善金融合作和改善政治互信等方面推动中印经贸合作再上新台阶。

关键词： "一带一路" 印度 经贸合作

当前，"一带一路"倡议进入了全面实施阶段。印度是南亚最大的国家，是中国在"一带一路"建设过程中争取合作、实现对接与互利共赢的主要国家之一。但是印度出于战略层面的种种担忧，没有公开支持"一带一路"，不过也没有一概反对中国提出的所有合作倡议。印度是亚投行主要

---

* 胡娟，博士，云南省社会科学院南亚研究所副研究员。

成员,是中国之后的第二大股东,对孟中印缅经济走廊项目也给予了积极回应。由此可见,印度对"一带一路"建设采取的是一种有所保留的"选择性参与"态度。自从莫迪政府上台以后,中印关系一波三折,中印经贸合作也不尽如人意。2018年4月,在两国领导人武汉非正式会晤之后,印度和中国的关系逐渐回到正常轨道,经贸合作也掀开了新的篇章。武汉会晤为中印关系的未来释放了积极信号,指明了中印在各领域合作的方向,特别是为中印经贸合作关系勾画了宏伟蓝图。这使人们认识到,尽管两国关系会经历波动和反复,但是最终会回到理性的轨道上来。作为发展中国家的领头羊,中印应基于长期战略利益来分析两国关系,而不是只顾眼前的得失。应当看到,随着两国经济的快速发展,两国合作的空间也将不断增加,相互需求和战略合作是未来中印关系的基本发展趋势,中印经贸合作前景良好。

一 中印经贸合作现状

近年来,中印贸易增长缓慢,贸易失衡和贸易结构不合理问题较为严重,两国政治关系对双边贸易合作影响较大,两国进出口产品的竞争性大于互补性,都是中印经贸关系中的制约因素。如何在"一带一路"建设背景下有效深化经贸合作是值得思考的议题。

(一)双边贸易规模增长缓慢

中国和印度已经是世界经济增长的新引擎,但是两国贸易规模不大,增速平缓。两国间的贸易总量、贸易增长速度与两国的经济规模不相匹配。与中国的其他贸易伙伴相比,中印之间的贸易额一直处在低水平状态。据统计,2019年印度与中国的双边货物贸易总额达到854.9亿美元,下降5.3%。其中,印度对中国出口171.3亿美元,增长3.9%,占印度出口总额的5.3%,增加0.2个百分点;印度自中国进口683.7亿美元,下降

7.3%，占印度进口总额的14.1%，下降0.2个百分点。① 值得注意的是，从2008年到2019年两国的贸易额还出现过数次负增长。② 作为新兴经济体，对外贸易是中印两国保持经济高速增长的重要力量。尽管印度经济最近几年都保持了高速增长，但2018年印度经济整体增速有所下滑，2020年至2021年经济增速预期从5.3%调降至2.5%。③ 在中国与美国贸易摩擦加剧、贸易保护主义抬头和国际市场波动给发展中国家带来更大挑战的时候，中印要继续保持高速增长态势，都必须重视与对方的经贸合作，早日实现与双方经济体量相称的贸易规模，改善贸易增长缓慢的现状。

（二）贸易结构不合理

从2019年的数据来看，印度对中国出口的主要商品为矿产品、化工产品和机电产品，出口额分别为48.5亿美元、36.8亿美元和16.6亿美元，分别占印度对中国出口总额的28.3%、21.5%和9.7%。2019年印度从中国进口的主要商品为机电产品、化工产品和贱金属及制品，进口额分别为338.3亿美元、136.0亿美元和52.8亿美元，分别占印度从中国进口总额的49.5%、19.9%和7.7%。④ 不难看出，印度的优势产品主要集中在初级产品上，中国从印度进口也以资源性产品为主。中印之间的产品贸易具有一定程度的互补性，但是金属产品、轻纺产品、化工产品和矿产品贸易重合度也比较高，说明在互补的同时双边贸易竞争性也较大。此外，两国在高附加值、高新科技领域合作不充分。这种不合理的贸易结构限制了贸易合作的规模，是双边贸易增长缓慢的原因，需得到改善。

---

① 《中国商务部国别报告》，https：//countryreport. mofcom. gov. cn/record/view110209. asp? news_ id = 67813。

② 过去的十年中，2009年、2012年、2013年、2016年和2019年中印贸易总额都比上年少，出现了负增长。

③ 《穆迪大幅调降印度2020年经济增速预期至2.5%》，中国驻印度商务经济参赞处，http：//in. mofcom. gov. cn/article/jmxw/202003/20200302950222. shtml。

④ 《中国商务部国别报告》，https：//countryreport. mofcom. gov. cn/record/view110209. asp? news_ id = 67813。

(三) 双边贸易失衡问题突出

2019年中国继续成为印度的前三大货物贸易伙伴之一、第三大出口国和第一大进口国。双边货物贸易中,印度长期处于贸易逆差状态。2019年印度对华贸易逆差额为512.4亿美元,约为其对华出口的3倍。贸易失衡已经成为中印贸易中的一大突出问题,并且失衡的规模还在以较快的速度增长。根据近期的发展趋势,印度对中国的贸易逆差额将不断增大。2018年印度农业、工业、服务业占比分别为16.1%、29.6%、54.3%,中国则是7.2%、40.7%、52.2%。[①] 在工业行业上,中国的比较优势更加突出,这是印度对华货物贸易逆差的主要原因。而印度具有比较优势的服务业并未在对华出口上体现。根据2018年11月中国商务部发布的《中国服务进口报告2018》,中国服务进口从2001年到2017年增长了11倍,年均增长16.7%,增速居全球主要经济体服务进口的首位。中国前五大服务贸易逆差来源地分别是美国、中国香港、澳大利亚、加拿大和日本,而印度服务业主要针对欧美发达国家。

(四) 对印度直接投资初具规模

目前中印经济合作仍以贸易为主,但是近10年来,中国对印度直接投资显著增长,投资领域从钢铁、家电、软件、基础设施等扩展到金融、通信、电子商务、交通运输、互联网等多个行业。印度经济发展仍然主要依靠内需,投资占GDP的比重还不高,当前正处于大力吸引外资促进经济发展的阶段。根据新兴市场私人股本协会 (EMPEA) 2020年进行的一项市场吸引力调查,印度已成为未来12个月全球合作伙伴 (GP) 投资最具吸引力的新兴市场。[②] 而随着经济的快速发展、外汇储备不断增加,中国成为资本净输出国。近10年,中国对外直接投资势头非常强劲,2018年以1430.4亿

[①] Asian Development Bank, *Key Indicators for Asia and the Pacific 2019*, https://www.adb.org/sites/default/files/publication/521981/ki2019.pdf.

[②] https://www.ibef.org/economy/foreign-direct-investment.aspx.

美元位列全球第二。① 受人口老龄化和低出生率的影响，中国劳动密集型产业的劳动力成本低、土地资源丰富的优势在弱化，而印度拥有年轻的人口结构、高速的经济增长和快速的城市化进程，刚好可以满足中国劳动密集型企业转移产能、扩展消费市场的需求。印度一直是对中国有吸引力的投资目的地，特别是从 2015 年开始，中国企业对印度的投资大幅增加，当年流量达 7.1 亿美元。② 《2018 年度中国对外直接投资统计公报》显示，2017 年和 2018 年中国对印度的对外直接投资流量分别为 2.9 亿美元和 2.1 亿美元，而 2007 年和 2008 年相应的流量值分别约为 0.2 亿美元和 1.0 亿美元。2018 年，中国在印度新签工程承包合同额 28.9 亿美元，同比增长 12.2%；完成营业额 23.2 亿美元，同比下降 6.1%。截至 2018 年年底，中国在印累计签订承包工程合同额 734.8 亿美元，完成营业额 506.2 亿美元。投资的增加表明，中国企业倾向于利用东道国的低劳动力成本优势将业务转移或扩张至海外。③

二 "一带一路"背景下中印经贸合作中存在的问题

"一带一路"辐射范围甚广，涉及国家和地区众多，需要广泛的国际动员和国际参与，因此中国非常重视与共建国家自身发展战略的有效对接与合作。印度是中方重点争取合作、实现对接的国家之一，双边经贸合作本该受益于此，但是印度对"一带一路"建设采取"选择性参与"态度，甚至抱有阻挠、牵制和对冲心态，"一带一路"背景下的中印经贸合作还存在许多难以回避的问题。

（一）缺乏互信，易受政治关系影响

在中印经贸合作中，非经济因素的制约一直是突出问题。信任赤字问题

---

① 《2018 年度中国对外直接投资统计公报》，中国商务部、国家统计局、国家外汇管理局编印。
② 参见《2018 年度中国对外直接投资统计公报》。
③ https://www.ibef.org/news/chinese-firms-invested-usd-2-billion-in-indian-startups-last-year-report.

严重是中印两国政治关系的重要特征，政治互信的缺失对国家间任何领域的交流与合作都有直接的影响，经贸领域也不例外。许多印度学者认为"一带一路"将威胁印度在南亚和印度洋的主导地位，是中国实现所谓珍珠链战略的工具，最终是要建立中国的全球霸权。事实上，从《愿景与行动》的阐述来看，中国的"一带一路"倡议从共建原则、框架思路、合作重点到合作机制，主要动因和路径都是经济层面的。两国互信缺失导致了印度的认识偏差，在印度对"一带一路"的认知中，经济考量被弱化，安全考虑被放大。类似"一带一路"会触及印度海上核心利益的舆论导向会影响印度企业的参与积极性，甚至变得怀有敌意和戒备心理。每当中印关系出现波动的时候，印度国内对中国经济发展表现出来的民族主义心理就会给中印经贸合作带来无形的障碍与威胁。

（二）发展水平相近导致产业竞争性较大

目前印度经济增速已超过中国，作为世界上最大的两个新兴经济体，中印两国的有些产业和部门处于相似的发展阶段，在全球市场上存在较大的竞争性。例如中国轻工产业和民营工业的发展，让印度国内相关产业在出口方面感受到了较大压力。[①] 两国在吸引外资、引进技术、拓展海外市场、能源需求等方面都存在竞争性。早在2014年《华尔街日报》就有文章分析了中印经济竞争势态，指出印度渴望增加制造业出口而中国努力扩大服务业，亚洲这两个巨人将更加激烈地争夺全球市场。中国经济发展主要靠工业中的制造业，制造业占GDP比重很高。印度的经济增长主要靠服务业来拉动，特别是软件产业和信息技术带动的服务外包行业，制造业则相对落后很多。莫迪政府上台后推出"印度制造"计划，即由印度工商银行推出的一项重大国家项目，旨在促进投资、创新、技能发展和保护知识产权，建设一流的制造业。印度希望尽快提升制造业占国内生产总值的比重，并为每年进入印度劳动力市场的年轻人创造更多就业机会。同时，印度担心中国经济转向服务

---

① 任佳等：《中国云南与南亚经贸合作战略研究》，中国社会科学出版社，2009，第45页。

业的战略迟早会对自身带来负面影响。随着印度经济、科技等方面的发展和投资环境的改善,也会有越来越多的外资流向印度,中国在吸引外资投向高科技产业方面也面临印度的竞争。未来两国产业结构和发展水平趋向接近的同时,贸易竞争性问题也会更加凸显。

(三)贸易不平衡加剧经济合作摩擦

在中印贸易中印度一直处于逆差状态,如何缩小中印贸易逆差,促进中印贸易协调、共赢发展是当前中印贸易关系中的首要问题。贸易不平衡对印度的经济产生了一定的负面影响,导致印度采取贸易保护和对华贸易歧视政策。印度是世界贸易组织中反倾销措施的活跃使用者,目前印度是对华提起反倾销调查最多的国家。贸易逆差带来的经济合作摩擦不仅反映在贸易政策上,也反映在外商直接投资和工程合作领域。印度对华保障措施与特殊保障措施调查也在不断增加,中资企业投资印度仍然需要经过特别审核。[①] 基础设施互联互通是"一带一路"建设的优先领域,实现中国与共建国家之间包括铁路、公路、港口在内的基础设施互联互通是主要的着力点之一,但中资企业在印度投资港口、航空、电信和互联网服务等领域时可能会被否决。如果贸易不平衡得不到缓解,中印贸易摩擦和印度对华贸易保护主义将会加剧。

(四)印度对"一带一路"怀有制衡和对冲心理

中国强调"一带一路"的理念是共同发展,目标是合作共赢。它不是中方一家的"独奏曲",而是各方共同参与的"交响乐"。[②] 但是在印度洋和南亚地区事务上,印度不愿意跟任何一个国家"分享"影响力——那是印度视为其天然势力范围的地方。印度对中国在地区层面不断增长的影响力一直怀有制衡和对冲心理。印度在20世纪90年代提出"东进"政策,除

[①] 除中国外,印度只对巴基斯坦、孟加拉国、尼泊尔等极少数国家实行特别审核。
[②] 《王毅:"一带一路"不是中方"独奏曲"而是各方共同参与的"交响乐"》,新华网,http://news.xinhuanet.com/politics/2015lh/2015-03/08/c_127556696.htm。

了为了扩大印度在这一地区的政治经济影响、获取更多贸易和投资机会以外,也意在平衡和抵消中国在地区的影响力。随着中国"一带一路"建设的推进,印度的制衡和对冲也延伸到了更广阔的地区。在自知综合国力与中国相去甚远的情况下,印度积极参与亚太地区的多边合作机制,意图通过增加与亚太国家间的合作来牵制中国,促使印度"嵌入"亚太地区,并为亚太国家提供竞争性的战略选择。① 中国"一带一路"倡议提出后不久,印度提出"季风计划"、香料之路等"印度方案"。2017 年,缺席"一带一路"高峰论坛之后,印度联合日本推出了"亚非增长走廊"计划,正是要挑战中国在印太地区日益增长的影响力,这难免对"一带一路"建设造成冲击。印度积极扮演一种地区内的平衡力量,试图借助与美国、日本、澳大利亚等国家的合作,防止出现以中国为中心的地区秩序,这样的战略思维钳制了中印经贸合作。

三 深化与印度经贸合作的政策建议

中印两国肩负着提高 28 亿人民生活水平的艰巨任务,中印经贸合作不仅符合两国人民的福祉,也有利于整个亚洲乃至全球的稳定和繁荣。英国作家戴维·史密斯曾指出,到 2050 年,世界上最有影响力的三大强国将依次是中国、印度和美国。随着全球贸易保护主义的抬头,中印作为发展中国家的代表,应该携手维护发展中国家的正当权益,共建国际经济新秩序。基于此,为推动中印经贸关系的健康发展,我们提出以下建议。

(一)借"一带一路"契机,改善中印经贸合作的软硬环境

从双方开展合作的硬环境来看,中印交通基础设施连通状况较差。两国虽为近邻,但缺乏公路和铁路连接,印度机场、港口等公共设施陈

---

① 〔印〕思瑞坎:《印度对华对冲战略分析》,《当代亚太》2013 年第 4 期,第 23 页。

旧，交通运输十分不便。基础设施作为制约印度经济发展的重大瓶颈困扰了印度很多年，是阻碍印度工业发展的拦路虎，也一直受各国投资者诟病。莫迪政府也把改善印度的基础设施列为优先事项。例如，印度政府希望通过制定偏向性的投资政策来刺激资本进入铁路基础设施建设领域。印度铁路网正以健康的速度增长，未来5年，印度铁路市场将成为世界第三大市场，占全球市场的10%。① 印度现在完全可以借助"一带一路"的东风，在基础设施建设领域取得重大突破。从双方开展合作的软环境来看，印度烦琐的陈规、僵硬的办事程序、缺乏灵活性的制度、死板的作风使得企业望而却步或纷纷碰壁。中国的企业大多对印度的政策法规、市场运行缺乏了解，对印度的办事程序颇有抱怨。印度也对中国企业和市场存在偏见，至今没有认可中国的市场经济地位，有优势的印度公司更青睐与欧美或日本的企业而不是选择中国企业合作。因此，中印经贸合作的软硬环境都需要进一步完善。建议包括从两方面着手：一是中国应积极与印度国内的基础设施建设战略对接，在国家层面进行政策沟通、达成合作意向，为中国企业承接印度基础设施项目提供制度保障；二是中国应为国内企业做好信息服务，收集整理印度的法律法规、办事程序等信息，降低中国企业进入印度的信息门槛，达到改善软环境的目的。

（二）尽快采取措施，解决贸易不平衡问题

中国是印度主要贸易逆差来源国。2014年9月中印《关于构建更加紧密的发展伙伴关系的联合声明》指出，"双方同意采取积极步骤，促进双边贸易再平衡，解决影响两国贸易可持续发展的贸易结构不平衡问题"。② 2015年5月中印两国发表的联合声明再次强调，"双方同意采取必要措施消除双边贸易和投资障碍，相互提供更多市场准入便利，支持两国有关地方加

---

① https://www.ibef.org/industry/indian-railways.aspx.
② 《中华人民共和国和印度共和国关于构建更加紧密的发展伙伴关系的联合声明》，新华网，http://www.xinhuanet.com/world/2014-09/19/c_1112555977.htm.

强贸易投资往来"。① 两者均体现了两国高层深化两国经贸关系的决心，但是解决两国贸易结构失衡、贸易壁垒、投资渠道不畅等问题仍然需更多努力。贸易失衡局面也可以通过投资来改善。莫迪主政以来不断改善印度的投资环境，外资政策不断放宽，并对中国投资也释放了积极信号。当前中国对印直接投资呈现逐年激增态势，未来两国资本进入对方市场的情况预计会得到改善，进而逐步缓解贸易不平衡压力、促进两国经贸往来健康发展。

（三）尽早启动中印自由贸易区建设，扩大贸易规模

尽管两国早就做过可行性研究，中印自贸区建设还是因政治层面和经济层面因素一度搁置多年。两国地理上相邻，又都是幅员辽阔、人口众多、资源丰富、经济发展空间大的新兴大国，越早启动自由贸易区建设，两国人民就可以越早享受其带来的贸易利益和商机。根据波士顿咨询公司（BCG）的报告，由于消费行为和支出模式的转变，到2025年印度的消费大约会增长两倍，达到4万亿美元，预计将成为第三大消费经济体。普华永道的报告显示，按购买力平价（PPP）计算，预计到2040年，中国将超过美国。② 这样庞大的两个市场启动自由贸易区建设的影响是巨大而深远的。"一带一路"让搁置了多年的中印自由贸易区建设重获契机，横亘在中印自由贸易区面前多年的一些难题有望得到化解。中印自由贸易区一旦成为现实，将是双边关系的重大利好，中印经贸关系将取得重大突破。

（四）加强金融合作

印度在法制、税收、会计制度等软环境建设上投入了很多精力，在监管和法治领域给予外资企业国民待遇，为金融业的发展奠定了良好的制度

---

① 《中华人民共和国和印度共和国联合声明》，新华网，http://www.xinhuanet.com/world/2014-09/19/c_1112555977.htm。

② https://www.ibef.org/economy/indian-economy-overview.

基础。① 目前中印之间金融合作水平相对较低，未来两国金融合作潜力巨大。金融合作不仅能直接降低两国贸易和投资成本，还可以增强资产价格的透明性，促进中印两国金融政策协调、促进亚洲金融市场一体化，对整个世界经济的格局都将产生难以估量的影响。一方面，资金融通可以为两国贸易发展和双边投资保驾护航；另一方面贸易发展和双边投资也将带动资金融通。金砖国家开发银行、丝路基金、亚洲基础设施投资银行为中国与印度之间的金融合作搭建了良好的平台。这些平台促进了中印两国多边框架下的金融合作，促进了资金流通、贸易往来，带动了本币结算和贷款业务规模的扩大，显著提高了两国抵御风险的能力。②

（五）改善政治互信，促进民心相通

经贸合作也是反映政治关系的晴雨表。进入21世纪以来中印两国从"建立面向和平与繁荣的战略合作伙伴关系"③ 发展到"更加紧密的伙伴关系"④，中印官方层面改善两国关系的努力没有停止过，但是两国的民间交流、民间情感似乎始终热络不起来。两国民众缺乏基本的相互了解与交流，两国人民在情感层面存在疏离。另外，印度媒体的不实报道会煽动印度民众对中国的敌意，不够客观和冷静的民意又累积成一种影响印度官方姿态的力量，凸显了中印关系的脆弱性。从中国方面来讲，类似的问题也存在，中国网络上经常出现对印度非理性、不友好甚至极端的言行，我们也需要适当引导中国民众的情感和表达。两国都需要采取积极措施，有效引导民意。

---

① 沈开艳：《印度经济改革发展二十年：理论、实证与比较》，上海人民出版社，2011，第237页。
② 胡娟：《中国与印度在"一带一路"合作中的问题与前景》，《"一带一路"建设发展报告（2016）》，社会科学文献出版社，2016，第75页。
③ 2005年4月11日，中印两国签署联合声明，宣布建立中印面向和平与繁荣的战略合作伙伴关系。
④ 2014年9月19日，中印两国发表了《中华人民共和国和印度共和国关于构建更加紧密的发展伙伴关系的联合声明》。

四 未来合作

中国和印度同为当今世界经济的重要引擎,两国存在广泛的共同点和共同利益,两国经贸合作拥有巨大潜力。"一带一路"建设过程中,印度可能长期保持矛盾心态:一方面希望借助中国经济发展的溢出效应带动印度经济发展;一方面又担心中国影响力快速增长、成为亚洲的主导国家,威胁到印度的核心利益。因此"选择性参与"将会是印度在"一带一路"建设中长期的姿态和策略。"一带一路"建设强调包容性、开放性、共商共建共赢理念,沿着中印利益会合点的轨迹建构中印共识、弥补两国的信任赤字、消除印度的战略顾虑应成为中国努力的方向。两国可以通过贸易和投资实现优势互补,不断扩大双边经贸合作,在为两国民众谋福祉的同时,为亚洲和世界提供巨大的发展潜力和市场需求。莫迪政府奉行"发展第一,增长至上"的执政理念,这也有助于印度在经济动因的驱使下投入"一带一路"建设中。

东北亚篇

Northeast Asia

中国"一带一路"与韩国"两新政策"的对接与合作

李斌 谭蓉*

摘　要： 当前，中韩关系不断改善，在半岛局势趋于缓和的背景下，两国推进各领域合作面临新的契机。韩国2017年正式提出"新北方政策"和"新南方政策"。之后中韩两国就推动"一带一路"与韩方政策对接达成重要共识。此后，两国基础设施、贸易投资、第三方市场、地方政府、人文交流等领域的合作都处于良好发展态势，但是中韩之间政治问题、双边贸易不平衡贸易摩擦不断等问题依旧存在，再加上中美贸易摩擦及韩国总统任期因素的影响，双方的政策对接阻碍重重。在中国推进"一带一路"建设的背景下，两国需强化政策沟通、设施联通、贸易畅通、资金融通和民心相通，从而促进

---

* 李斌，博士，中国地质大学（武汉）经济管理学院讲师；谭蓉，中国地质大学（武汉）经济管理学院硕士研究生。

中国"一带一路"与韩国"两新政策"的对接与合作

合作、推动两国政策顺利对接。

关键词： "一带一路" 新北方政策 新南方政策 韩国

韩国文在寅政府主政以来，对中国的"一带一路"建设情况非常重视，也一直在筹划可以与"一带一路"对接的国家级发展方案。文在寅总统2017年12月16日在重庆演讲时明确表示"一带一路"和"韩半岛新经济地图、新南北方政策"的最终理念是相通的，两国的政策有实现对接的可能性。2018年以来，朝韩关系明显改善以及朝鲜半岛局势出现新的转机使"一带一路"与韩国"新北方政策"及"新南方政策"（以下简称"两新政策"）的对接具备了现实条件。此外，"一带一路"与"两新政策"在理念愿景、覆盖区域、合作领域上具有高度重合性，如两国能通力合作成功实现政策对接，将促进中韩关系再上新台阶。

一 "一带一路"和"两新政策"的对接背景

（一）韩国对"一带一路"的态度

早在朴槿惠执政期间，中韩两国就开始了"一带一路"与韩国"欧亚倡议"的对接，只是后来，双方关系因"萨德"问题陷入低潮，波及了相关合作。文在寅访华之后，中韩双边关系持续好转，韩方积极参与"一带一路"建设也是两国关系转圜的表现之一。

据韩国《朝鲜日报》2017年12月19日报道，文在寅在驻外公馆负责人晚宴上明确表示愿意推动韩方政策与中国"一带一路"实现各领域对接。在此后访华期间，文在寅也向中方领导人提出，韩国愿意参与"一带一路"建设，希望同中国及其他各国同心协力实现合作共赢。韩国党议员金汉杓指出，"一带一路"是中国面向未来的长期性发展倡议，包含经济、文化、政治、外交等方方面面。"一带一路"涵盖陆上丝绸之路经济带和海上丝绸之路经济带，将发展成为加强亚洲国家乃至世界各国交流融合的重要道路。他表示，韩中两国地理上互为邻国，历史文化上交流紧密。特别是在贸易保护主义抬头的当下，两国加深了解、强化各领域合作、推动政策对接至关重要。

"一带一路"除了在韩国政界引起热议，在民间的关注度也颇高。2018年2月5日，韩国"一带一路研究院"正式成立。该研究院作为民间创立的社团法人，旨在规范专业地对"一带一路"进行研究，在相关研究机构中颇具代表性。该研究院还计划与中国东北三省的社会科学院开展密切交流活动，并将以韩文、中文、英文三种语言发行学术期刊《一带一路》。在2019年4月25日的第二届"一带一路"国际高峰论坛上，韩国经济界的学者们高度评价了"一带一路"倡议，认为其意义重大，两国若政策对接成功将产生巨大的协同效应。韩国领导人和民间学者的态度及一带一路研究院的成立都显示，在韩国，不论是政界还是民间都对"一带一路"保持积极的合作意愿。

（二）"新北方政策"的提出

"新北方政策"的历史可以追溯到20世纪80年代初期。当时的韩国政府把针对其北侧的朝鲜、中国与苏联的外交政策称作"北方政策"，主要目标是改善与这三个社会主义国家的政治关系，而经济上的考虑较少。卢泰愚1988年提出"北方政策"后，反复强调与北方合作的重要性，并在1992年与中国正式建立外交关系。金大中时期，对朝鲜推行"阳光政策"，其中包含一些经济和文化上的交流，如1998年开始的金刚山旅游。卢武铉时期更是开始建设开城工业区。但在李明博时期韩朝关系恶化，韩国北方政策的重心是俄罗斯，同时加强与中东国家的关系。朴槿惠时期提出了针对亚欧大陆的"欧亚倡议"，与朝鲜的关系开始有所缓和，但后来又趋于紧张。2016年2月，开城工业园关闭。朴槿惠虽然主张两国政策对接，但随着朴槿惠被免去总统职务，对接成果非常有限。在这些历史铺垫的基础上，主张与朝鲜接触的文在寅于2017年9月参加第三届东方经济论坛时，提出了"新北方政策"。"新北方政策"的核心是"一道一网"。"一道"指北极航道，路线从韩国釜山开始，途经北极，到达荷兰鹿特丹。韩国方面预估，2030年北极航道就能投入商业运营，这将很大程度上减少朝鲜半岛至欧洲路段的运输成本。"一网"即东北亚超级电网。文在寅认为，"新北方政策"主要是对"欧亚倡议"进行了细节和步骤上的修改与增添，实质区别不大。"欧亚倡议"的合作重点对象是俄罗斯与中国。和俄罗斯的合作，计划以西伯利亚铁路为主，建设多领域的欧亚合作体系。与中国的合作方面，希望与中国的"一带一路"对接，但因为萨德问题与崔顺实事件，对接工作进展缓慢。[①] 而"新北方政策"是卢武铉对北政策的延续，在路线规划上除了铁路对接，还强调海上资源与北极航线的开发。自"新北方政策"提出后，韩国积极推进与"一带一路"的政策对接，两国合作进入新阶段。

（三）"新南方政策"的提出

"南方政策"并非文在寅首创，以往的韩国政府也曾提出过相似的规划。2017年7月，"新南方政策"未正式提出前，就已经在"国政运营五年规划"中出现。2017年11月，文在寅访问印尼时正式提出了"新南方政策"。韩国这一政策的提出主要是为了推动与东盟、印度的合作，重点是构建韩国与东盟未来共同体。韩国以3P［人民（people）、和平（peace）与繁荣（prosperity）］战略推进"新南方政策"的实施，强调人与人的交流、通过安全合作保障亚洲和平、通过经济合作提升区域繁荣。

文在寅政府重点推进的"新南方政策"与"21世纪海上丝绸之路"沿线国家交织，主要集中在东南亚地区。"新南方政策"的提出主要源于其自身的经济需求。长期以来，韩国的经贸关系过多依赖美国和中国市场。再加

---

① 薛力、彭锦涛：《韩国"新北方政策"与中国"一带一路"》，搜狐网，2018年4月19日，https://www.sohu.com/a/228810741_247581。

上近年来中国劳动力成本不断提高、企业社会责任意识不断增强,韩国为了保持贸易多样性,不得不努力开发其他国家市场。因此,韩国迫切需要打通与其他国家的贸易渠道,并进行产业结构调整和产业转移。随着东南亚国家产业发展条件逐步完善,韩国的合作重心开始向这一区域倾斜。地缘政治层面,韩国主张以经济为手段,在世界范围内寻求支持。为了与东盟国家合作,韩国在外交上积极行动,在本区域甚至在多边舞台上活动频频。此外,从领导人层面来看,进步派的文在寅注重自身在世界范围内的影响力,这也促使其在推行本国政策的过程中竭尽全力。①

(四)两国政策对接的基础与条件

2018年4月10日,韩国北方委发布了《韩国"新北方政策""新南方政策"与中国"一带一路"的战略对接探析》中文版文件,包括四个侧重点:中韩关系演变及未来方向、韩国北方经济合作推进方向、"两新政策""一带一路"的合作契机、两国政策对接项目的切实可行性。此外,文件对两国对接的区域、内容及合作项目也做了具体剖析。韩方对此次政策对接相当重视,推动对接也已经提上日程。根据此文件的分析以及发展现状,两国政策对接的基础与条件主要有以下四点。

第一,政治局势趋于稳定。中韩两国互为近邻,建交以来一直合作紧密,随着半岛局势走向稳定,半岛南北僵持局面被打破,这在一定程度上为"一带一路"与"两新政策"的对接创造了有利的政治环境、提供了现实可能性。

第二,两国政策目标一致。"丝绸之路经济带"和"21世纪海上丝绸之路"与"新北方政策"及"新南方政策"相似,目的都在于以互利协作、互联互通促进合作共赢。"一带一路"倡议一直以互惠互利、共同繁荣为基本愿景,旨在通过各国间各领域深化合作,形成政治互信、经济融合、文化

---

① 栾雨石:《推行"新南方政策"韩国加强与印度和东盟国家合作》,海外网 – 中国南海新闻网,http://m. haiwainet. cn/middle/345437/2018/0710/content_ 31350273_ 1. html。

包容的局面。"两新政策"也坚持互信互利原则，致力于以合作打造协同发展的经济基础。因此，两国政策有着共同的目的和愿景，使得两国政策对接有了观念上的指引。

第三，政策覆盖区域高度重合。"一带一路"是中国国家层面的顶层设计，不仅只面向合作对象国以及沿线国家，同时也对其他国家开放，不论哪个国家只要愿意都可以参与"一带一路"合作。"新北方政策"的重点在东北亚地区，包括朝、中、蒙、俄等国。而"新南方政策"的重点是东盟、印度等。由此看来，"两新政策"与"一带一路"六大经济走廊中的中俄蒙、中国-中南半岛、孟中印缅经济走廊涵盖的地域存在大面积重合。这使得"两新政策"与"一带一路"对接以及两国共同开发第三国市场具有了现实可能性。

第四，合作领域及内容重叠。"一带一路"的核心是"五通"——政策沟通、设施联通、贸易畅通、资金融通、民心相通。重点在于共建国家间的互联互通。"新北方政策"的核心是天然气、铁路、港口、电力、北极航线、工业园、造船、农业、水产九大领域，即"九桥"。可见，"一带一路"与"两新政策"都涵盖经济贸易、交通物流、基础设施等领域，这将为两国全方位多领域的合作提供广阔空间。两国可以在具体合作领域取长补短、发挥优势，促进政策对接，达到合作共赢。

二 "一带一路"和"两新政策"对接领域的合作现状

（一）基础设施互联互通

一直以来，中韩两国在基础设施领域合作密切，涵盖能源、道路、通信等各领域。比如，中国东北铁路网与朝鲜半岛南北铁路网连接项目、中韩朝俄蒙陆海物流网络连接方案、中韩朝俄日蒙国家广域电网建设项目、图们江区域合作开发项目等都是涉及两国基础设施领域合作的项目。我国青岛的"中韩快线""青凭越班列"等连接中韩的国际交通班列已经发展成熟，为两国交通设施建设和物流产业发展做出了重要贡献。[①] 此外，双方还在贸易、工业和能源等合作领域签署了19项谅解备忘录，为两国在基础设施上的互联互通提供了基础。2018年9月18~20日，韩国举办了第六届全球基础设施合作会议。在"道路＆铁路"平行论坛上，两国承包商会的领导人主要分析了"一带一路"的发展前景与国际合作特点，重点对两国承包商怎样把握"一带一路"发展机遇、深化基础设施领域合作提出了意见。2018年，中韩还签署了《中韩航路优化合作备忘录》，对发展中韩通道建设领域合作提供了强大的政策支持。

（二）双边贸易投资往来

中韩双边贸易往来在推动两国关系发展的进程中占据重要地位。特别是中韩签署自贸协定给"一带一路"和"两新政策"在贸易投资领域的对接合作提供了重要保障。

在关税方面，自中韩自贸协定正式生效以来，两国对关税进行了四次削减。由于自贸协定的推动，两国零关税产品贸易额持续增加，已经超过双边贸易总额的50%。中韩FTA持续发挥作用，两国之间农水产品、家用电器、鞋帽服饰、日用化工等关税大大降低，极大缩减了两国贸易往来的税务成本。[②]

就投资而言，韩国对华直接投资额2017年是36.9亿美元，2018年达46.7亿美元，在对华直接投资的国家和地区中排名第4。2019年第一季度韩国对华投资22.4亿美元，在对华直接投资的国家和地区中排名第2。[③] 根据《2018年度中国对外直接投资统计公报》，2018年中国对韩直接投资10.3亿美元，占总额的0.7%，在中国对外直接投资的国家（地区）中排名第17。相比之下，中国对韩国的直接投资仍有上涨空间。

[①] 曹静文：《"一带一路"与命运共同体建设研究——以中韩利益共同体建设为例》，青岛科技大学硕士学位论文，2019，第17~27页。
[②] 周东洋：《中韩企业合作今年回暖》，《中国贸易报》2018年11月8日。
[③] 中国商务部网站，http://data.mofcom.gov.cn/lywz/topten.shtml。

中国"一带一路"与韩国"两新政策"的对接与合作

在两国进出口贸易方面,由表1可以看出,自"一带一路"提出以来,在绝大多数年份,韩国对中国的出口额超过其出口总额的1/4,而中国对韩国的出口相对较少。自"两新政策"正式提出以来,两国贸易额明显回升。2018年中国出口总额为24868.05亿美元,其中对韩国出口额为1064.79亿美元,近年来对韩出口首次突破1000亿美元。2019年中国出口总额为24990.29亿美元,其中对韩国出口额为1110.01亿美元,中国对韩国出口增长稳健。但是,2019年韩国对主要贸易伙伴出口总额为5422.30亿美元,其中对中国出口总额为1362.00亿美元,占总额的25.10%,对华出口略有下降。中国是韩国第一大出口国及进口国,同时也是第一大贸易顺差来源,2018年顺差额为556.79亿美元,2019年顺差额为251.99亿美元,下降了近一半,原因是2019年韩国对华出口下降16.0%,韩国整体出口额也下降明显。

表1 中韩2013~2019年双边贸易额

单位:亿美元,%

时间	中国 出口总额	对韩出口	占比	韩国 出口总额	对华出口	占比	差额
2013	22090.04	830.53	3.76	5596.32	1458.69	26.07	628.16
2014	23422.93	900.72	3.85	5730.91	1453.28	25.36	552.56
2015	22734.68	902.37	3.97	5269.01	1371.40	26.03	469.03
2016	20981.54	869.62	4.14	4954.66	1244.33	25.11	374.71
2017	22635.22	978.15	4.32	5737.17	1421.15	24.77	443.00
2018	24868.05	1064.79	4.28	6051.70	1621.58	26.80	556.79
2019	24990.29	1110.01	4.44	5422.30	1362.00	25.10	251.99

资料来源:根据中国海关总署和中国商务部网站资料整理得到。

(三)第三方市场合作

第三方市场合作是一种能达到多方共赢的国际合作模式。中韩已签署《关于开展第三方市场合作的谅解备忘录》,对双方后续开展第三方市场合作具有指导性意义。近年来中韩第三方市场合作发展顺利。2018年,中国与韩国携手厄瓜多尔建立的太平洋炼油厂项目进展顺利。根据政府规划，太平洋炼油厂项目投资额50亿美元，日处理能力30万桶。[①] 2018年三度中朝首脑会晤、两度南北首脑会晤以及首次朝美峰会，给了"新北方政策"更多的拓展空间。"新北方政策"范围涵盖俄罗斯、中亚和蒙古国等地，远远超出过去图们江区域开发范围。这将为"一带一路"合作倡议进一步延伸到朝鲜半岛等地区创造便利条件。[②] 基于"一带一路"与"两新政策"的重合区域，中韩可以积极共同开发北部的蒙古国、俄罗斯和南部的越南、印尼等国家的市场，发挥各自优势，形成"1+1+1>3"的多赢局面。2019年5月10日，在北京召开了中日韩合作国际论坛，三国合作迎来新的发展机遇。2019年8月发表了《"中日韩+X"合作概念文件》，并列出了中日韩同蒙古国、缅甸、柬埔寨在沙尘暴防治、疾病防控、低碳城市和减灾等领域的6项合作建议。中国秉承共商共建共享的合作理念，加强中韩第三方市场合作，使建设"一带一路"为中韩合作提供更加广阔的领域空间，成为两国合作新的亮点和增长点。

（四）地方政府间的实质性合作

韩国中央政府与中国五个省份建立有经济合作机制，韩国地方政府也与中国33个省区市建立有交流与合作关系。2018年6月7日，广东省政府和韩国产业通商资源部共同举办了第七届中国（广东）－韩国发展交流会。在此次交流会上双方讨论了广东省与韩国的具体合作方案，并向韩方介绍了中方正在规划建设的中韩（惠州）产业园。双方还在当天的开幕式上举行了中韩（惠州）产业园启动仪式、韩国与惠州战略合作项目签约仪式、中韩FTA政策说明会及两国企业洽谈会等活动。2018年8月28日，韩国忠清北道政府与来访的中国湖北省代表团签署了关于加强友好交流的协议。按照协议，两地将陆续举办投资推介会、出口洽谈会，积极支持进

[①] 中华人民共和国商务部网站，http：//www.mofcom.gov.cn/article/i/jyjl/l/201802/20180202706915.shtml。

[②] 金旭、董向荣：《推进中韩第三方市场合作》，《中国周边》2018年第15期，第34页。

入对方市场，并为青少年、大学间交流提供支持。2018年9月3日，四川省省长尹力和韩国忠清南道知事梁承晃在位于洪城郡的忠清南道政府大楼签署友好省道关系协议书。按照协议，四川省和忠清南道将在工业、农业、科技、贸易、教育、人才、体育、卫生、福利等多个领域开展合作，有关部门及组织将定期开会交流。2019年8月23日，在长春举行了中韩企业项目洽谈会，会上两国地方政府及中小企业家围绕两国跨境电商合作、经贸互通等领域的合作议题进行了交流、产生了丰富的成果。2019年9月4日，世界韩商合作大会在青岛拉开帷幕，促进青岛打造中韩交流合作的"国际客厅"。

"一带一路"在中国国内有18个省份重点参与建设，其中与韩国联系最紧密的就是东三省，不仅在地理位置上邻近，此前也有过许多合作的实践与经验，因而东三省与韩国地方政府开展更多领域的实质性合作更有优势。

（五）人文交流领域对接合作

2018年、2019年两国人文交流也是成果颇丰（如表2所示）。2018年，中韩人文交流政策论坛成功在北京召开。此次论坛推动了中韩两国人文与文化领域更广泛、更深入、更高层次的交流与合作，为巩固和夯实两国战略合作伙伴关系做出了新的贡献。2019年，在中韩两国科技部门的共同努力下，"中韩青年科学家交流计划"也取得了显著成果，为两国青年科学家创建了提升科研能力和积累经验的良好平台，为各创新主体培养了人才。在人文方面，自"两新政策"提出以来，中韩两国间通过举办各种学术科研探讨活动，保持着两国间的多元文化思想交流，强化共同体建设。

近年来中韩两国的学术活动和人文交流活动越来越频繁，在这些活动中，中方代表也曾多次指出，韩国新一届政府提出的"两新政策"与中国的"一带一路"倡议和"构建人类命运共同体"在理念上是一致的，在实践上肯定有许多可以交流与合作之处。中韩双方政府及民间学者对这一系列活动的高度参与也显示了双方对"一带一路"和"两新政策"对接的高度期待。双方都希望中韩两国之间的关系能够更快、更好、更稳健地向前发展。双方都表示,以后会加强人文领域的交流,拓宽知识流通渠道。通过"一带一路"与"两新政策"的对接尽快恢复中韩两国在政治领域的互信,以及在经贸、人文等各领域开展更为广泛的交流与合作,从而扩大和加强中韩两国共建"一带一路"合作,让"一带一路"更好地造福中韩两国人民、造福世界。

表2 2018~2019年中韩主要交流活动

时间	活动名称	主题
2018.01.08	"2018,中韩关系怎么走?"研讨会	从中韩关系、中韩经贸合作、人文交流三个角度,表达了对对方国家的期待,也从不同角度对上述领域合作做了展望
2018.04.18	中韩"一带一路"合作研讨会	就半岛局势缓和背景下,中韩如何加强"一带一路"相关合作展开探讨
2018.05.17	"一带一路"中韩企业高峰论坛	通过中韩企业文化思想交流,为实现两国联动式发展注入新能量
2018.07.12	中韩FTA的未来与展望国际学术研讨会	就中韩两国经济发展形势、影响因子、未来走向及与他国多边贸易合作等议题进行深入探讨,旨在促进"一带一路"地区的共同发展
2018.09.15	2018朝鲜半岛国际论坛(KGF)中国会议	朝鲜半岛新经济构想、"一带一路"倡议与中韩合作
2018.10.13	"一带一路"中韩海洋合作国际学术研讨会	围绕中韩"一带一路"海洋合作的人文历史基础、"一带一路"建设中韩海洋合作路径、中韩共建"一带一路"的战略意义3个议题展开交流和讨论
2018.10.14	第五届中韩海洋合作研讨会	就"中韩两国在黄海和东海上的合作"相关议题展开深入交流与讨论
2018.11.08	2018中韩海洋可持续发展论坛	围绕海洋环境治理、可持续发展进行深入探讨
2019.06.04	中韩版权研讨会	数字环境下中韩版权交流与合作,交换版权立法、执法及产业发展最新进展
2019.11.08	中韩国际私法学术研讨会	中国国际私法的最新发展与启示:以国际管辖和外国判决承认与执行为中心

续表

时间	活动名称	主题
2019.11.28	中韩产业技术合作交流对接会	一对一探讨产业合作和技术交流,助力两国技术转移、产业化和创新领域的合作
2019.12.28	中韩(威海)人才交流合作大会	"创新共享、合作共赢",为两国人才领域的双招双引提供国际人才智力支撑

资料来源:根据人民网、中国新闻网、海丝科情等网站信息整理得到。

三 两国政策对接面临的挑战

(一)萨德问题尚未彻底解决

2017年,中韩两国关系因为萨德问题一度十分僵硬,中韩贸易往来也受到严重打击,特别是服务贸易行业。2017年3月起中国游客的月访韩量维持在30万~35万人次规模,2017年入韩旅游的中国游客约417万人次,同比下降48.3%,韩国入境旅游市场遭受重创。[1] 自2018年韩国举办平昌冬奥会以来,中国赴韩人数才有所增加。在文在寅当选总统之前,中韩关系热度骤降,两国间的各项合作也不断减少。文在寅当选总统后,两国关系热度有所恢复,但从两国民间情绪来看仍然未能走出萨德阴影。文在寅政府对萨德问题的立场也不够坚定。随之而来的就是萨德部署持续推进,中国战略安全利益不断受到侵害,使文在寅政府打破中韩关系坚冰面临更大阻碍。[2]

中韩两国地缘相近,文化相通,发展关系拥有得天独厚的优势条件。但是近年来,由于这些政治问题没有得到妥善解决,两国互信受到很大影响。政治关系的稳定是两国互联互通的重要条件。虽然随着文在寅访华,两国在萨德问题上达成了一些共识,但萨德问题只是被暂时搁置,并未彻底解决。

---

[1] 凌胜利、黄冰:《2017年韩国外交发展概况》,《当代韩国》2018年第1期,第18~32页。
[2] 王志芳:《韩国对"一带一路"倡议的立场演变》,《当代韩国》2017年第4期,第1~14页。

只要韩国没有做出明确选择，从根本上拒绝美国部署萨德，中韩两国的互信必定受到一定的影响。只有妥善处理这些政治遗留问题，才能从根本上恢复两国互信，促进地区和平稳定繁荣，形成睦邻友好局面，推动政策对接。

（二）中美贸易摩擦的影响

2018年7月6日，美国违反世贸规则，发动了迄今为止经济史上规模最大的贸易摩擦。随后，中美贸易摩擦不断升级。① 截至2019年年底，中美贸易谈判已有十余轮。中国和美国这两个经济大国之间的贸易摩擦不仅会对中国的经济发展带来直接的负面影响，也会间接影响中国和韩国的经贸合作。韩国国际贸易协会表示，美国挑起与中国的贸易摩擦将会使韩国的进出口贸易遭受巨大冲击。韩国一直以来都是左右逢源，在经济上依赖中国，在政治上依靠美国。这两国之间一旦爆发全方位的贸易战争，韩国对中国和美国的出口受到限制在所难免。受萨德问题影响，韩国很多在华企业已经遭受严重打击，有的甚至已经退出中国市场，若再受到中美贸易摩擦的波及，后果可能会更加严重。据韩财社统计，2018年7月，美国、法国、德国等发达国家以及印度、巴西等新兴市场国家的股市不同程度上涨，只有韩国和中国股市下跌：中国股市跌3.63%，韩国股市跌1.06%。受中美贸易摩擦影响，韩国对中国出口急剧萎缩。根据行业分析，贸易摩擦发生后韩国对中国出口总共减少了282.6亿美元，受影响最大的是机电产品，其次是IT产品。② 韩国企业相当部分商品是经中国中转出口至其他国家的，中国对美出口受到限制，韩国企业也将遭受强烈的负面冲击。据韩国央行统计，中国对美国的出口额下降10%，韩国的出口总额会随之下降0.25%。③ 可见，中美贸易摩擦已成为中韩两国实现政策对接、促进经贸领域合作的又一重大影响因素。

---

① 戚奇明：《应对贸易摩擦应打好改革开放"王牌"》，《上海金融报》2018年8月21日。
② 周楠：《深度分析：中美贸易战对韩国的影响》，一点资讯韩财社，https：//www.yidianzixun.com/article/0Jn0G6mb？appid = oppobrowser&s = oppobrowse。
③ 《韩国慌了：美国对华贸易战　韩国必须采取行动阻止》，海外网，http：//m.haiwainet.cn/middle/3541093/2017/0817/content_31074901_1.html。

(三)韩国总统任期因素

韩国总统是韩国国家元首,也是韩国行政部门首脑。按照规定,韩国总统5年任期满之后不得连任。这在一定程度上决定了韩国总统提出的重大政策通常最多只能持续5年。比如,朴槿惠执政期间提出的"欧亚倡议",当时引起了两国热议,中韩领导人也探讨过两国政策如何对接的问题。为了促进双方合作,还签署了"一带一路"和欧亚倡议对接的谅解备忘录等一系列文件,[①] 两国学者也就对接的可能性和具体领域进行了不少研究,在各领域合作方面也有了一些实质性进展,但是随着2017年3月朴槿惠被免去总统职务,两国的这两项重要政策的对接遇冷。尽管当时提出了一系列合作构想,但最终对接成果十分有限。2017年5月文在寅当选韩国总统,同年9月和11月,文在寅政府正式提出了"新北方政策"和"新南方政策",并积极主张与中国的政策进行对接。自"两新政策"提出以来,"欧亚倡议"鲜有人提及,相关研究也急剧减少。尽管韩国经济一定程度上受政府影响较大,但韩国政府的政策执行力等相对于中国政府还是稍有不及。在这一政治背景下,韩国总统任期成了两国政策对接的潜在束缚和隐患。双方必须克服这一挑战,才能实现两国在发展政策对接上的长期性合作。

(四)贸易不平衡依然存在

中韩自贸协定正式生效以来,两国贸易合作突飞猛进。双方不断进行各项经贸合作,贸易额也持续上升,但就近两年发展状况来看,其中存在的各种问题也越来越突出。一是双方贸易不平衡状况依然存在,中国在双边贸易中由于贸易逆差的持续存在而处于不利地位。2018年,中国对韩国的贸易逆差达到556.79亿美元,与上年同期相比增长高达36.7%。虽然2019年情

---

① 李扬:《半岛形势新变化及对中朝合作的影响分析》,《商业经济》2015年第11期,第4页。

况稍有好转，双边贸易逆差为251.99亿美元，但是韩国对华出口额也急剧下降。① 这说明贸易不平衡问题仍然存在，会对两国贸易合作产生不利影响。二是中韩贸易摩擦暗流涌动。在农产品贸易方面，农业受到韩国政府的各种政策保护，农产品市场暂未完全对中国开放，因此，在农产品贸易中双方一直摩擦不断。在服务贸易方面，虽然双方通过谈判已经达成协议，前期以"正面清单"的形式拟定文本，但在后期贸易往来中要求采取"负面清单"的形式。这种前后不一致的做法在一定程度上加深了双方在服务贸易领域的竞争压力，将会对两国服务贸易交流合作形成阻碍。韩国为了长期在与中国的双边贸易中处于顺差地位，对很多中国货物采取反倾销、关税壁垒或歧视性检疫标准等做法，使中国对韩国出口状况受到很大影响。中韩两国的关系需要双方着眼于未来，从宏观角度解决贸易摩擦问题，抵制贸易保护主义，推动双边经济的开放与互动，实现互利共赢。

四 通过"五通"工程促进中韩政策对接

（一）政策沟通

韩方对《韩国"新北方政策""新南方政策"与中国"一带一路"的战略对接探析》等两国政策对接文件研究得比较透彻。这表明韩方对此次政策对接相当重视，推动对接也已经提上日程。相比之下，中国对两国政策对接的推动尚缺乏正式的系统性研究。中国应基于"两新政策"研究认真探究此项对接文件。对于文件中韩方列出的合作项目清单，中国应评估各项目实施可行性。根据评估分析修订合作项目清单，并及时与韩方沟通，敲定具体的合作项目及实施细则。

---

① 国别报告网，https://countryreport.mofcom.gov.cn/indexType.asp? p_coun = % BA% AB% B9% FA。

在政策对接的大背景下，双方必须加强政策沟通，可以参考《中韩航路优化合作备忘录》，尽快制定其他领域比如文化交流、金融投资、电路设施等领域的合作文件。此外，政府间的合作对于推动两国政策对接也非常重要。中韩双方地方政府已达成近650项交流合作协议。两国地方政府可以根据自身特点和需求在东北振兴战略、长吉图先导开发开放计划、朝鲜罗先开发开放计划、韩国环东海经济带计划以及中－俄－朝鲜半岛经济走廊、东北亚经济走廊等大的发展战略中规划出可操作的合作方案，为"一带一路"与"两新政策"对接的落地提供现实支撑。[1] 两国政府应该充分利用这种合作关系，积极构建交流体制机制，及时解决两国合作中出现的各种问题和摩擦，将两国政策落到实处，促进"一带一路"与"两新政策"的对接。

（二）设施联通

在政策对接的大合作理念指引下，中国可以与韩国一起开发"一道"。这个项目除了有助于双方造船方面专业技术水平的提升，还有助于两国海运业、物流业和建设业的协同发展。中韩在能源产业方面的合作潜力尚未完全挖掘出来，两国可以从新可再生能源技术入手，选取与东北亚超级电网项目相关的设施领域，共同开发能源基础设施，挖潜增效。

自"一带一路"倡议提出以来，共建国家基础设施创新合作模式不断取得新进展，交通运输与能源产业为"一带一路"设施联通提供了重要支撑。此外，政策对接、金融合作、科技融合也将为"一带一路"设施联通提供发展新动能。中韩两国应抓住"一带一路"建设机遇，推动共建国家PPP项目落地并加强中韩基础设施领域人才交流与项目管理经验分享。中韩的设施联通不仅可以促进两国经济发展、推动政策对接，对第三方市场甚至周边沿线国家的就业、民生等都有重要影响。2015年，韩国开启了"欧亚丝绸之路亲善特级列车"交通项目。这个项目基于

---

[1] 朴光海：《"一带一路"与韩国"两新"政策能否对接》，《世界知识》2018年第21期。

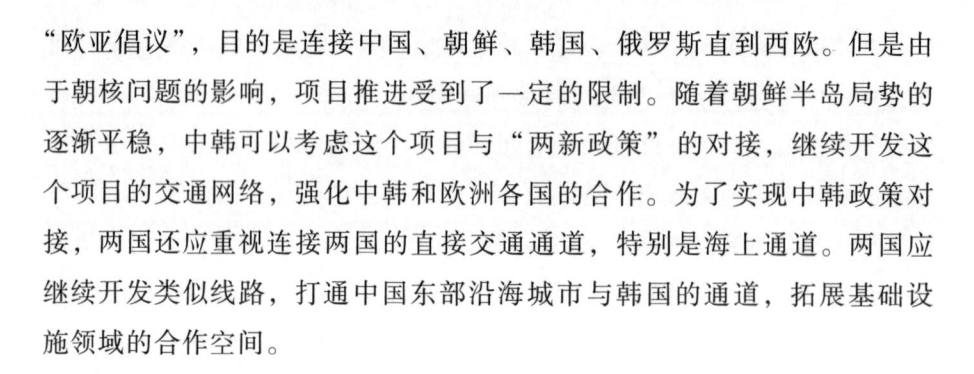

"欧亚倡议",目的是连接中国、朝鲜、韩国、俄罗斯直到西欧。但是由于朝核问题的影响,项目推进受到了一定的限制。随着朝鲜半岛局势的逐渐平稳,中韩可以考虑这个项目与"两新政策"的对接,继续开发这个项目的交通网络,强化中韩和欧洲各国的合作。为了实现中韩政策对接,两国还应重视连接两国的直接交通通道,特别是海上通道。两国应继续开发类似线路,打通中国东部沿海城市与韩国的通道,拓展基础设施领域的合作空间。

(三)贸易畅通

自韩国参与"一带一路"建设以来,中韩两国经贸合作不断深化,虽然经历了萨德波折,但是两国秉持友好合作互利共赢的态度,经贸往来也在逐渐恢复。中国是韩国最大的贸易伙伴国。这些都为两国政策对接夯实了经济基础。但是仍然存在一些问题亟待解决,比如贸易不平衡、贸易摩擦不断等问题。针对这些问题,中韩应该建立贸易监测管理机制,调整商品进出口贸易结构;提高两国在贸易往来过程中的信息共享水平,确保贸易畅通。还应该共同制定争端解决机制,减少贸易摩擦带来的负面影响。此外,双方企业也应该提高自身出口产品的质量,减少产品问题带来的贸易摩擦,研发核心技术,提升企业竞争力和抗风险能力,促进中韩政策对接下贸易合作的提质升级。

中韩自贸协定为两国经贸发展带来了便利,对经贸领域项目合作产生了重要影响。韩国新万金韩中产业园,以及在建中的中韩广东惠州、江苏盐城和山东烟台产业园都将在两国政策对接过程中发挥关键作用。中韩两国应该充分利用这些优势,通过这些产业园实施中韩合作项目,推动两国在进出口贸易合作方面更上一层楼。为了缓解中美贸易摩擦带来的负面影响,中韩应该互相开发更多市场。韩方也应尽力配合中国的进出口业务,降低对中国出口商品的贸易壁垒,尽量削减高峰关税。双方应保持密切交流,推动旅游业、娱乐业、物流业等领域的全方位合作,通过贸易畅通为两国政策对接源源不断地输送活力。

（四）资金融通

资金融通是各国合作发展的重要基础。中韩两国的资金融通可以从两个方面采取措施。一方面是寻求两国银行和各金融机构的支持。2014 年，为了加大对"一带一路"建设的资金支持，中国成立了丝路基金，并宣布对外开放。丝路基金成立以来，为共建国家的基础设施建设、资源开发、产业合作等众多项目提供了投融资服务，也为"一带一路"的推进做出了巨大贡献。中韩两国在政策对接的关键时刻，各领域的合作项目也在不断增加，这就需要雄厚的资金支持。两国可以在这些项目上积极寻求丝路基金、亚投行等的支持，以缓解资金压力。两国进出口银行之间的合作也至关重要。从可行性上分析，中韩两国要想实现资金融通，最重要的还是看两国进出口银行是否可以达成共识、融通资金，充分利用中韩两国进出口银行间签署的谅解备忘录，比如为两国进出口贸易项目提供提货担保、信用证、保函业务，以及为双方进口贷款、打包贷款提供优惠利率等。另一方面是促进两国政府、企业之间的直接投资。相比而言中国对韩国直接投资较少，后期可以增加对韩国政策对接合作项目企业的重点投资，促进两国的资金融通，为两国的政策对接提供重要支撑。

（五）民心相通

实现两国政策对接，单靠政府推动是不够的，还需要两国民意支持。基于地缘环境因素影响，两国在文化上具有高度相通性。文化交流是拉近两国距离的重要方式，也是增进两国感情的关键纽带，因此在文化领域更需要取得良好沟通。新时代条件下，"一带一路"和"两新政策"的提出为中韩两国之间的人文交流提供了更加多样化的交流和发展渠道。面对两国之间的文化摩擦，双方应正确看待两国的历史认知问题，积极处理相关矛盾。了解是信任的前提，两国应该抓住此次政策对接的契机，推动两国人文交流，加强对对方国的文化了解，促进两国国民的民心相通。在交流过程中更要秉承客观公正的态度对待双方的历史文化。两国的政府及民间组织应该保持高频度交流和沟通,通过举办更多人文交流活动来拉近两国民众间的心理距离。此外,对两国的知识教育交流也应该更加重视,知识传递是文化传递的重要形式。迄今为止,韩国已成为亚洲孔子学院数量最多的国家,中国也已成为韩国留学生的主要生源国。双方应该借此机会推动两国知识融通,深入了解对方文化,也为加强两国教育交流架起友谊的桥梁。中韩人文交流委员会也应该担起重任,实施更多教育交流合作项目,通过民心相通达成思想共识从而减少两国政策对接过程中的摩擦。

"一带一路"框架下的中日经贸合作 SWOT 分析及对策研究

夏 帆[*]

摘 要： 在过去的两年中，日本高层、商界及主流媒体对于"一带一路"建设的态度转向积极，并确立第三方市场合作为现阶段"一带一路"框架下中日合作的主要模式。根据 SWOT 分析，欲在"一带一路"框架下推进中日经贸合作，主要优势包括地缘优势、中日贸易既往形成的紧密联系；而劣势则包括历史遗留问题、领土与海洋争端以及日方潜在竞争心理。同时，中日经贸合作既面临"一带一路"建设开辟的新增长空间以及中日韩三方合作稳步推进的机遇，也遭遇美国和印度及其"大周边"战略的挑战。据此，建议从保持高层交流与对话，管控政治风险，增强政治互信；继续推进区域经济一体化，打造良好外部环境；充分发挥中日比较优势，展开第三方市场合作，弱化竞争心理；积极探讨在低敏感的新兴领域合作的可能，推进中日经贸合作向纵深发展。

关键词： "一带一路" 中日经贸合作 SWOT 分析

日本为中国一衣带水的近邻。自"一带一路"倡议提出以来，日本对

---

[*] 夏帆，博士，武汉大学中国边界与海洋研究院讲师，国家领土主权与海洋权益协同创新中心副研究员。

其态度经历了从忽略与轻视,到关注但消极抗拒,再到局外观望与对策布局,直到最终转向积极参与的一系列复杂转变。① 近来,日本采取了在"一带一路"框架中与中方积极探讨具体合作方式的姿态。但是,两国存在错综复杂的历史及现实纠葛,双方也共同面临复杂多变的内部及外部环境。如何令日方保持这种积极推进的良好势头,并加强"一带一路"框架下的中日经贸合作,仍是一个值得关注与研究的议题。

SWOT 分析是基于内外部竞争环境和竞争条件的态势分析,最早由美国旧金山大学韦力克教授提出,后被广泛运用到包括地区及国际关系等在内的各领域的战略制定、态势分析场合。② SWOT 分析基于矩阵图思维分析框架,从优势(Strength)、劣势(Weakness)、机遇(Opportunity)与挑战(Threat)四个维度,对待分析对象进行综合分析,并对之后的决策选择提供科学化的依据和指导。这种思维模式同样很适合用来分析复杂环境下的中日经贸合作议题,为此本文将利用 SWOT 分析模式梳理"一带一路"建设背景下中日经贸合作的优势、劣势以及所面临的机遇及挑战,并提出相关对策建议。

一 "一带一路"框架下中日经贸合作进入新的发展阶段

(一)日本政府高层态度转变,中日高层频繁互动

2018 年以来,中日双方高层往来不断,就"一带一路"及相关议题反复沟通意见,这些协调沟通不仅反映出日方对"一带一路"倡议的态度转变,更令双方找到了在"一带一路"框架下的具体合作方向。

---

① 卢昊:《日本对"一带一路"倡议的政策:变化、特征与动因分析》,《日本学刊》2018 年第 3 期,第 63~81 页。
② 相关研究包括但不限于:叶正国:《两岸事务合作的类型及其 SWOT 分析》,《太平洋学报》2016 年第 9 期,第 44~54 页;王珊、李金锴:《基于 PEST-SWOT 分析法的内蒙古与蒙古国旅游合作对策研究》,《干旱区资源与环境》2017 年第 9 期,第 195~200 页;马天、李栋栋、员永生:《"面向中亚"新疆西部"沿边综合保税区"发展对策研究——以 SWOT 分析为视角》,《华北理工大学学报》(社会科学版)2018 年第 9 期,第 39~45 页;等等。

"一带一路"框架下的中日经贸合作SWOT分析及对策研究

2018年1月,日本首相安倍晋三在众院发表施政演说,提到"一带一路"倡议时表示,"将展开合作,满足亚洲的基础设施需求"。这是日方发出的一个信号,表明日本愿在"一带一路"框架下与中方开展合作,随后中日双方进行了频繁互动。2018年9月、10月、11月,习近平主席三次会见安倍晋三首相,并表示:"'一带一路'倡议为中日深化互利合作提供了新平台和试验田。"[1] 尤其在11月的会见中,习近平主席首先肯定了中日关系改善的有益局面,并且指出,"新形势下,中日发展关系面临比以往更为有利的条件。中日经贸务实合作潜力巨大"。安倍首相不仅多次在回应中肯定"一带一路",还提出了具体的合作方式,即第三方市场合作。10月会见时,安倍称"'一带一路'是有潜力的构想,日方愿同中方在广泛领域加强合作,包括共同开拓第三方市场"[2];11月会见时进一步表示,"日方将继续同中方共同努力促进亚洲的发展。愿同中方加强高层交往,努力深化经贸、投资合作,拓展第三方市场合作"[3]。

2019年,习近平主席分别在大阪、北京会见了安倍晋三首相,进一步细化中日在"一带一路"下的合作。在6月的大阪会面中,习近平主席对日本参与"一带一路"建设提出更进一步的期待,希望日方能够"积极参与",并具体指出"要深化经贸、投资、第三方市场、科技创新等广泛领域合作,打造新的合作增长点,积极引领区域经济一体化"。对此,安倍首相回应:"日方希望扩大两国在经贸、投资、金融、创新等领域合作,愿为双方企业相互提供公平、开放、透明、非歧视的市场环境。"[4] 在12月北京会面时,习近平主席再次提高了对于日本参与"一带一路"建设的期望,不

---

[1] 骆珺、郝薇薇:《习近平会见日本首相安倍晋三》,新华网,http://www.xinhuanet.com/world/2018-09/12/c_1123418691.htm。
[2] 李忠发:《习近平会见日本首相安倍晋三》,新华网,http://www.xinhuanet.com/2018-10/26/c_1123620183.htm。
[3] 王海清、蒋国鹏:《习近平会见日本首相安倍晋三》,新华网,http://www.xinhuanet.com/world/2018-12/01/c_1123792441.htm。
[4] 陈赞等:《习近平会见日本首相安倍晋三》,新华网,http://www.xinhuanet.com/2019-06/27/c_1124681266.htm。

仅希望其参与共建,更希望其"高质量共建",这既是对于过去两年中日本对"一带一路"态度转变的肯定,同时也蕴含着双方在未来合作的无限可能。安倍首相也积极回应称:"日方愿同中方积极推进第三方市场合作,就地区问题加强沟通协调。"①

回顾中日双方领导人在过去两年中的数次会面及日方领导人有关"一带一路"的表述可以看出,双方在共建"一带一路"问题上已逐步达成共识,并已有相对明确的具体合作落实领域,即第三方市场合作。

(二)日本工商界期待共赢,主流媒体正面报道增加

"一带一路"建设中蕴含着巨大商机,日本工商界对于"一带一路"建设始终有态度积极的一面。随着"一带一路"建设的推进,越来越多的共建国家和企业积极参与其中,也包括日本的企业。例如,由于敏锐观察到"一带一路"建设中铁路和其他基础设施开发的信息技术需求,富士通在2018年就启动计划,增加在中国的雇员人数并增设数据中心,希望有更多机会承接"一带一路"工程。为此,日本工商界主动寻求参与"一带一路"相关项目,并督促政府尽快与中国探讨"一带一路"框架下的合作。而工商界的呼声无疑对日本政府态度的转变起到了一定的推动作用。日本经济界对"一带一路"的积极态度,主要源于对"互利共赢"的期待。2018年9月及2019年12月,李克强在会见日本经济界人士及出席中日韩工商峰会时,日本商界代表两度提及关键词"共赢"。为实现这一目标,日本商界一再希望双方政府能够继续"维护多边主义和自由贸易","进一步提升区域经济一体化水平",并强化"双方在包括第三方市场等领域的合作"。②

---

① 孙奕:《习近平会见日本首相安倍晋三:推进高质量共建"一带一路"》,新华网,https://www.yidaiyilu.gov.cn/xwzx/xgcdt/113570.htm。

② 孙奕:《李克强会见日本经济界代表团》,新华网,http://www.xinhuanet.com/2018-09/12/c_1123421102.htm;袁秋岳、张超群:《中日韩工商界发表联合声明维护自由贸易》,新华网,https://www.yidaiyilu.gov.cn/xwzx/gnxw/113681.htm;朱超:《李克强会见日本经济界代表团并座谈》,新华网,http://www.xinhuanet.com/politics/2019-09/11/c_1124988365.htm。

日本政府对"一带一路"的态度发生转变后,日本主流媒体更多转向积极评价。虽然日本右翼媒体对"一带一路"的攻击并没有停止,但总体而言,日本媒体中对"一带一路"建设的正面报道的数量明显增加。特别是在2018年5月李克强总理访日以后,日媒更多地报道"一带一路"建设的各项成果,诸如与尼泊尔合作的铁路建设,中亚国家推出"丝路签证"以促进与中国的贸易交流等,并强调"一带一路"建设中的巨大商机。[①] 此外,日本媒体报道中还谈及中国企业在"一带一路"建设中的收益,例如中国电力企业得益于"一带一路"新兴市场国家的机遇而正在快速崛起,以及中国企业在机器人行业的海外并购步伐在加速等。[②] 日本媒体借此说明中国企业已经得到先机,并敦促日本政府和企业加快在基础设施建设、物流以及机器制造等领域参与"一带一路"建设的步伐,努力实现互利共赢和利益最大化。

(三)力促第三方市场合作,明确具体合作方式

第三方市场合作是我国"一带一路"倡议进入实施阶段后出现的一种新型合作模式,正式提出于2015年中法联合发表的《中法政府关于第三方市场合作的联合声明》。[③] 根据推进"一带一路"建设工作领导小组给予第三方市场合作的定位,"共建'一带一路'致力于推动开放包容、务实有效的第三方市场合作,促进中国企业和各国企业优势互补,实现'1+1+1>3'的共赢"。[④] 而从现实情况来看,推进第三方市场合作是"一带一路"倡

[①] 施锦芳、赵霞:《新形势下扩大中日经贸合作的思考》,《东北财经大学学报》2018年第6期,第37~45页;张广琳:《日媒:尼泊尔将扩大与中国基建合作 计划修建首条中尼铁路》,中国一带一路网,https://www.yidaiyilu.gov.cn/xwzx/hwxw/72543.htm。
[②] 《全球电力市场版图改变 日媒:中国企业正在崛起》,https://www.yidaiyilu.gov.cn/xwzx/hwxw/74810.htm;《日媒:在这一重要领域,中企海外收购趋势加强》,https://www.yidaiyilu.gov.cn/xwzx/hwxw/111644.htm。
[③] 《中法政府关于第三方市场合作的联合声明》,人民网,http://world.people.com.cn/n/2015/0702/c1002-27244657.html。
[④] 推进"一带一路"建设工作领导小组办公室:《共建"一带一路"倡议:进展、贡献与展望》,https://www.yidaiyilu.gov.cn/ldzd/dejgfld/wjxz/86708.htm。

议共建原则的体现,也成为中日在"一带一路"框架下的重要合作方式。中日第三方市场合作是日本积极回应"一带一路"倡议后最现实可行的合作方向,因而也将是未来一段时间内的落实抓手。

2018年5月,李克强总理访问日本期间与安倍晋三首相达成共识:中日双方共同开展第三方合作,共同开拓第三方市场。① 访日期间,中国国家发展改革委、商务部与日本外务省、经济产业省共同签署了《关于中日第三方市场合作的备忘录》。② 备忘录指出,双方同意成立"双边服务贸易合作机制",积极促进服务领域互利合作。同意加强两国在第三方市场合作,在中日经济高层对话机制下设立跨部门的"推进中日第三方市场合作工作机制",并与经济团体共同举办"中日第三方市场合作论坛"。

2018年10月,第一届中日第三方市场合作论坛在北京成功举办。论坛期间,双方共签署52项合作协议,主要涉及基础设施建设、金融合作、物流、信息技术、能源电力等多个领域,其中重要的协议包括中国建材集团有限公司与日本三菱商事株式会社签订的《关于共同开发第三国基础设施建设及清洁能源综合利用项目战略合作协议》、中国工商银行与日本瑞穗金融集团股份有限公司签订的《关于中日企业开拓第三方市场的金融合作协议》。③ 2019年12月,中日企业举行了第三方市场合作交流会,并为即将到来的第二届中日第三方市场合作论坛进行准备。合作论坛和会议进一步务实推动了中日企业间各种形式的第三方市场合作,中日第三方市场合作也步入快车道。

在第三方市场合作落实方面,泰国作为中日共同的邻居与合作伙伴,在参与第三方市场合作方面具有得天独厚的条件和优势,泰国东部经济走廊项目也已成为首个中日第三方市场合作项目。在2019年4月中日第三方市场

---

① 《首届中日第三方市场合作论坛上,李克强和安倍都说了什么?》,中国政府网,http://www.gov.cn/xinwen/2018-10/27/content_5335045.htm。
② 马曹冉:《中日双方签署有关经贸合作协议》,新华网,http://www.xinhuanet.com/2018-05/09/c_1122808739.htm。
③ 《第一届中日第三方市场合作论坛在北京举行》,商务部网站,http://www.mofcom.gov.cn/article/ae/ai/201810/20181002800324.shtml。

合作研讨会上，三方代表从不同层面表达了深化互利合作的愿望，希望努力将泰国东部经济走廊打造成中日第三方市场合作的示范区。[①]

二 "一带一路"框架下中日经贸合作优势与劣势分析

（一）"一带一路"框架下中日经贸合作的优势分析

1. 地缘优势

中日两国隔海相望，在地理上具有得天独厚的地缘经济优势。放眼全球，区域经贸合作开展较为成功的大多为地理位置邻近的国家或地区，如北美自由贸易区、欧盟以及东盟等。而中国与日本也有类似的地理邻近优势。且无论在东北亚地区、东亚地区，甚至是环太平洋地区，中国与日本都是重要经济体，两国开展经贸合作对推动区域经济一体化意义重大。

而就文化地缘而言，历史上中日两国交往历史源远流长，最早可上溯到公元一世纪的汉代，兴盛于唐朝。日本曾深受中国文化影响，两者又同属于儒家文化圈。"人之相交贵在知心，国之相交在于民相亲"，长期的交往历史以及相似的文化、信仰在双方经贸合作过程中能够起到纽带与促进作用。

综上所述，地理邻近优势使中日双方便于展开经贸合作，同时双方文化地缘相似性也便于双方在开展经贸往来及合作时降低沟通成本，提高合作效率。

2. 中日经贸既往形成的密切关联

中国与日本分别是世界第二和第三大经济体，中日经济关系是促进区域和世界经济健康发展和世界和平的重要因素。[②] 并且，在双方长期的经济往来过程中，中日两国早已形成密切的经贸关联。如表1所示，中日进出口总

[①] 李敏：《中日第三方市场合作促进中日泰三方企业互利共赢》，http://news.cri.cn/zaker/20190403/f771dca4-41a1-cfea-b458-40c95745e09e.html。

[②] 张季风：《新时代的中日经济关系及其思考》，《东北亚学刊》2020年第1期，第19~26页。

额常年保持在 3000 亿美元量级，约占中国进出口总量的 7%，即使是在中日政治关系出现波动的年份也未出现大幅波动。并且，截至 2018 年年底，中国企业对日直接投资累计达 34.4 亿美元。[①] 综合而言，中日经贸往来密切，日本是中国的重要贸易伙伴。

表1 中国与日本的贸易情况（2014~2019）

单位：亿美元，%

年份	进口	出口	中日进出口总额	中国进出口总额	占比
2014	1630	1494	3124	43030	7.26
2015	1430	1357	2787	39569	7.04
2016	1455	1293	2748	36856	7.45
2017	1657	1373	3030	41045	7.38
2018	1806	1471	3277	46230	7.08
2019	1718	1432	3150	45761	6.88

资料来源：数据来自中国海关，笔者整理制表。

而从日方角度观察，截至 2018 年年底，日本累计在华投资设立企业 5 万余家，实际到位金额 1119.8 亿美元，在中国累计利用外资国别（地区）中排名第一。[②] 另据日本贸易振兴机构（JETRO）在 2020 年年初公布的一项有关 2019 年日企海外经营情况的调查结果，在所有接受调查的 1939 家日企中，1265 家有接受来自中国的进口货物，占 65.2%。同样在这 1939 家日本企业中，有 1582 家企业设有海外据点，其中 893 家在中国设有各类型办事处，占所有设有海外据点企业的 56.4%。而其中，有 557 家在中国设有销售网点，占 35.2%；有 492 家在中国设有生产基地，占 31.1%；在中国设有研发基地的为 66 家，占 4.2%。这里，无论是从上述销售网点、生产基地或者研发基地的数量及占比上看，中国都占据日企海外设点的第一名。

[①] 《2018 年度中国对外直接投资统计公报》，商务部对外投资和经济合作司网站，http://hzs.mofcom.gov.cn/article/date/201512/20151201223578.shtml。

[②] 商务部《对外投资合作国别（地区）指南》编制办公室：《对外投资合作国别（地区）指南——日本（2019 年版）》，"走出去"公共服务平台网站，http://fec.mofcom.gov.cn/article/gbdqzn/#。

此外，这项调查还涉及在未来时间内，日企的扩大海外网点经营的意向调查。根据调查结果，在所有设有海外据点并打算扩大经营的企业中，有48.1%的企业设想中的扩大营业地点为中国。① 这说明中国是日本企业海外投资、经营的重要目的地，并且，在今后一段时间内仍然如此。

综上所述，在既往经贸往来中，中日两国之间业已形成了紧密的经贸关联，并且这种关联经受住了过去几年中中日政治波澜的考验，也成为"一带一路"背景下中日经贸合作的优势之一。

（二）"一带一路"框架下中日经贸合作的劣势分析

1. 历史遗留问题

中国和日本一衣带水，在过去2000多年的历史中，中日两国人民曾相互借鉴，共同学习，促进了各自的发展，也为人类文明的发展做出了贡献。但由于日本在二战中的侵略行为严重伤害过中国人民，加之长期以来日本政府并未认真吸取战争教训，彻底反省其在战争中所犯下的罪行，尤其是某些日本政府官员屡次参拜供奉二战甲级战犯的"靖国神社"，对于"慰安妇"等问题也未进行妥善处理。这些行为都一再刺激和强化了中国人民曾经遭受侵略、饱经磨难的历史记忆，挑战了中国人民的容忍底线，也令日本过往的侵略战争历史和有关历史认识问题始终未能得到彻底解决。② 这些历史遗留问题既影响了两国关系的正常发展，更阻碍了中日之间经贸合作的深入开展。

2. 领土与海洋争端

日本在钓鱼岛及东海划界问题上的错误做法是导致中日关系陷入僵局的又一重要因素。近年来日本右翼势力崛起，自从2012年日本右翼分子登上钓鱼岛以及日本对钓鱼岛实施"国有化"政策以来，中日之间关于钓鱼岛

---

① 「2019年度日本企業の海外事業展開に関するアンケート調査（2020年2月）」，https://www.jetro.go.jp/world/reports/2020/01/1057c5cfeec3a1ee.html.

② 陈志恒、甘睿森：《中日韩贸易互补性与构建"三国自贸区"》，《浙江学刊》2017年第1期，第200~207页。

的矛盾激化,中日政治关系迅速降至冰点,连带导致了中日经济关系的恶化,中日经贸额明显下滑,日本对华投资也持续下降。以日本对华直接投资为例,由 2012 年的 73.8 亿美元,历经 4 年连续下降,到 2016 年仅为 31.1 亿美元。同时,两国其他财经领域的合作也放缓。

3. 日方潜在竞争心理

日本一直自诩"亚洲领头羊",面对中国的快速崛起不可避免地存在失落心理。中日实力逆转给日本带来的焦虑感和威胁感以及两国经济发展等方面的结构性矛盾,令日方难免有视中方为竞争对手的潜在心理,这种心理也是双方经贸合作中的不稳定因素。

"一带一路"倡议提出之初,日本就与印度一道提出在南亚、东盟之间构建"亚洲经济走廊",并包含有大量基础设施建设计划。此后,日本还曾先后提出"五年内投资 1100 亿美元的亚洲基础设施建设计划"(2015 年 5 月)、"高质量的基础设施伙伴计划"(2015 年 11 月)等,都是试图在基础设施建设方面与"一带一路"展开竞争。此外,在特定地区,如中南半岛,中国主导的大湄公河次区域经济合作机制(GMS)以及日本主导的澜湄合作机制(LMC)也有相互竞争的意味。在 2018 年 10 月召开的第十届"日湄峰会"上,日本首相安倍晋三宣布,未来 3 年向湄公河五国援助项目还将有多达 150 余个。①

三 "一带一路"框架下中日经贸合作的机遇与挑战分析

(一)"一带一路"框架下中日经贸合作的机遇分析

1. "一带一路"建设开辟新的增长空间

"一带一路"倡议最初提出之时,日本曾一度担心倡议对沿线国家的援助、投资会压缩日本在相关地区的利益空间,但实践证明并非如此,

---

① 常思纯:《日本为何积极介入湄公河地区》,《世界知识》2018 年第 21 期,第 24~25 页。

"一带一路"建设并非"零和"游戏,相反会开发出新的市场需要,为合作各方带来切实利益。中日双方合作共建"一带一路"亦如此,中日的机遇包括发掘新的市场机会、共享合作平台、创新合作模式、提高物流效率等。

第一,通过"一带一路"建设能够发掘新的市场机会,这突出表现在建筑设备领域:正是得益于"一带一路"中的各种工程建设,中国不仅自身是世界最大的建筑设备市场,同时还成为进军非洲和中亚新兴市场的潜在门户,很多日本的建筑设备供应商通过与中方的合作寻找到了更多的工程供应机会。

第二,通过"一带一路"建设还能搭建新的共享合作平台,为企业提供商机。中国企业在越南、马来西亚、白俄罗斯等国建设的海外经贸合作区,除吸纳中国企业入驻外,同样欢迎包括日本企业在内的各国企业入驻。2019年4月在北京举行的"一带一路"企业家大会则是另一个通过"一带一路"建设搭建沟通交流平台的范例。这次会议吸引80多个国家和地区的政府部门、商协会、企业及有关国际组织参加,有助于各国企业找到合作机会、实现互利共赢。[1]

第三,在"一带一路"框架下,中日还寻找到了新的合作模式——第三方市场合作。如前文所分析的,通过践行第三方市场合作,中日双方能够有效发挥比较优势,分工协作,共同建设,避免恶性竞争。

第四,通过"一带一路"建设还能切实提高货物的运输效率。根据世界银行所发布的研究报告,"一带一路"可减少共建经济体的运输时间和贸易成本,分别为3.2%和2.8%,同时降低整个世界的运输时间和贸易成本,分别达2.5%和2.2%。[2] 日本货物自2018年6月起也开始使用中欧班列运

---

[1] 孟祥麟等:《"一带一路"企业家大会在京举行》,人民网,http://world.people.com.cn/n1/2019/0426/c1002-31050794.html。
[2] 张茉楠:《"一带一路"凸显新型国际合作框架五个重要特征》,中国一带一路网,https://www.yidaiyilu.gov.cn/ghsl/gnzjgd/87369.htm。

往欧洲。① 从运输时间上看，以日本的货物搭乘中欧（厦门）班列前往德国杜伊斯堡为例，全程运输只需22天，较传统海运节省15天。②

2. 中日韩三方合作稳步推进

过去的两年中，中日韩三方关系虽也经历波折，但仍然向共同合作方向逐步推进。一方面，中日关系逐步摆脱由于2012年日本宣布钓鱼岛国有化而一度陷入僵局的局面，重回正常轨道；另一方面，中韩间也修复了萨德问题造成的两国关系倒退。而韩日之间，虽然经历2019年中因领土争议、"慰安妇"问题、二战劳工问题以及贸易摩擦等新老问题叠加导致的两国关系恶化，但目前紧张关系也已缓解。而与此同时，三方在经济领域也寻找到相对一致的利益诉求，即三方均希望加快中日韩自贸协定谈判的进度。这种一段时间内共同的利益诉求有助于将三方合作关系扎实、稳定地向前推进。而这种中日韩三方共同塑造的政治、经济有序发展的区域小环境也是"一带一路"背景下中日经贸合作能够深入开展的有利外部环境。

首先，区域全面经济伙伴关系协定（RCEP）谈判取得重要进展。RCEP如能签署成功，将成为全球最大的自贸区，惠及包括中日韩在内50%的全球人口。2019年11月，在曼谷举行的第三次区域全面伙伴关系协定会议上，与会领导人宣布，RCEP15个成员国结束全部文本谈判及实质上所有市场准入谈判，并将致力于确保2020年签署协议。③

其次，三方正在进行紧锣密鼓的谈判，推进中日韩自贸协定谈判。2019年11月，中日韩自贸协定第十六轮谈判在韩国首尔举行。④ 2019年12月，李克强在出席第七届中日韩工商峰会时指出，中日韩"三方要共同努力提

---

① 《日本货物首次过境中国运至欧洲 "日中欧"国际运输路线开启》，中国一带一路网，https：//www.yidaiyilu.gov.cn/xwzx/gnxw/59016.htm。

② 郑伯坚、黄咏绸：《日本横滨货物首次"坐上"中欧班列运往德国》，中国新闻网，https：//www.yidaiyilu.gov.cn/xwzx/hwxw/85388.htm。

③ 林昊、汪瑾：《RCEP领导人会议发表联合声明宣布重大进展》，新华网，https：//www.yidaiyilu.gov.cn/xwzx/hwxw/108459.htm。RCEP已于2020年11月15日签署。

④ 《丝路新闻摘要》，中国一带一路网，https：//www.yidaiyilu.gov.cn/xwzx/gnxw/111138.htm。

升区域经济一体化水平。三方应推动中日韩自贸区谈判尽快取得实质性进展，坚定维护多边主义和自由贸易"。① 而在同月举行的中日韩经贸部长会议上，三方也再次重申，将积极推动2020年如期签署区域全面经济伙伴关系协定，并在此基础上共同加快推进以较RCEP更高水平的贸易自由化为目标的，全面讨论货物和服务市场开放、投资、原产地、通关、竞争、电子商务等问题的中日韩自贸协定谈判。②

（二）"一带一路"框架下中日经贸合作的挑战分析

1. 美国因素影响

美国与日本为同盟关系，是中日经贸合作中的重要影响因素。奥巴马政府就高调提出"重返亚太"，积极参与甚至主导跨太平洋伙伴关系（TPP）。特朗普上台后虽然美国退出了TPP，但并未放弃亚洲经济利益，旋即提出了具有自身特点的"印太战略"。通常认为，"印太战略"是美国对中国的全球性经济构想"一带一路"的战略性反应。美国希望通过与日本、澳大利亚以及印度等国的合作在海上发挥更大的地缘政治影响力。"印太战略"针对"一带一路"的对冲和制衡意图明显。③ 2018年7月，美日澳三国在印太商业论坛上决定建立一个三边基础设施投资工作小组，并由美国政府发展金融机构（OPIC）以谅解备忘录形式将这一合作制度化。④ 同样在这个论坛上，特朗普政府宣布拟在印太地区投资1.135亿美元培育包括基础设施建设在内的新项目，并计划扩大与日本在印太地

---

① 郑明达、张超群：《李克强出席第七届中日韩工商峰会》，新华网，https://www.yidaiyilu.gov.cn/xwzx/xgcdt/113632.htm。
② 《中日韩重申：将积极推动2020年如期签署RCEP》，第一财经，https://www.yicai.com/news/100443816.html。
③ 杨伯江、张晓磊：《日本参与"一带一路"合作：转变动因与前景分析》，《东北亚学刊》2018年第3期，第3~10页。
④ "US-Japan-Australia Announce Trilateral Partnership for Indo-Pacific Infrastructure Investment"，https://www.lowyinstitute.org/the-interpreter/the-new-us-japan-australia-infrastructure-fund。

区的能源合作。① 美国通过这些战略引导日本，干扰中日在"一带一路"框架下的经贸合作。

2. 印度及其"大周边"战略影响

印度是美国"印太战略"的重要一环，但同时也是一个强调"战略自主"的南亚大国。印度没有公开支持"一带一路"，也并不满足于仅仅追随美国的"印太战略"，而是提出了自己的"大周边"战略。"大周边"战略主要向印度周边四个方面延伸，即东北方向、西南方向、印度洋方向和南太平洋方向。其中，印度东北方向包括东亚和南亚，甚至一直辐射到日本、韩国所在的东北亚地区，是"大周边"战略拓展的重点区域。② 而从具体实施方式上看，印度的"大周边"战略积极建设其与邻国的交通线，促进与周边国家的"互联互通"，与"一带一路"有相似之处。长远来看，印度及其"大周边"战略可能与"一带一路"建设形成竞争，成为中日经贸合作的又一影响因素。

四 "一带一路"框架下中日经贸合作的对策建议

根据上文分析的"一带一路"框架下中日经贸合作的优势、劣势、机遇以及挑战，制作矩阵图（见图1）。为进一步推进中日经贸合作，应考虑充分利用优势，把握战略机遇期，同时正视存在的问题，积极应对各方面挑战。根据这一思路，可继续深化两国交流沟通，利用中日韩三方近期相对平稳的区域环境推进区域经济一体化工作，并在双方已经相对明确的第三方市场合作领域，展开扎实工作，强化经贸往来。同时，密切注意管控政治风险，注意选择合作开展的具体领域，消解日方潜在竞争心理，并减少域外大国及其他各方关切势力的干扰。

---

① "Donald J. Trump's Administration Is Advancing a Free and Open Indo-Pacific", https://www.whitehouse.gov/briefings-statements/president-donald-j-trumps-administration-advancing-free-open-indo-pacific/.
② 张根海：《印度"大周边"战略及其对"一带一路"倡议的影响》，《当代世界与社会主义》2019年第6期，第164~170页。

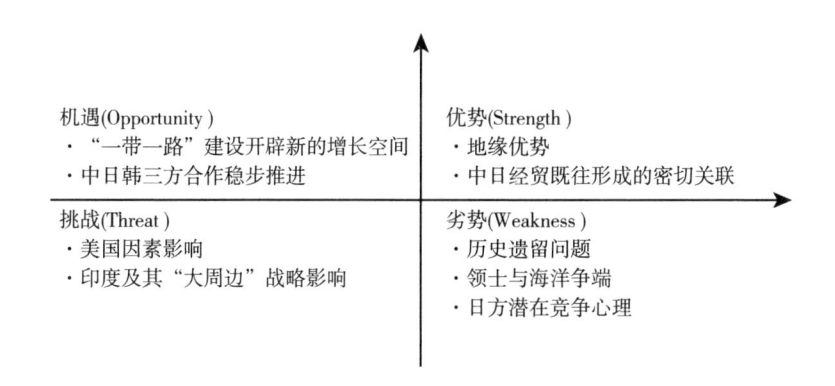

```
                               ↑
   机遇(Opportunity)              优势(Strength)
   ・"一带一路"建设开辟新的增长空间   ・地缘优势
   ・中日韩三方合作稳步推进           ・中日经贸既往形成的密切关联
                               ├─────────────────→
   挑战(Threat)                   劣势(Weakness)
   ・美国因素影响                   ・历史遗留问题
   ・印度及其"大周边"战略影响       ・领土与海洋争端
                                  ・日方潜在竞争心理
```

图1　"一带一路"框架下中日经贸合作的SWOT矩阵

（一）保持高层交流与对话，管控政治风险，增强政治互信

日本对"一带一路"的态度，历经数度变化。究其原因，一是"一带一路"建设的广阔前景和"共商共建共享"机制，二是过去两年多以来高层的往来频繁。中日双方高层保持互动与交往有助于建立政治互信，确保双方关系健康稳定发展，正确客观看待彼此重大利益，寻找到利益实现的可能途径。并且，高层往来密切本身也是一种友好的信号，有助于打消经济界和企业界的顾虑。同时，由于中日之间确实还存在历史遗留问题，领土与海洋争端也未能最终解决。此前双方高层在往来过程中也反复强调要恪守中日间的四个政治文件，把握正确方向，建设性管控分歧。而双方高层持续交往也将有利于巩固中日关系的政治基石，有效管控中日经贸合作中最重要的不确定因素，有助于两国在"一带一路"框架下的经贸合作继续向更深、更广发展。

（二）继续推进区域经济一体化，打造良好地区环境

基于中日韩三方在朝核问题和区域经济一体化问题上的一致诉求，努力打造良好的地区环境。一方面继续维护地区和平稳定，推进就朝核问题的各方对话，推动半岛问题政治解决；另一方面，按照计划推进全面伙伴关系协定（RCEP）在2020年的正式签署，并在此基础上扎实推进中日韩自贸协

定。这些努力都是希望令各方将关注点更多地集中在一致关切且有共同利益诉求的问题上，维护来之不易的、相对稳定的外部环境，助力中日经贸往来。

（三）充分发挥中日比较优势，开展第三方市场合作以弱化竞争心理

中日经济存在事实上的互补性，这是双方合作能够开展的一个重要基础，也是弱化日方潜在竞争心理的机会。同时，日方具有比中方更长的海外投资与援助历史，在海外项目的竞投以及精细化管理运营上也颇有经验。中日双方在各自的优势领域有所发挥，使第三方市场合作能够切实有效地展开，更能消解日方疑虑与竞争心态。事实上，在以"第三方市场合作"名称冠名前，中日双方在第三国展开合作早就已有成例。2012年，中国石油化工集团与日本丸红公司合作，开发了哈萨克斯坦的阿特劳炼油所第三期施工项目。项目实施过程中，日方主要发挥海外项目经验以及人脉优势，中方则负责设备及实际施工管理，双方合作取得了圆满成功。在积累经验后，2017年丸红公司再次与中国公司合作，与中国晶科能源控股有限公司共同建设阿联酋苏威汉太阳能光伏独立发电项目。[①] 在今后，如能继续发挥类似的中日比较优势，开展海外项目合作，中方可在此过程中完成项目，得到海外项目营运及管理经验，同时也有利于消除日方潜在竞争心理，避免双方在海外的恶性竞争。

（四）积极探讨在低敏感的新兴领域开展合作的可能

中日第三方市场合作除传统领域外，还可以考虑在一些低敏感的新兴领域开展合作，例如低碳环保领域。发展绿色低碳环保产业，既顺应各国各地区日益重视生态环境的大趋势，也符合中日两国自身的利益诉求。目前，部

---

① 董欣:《晶科能源中标全球最大光伏电站项目》，《中国能源报》2017年5月29日，第17版。

分中日合作项目或计划已经围绕相关领域提前布局，例如，中日对于泰国东部经济走廊（Eastern Economic Corridor，EEC）建设，就将围绕智慧城市、能源等领域开展合作。[1] 而在第一届中日第三方市场合作论坛的签约项目中也有部分项目涉及这些新兴领域，如中国光伏行业协会与日本丸红株式会社签订的《关于在第三方市场光伏发电领域的合作协议》。[2]

---

[1] 王竞超：《中日第三方市场合作：日本的考量与阻力》，《国际问题研究》2019年第3期，第90~91页。
[2] 《第一届中日第三方市场合作论坛在北京举行》，商务部网站，http://www.mofcom.gov.cn/article/ae/ai/201810/20181002800324.shtml。

俄罗斯中亚西亚篇

Russia, Central Asia and Western Asia

《中国与欧亚经济联盟经贸合作协定》对中国－欧亚经济联盟自贸区建设的影响

谭秀杰　张继荣[*]

摘　要：《中国与欧亚经济联盟经贸合作协定》的生效标志着"一带一盟"的对接合作由项目驱动转向制度引领。《协定》内容涵盖海关合作与便利化、贸易救济、电子商务、政府采购等13章，对于促进贸易便利化、加强合作交流有积极作用，机制条款给未来对接合作提供了制度保障和路径指引。《协定》遵守 WTO 原则和规则，契合对接合作的现阶段实际，对未来自贸区的构建有奠基作用。但其目前尚属较低层级的区域经济安排，所涉议题不够全面。未来中国与欧亚经济联盟自贸区的构建，还存在较多障碍，因此需要加强政策协调，以 WTO 规则为基准，开启服务贸易和投资方面的谈判，促进重要领域的逐步开

---

[*] 谭秀杰，博士，武汉大学国际问题研究院副教授，国家领土主权与海洋权益协同创新中心研究员；张继荣，武汉大学中国边界与海洋研究院博士研究生。

放；同时可借鉴中国与东盟自贸区的建设经验，并以"欧亚经济伙伴关系"建设契机促进自贸区构建。

关键词： 《中国与欧亚经济联盟经贸合作协定》 中国－欧亚经济联盟自贸区 "一带一路" 欧亚经济联盟

2018年5月17日，中国与欧亚经济联盟及其成员国签署了《中国与欧亚经济联盟经贸合作协定》（以下简称《协定》）。2019年10月25日，《协定》正式生效，这将推动丝绸之路经济带与欧亚经济联盟的对接合作进入新阶段。

一 《中国与欧亚经济联盟经贸合作协定》内容探析

《协定》作为中国与欧亚经济联盟首次达成的经贸合作协议，涵盖海关合作和便利化、电子商务、政府采购、部门合作等13章，是对接合作由项目驱动到制度引领的里程碑，将成为双方经贸合作进一步发展的制度性基础。

（一）重在贸易便利化，提高措施透明度

《协定》约定就海关合作和便利化、技术标准、透明度等方面加强合作，主要是基于中国与欧亚经济联盟在贸易便利化方面有很大的提升空间。同时，贸易便利化也是促进贸易的最直接手段，各方容易达成共识。

1. 海关合作与便利化

《协定》第六章规定了海关合作与便利化议题，内容涉及简化缔约方的海关业务、促进通关便利化；促进双方之间的贸易，包括加快货物的放行和清关；提高缔约方海关业务的透明度和可预测性；促进海关合作。具体而言，对于海关估价，《协定》要求各方按照WTO的有关规定，包括海关估

价协议，确定双方之间交易货物的海关价值。对于海关税则归类，《协定》要求，对于参与贸易的商品，各方应当根据1986年6月24日《商品名称及编码协调制度国际公约》附件所载最新版本的协调制度规定的商品命名法归类。《协定》规定各方应当采取或维持海关监管风险管理制度，各方应努力促进向海关提交运输货物和运输工具的初步信息，以加强风险评估、防范和处理。《协定》强调应注重信息技术的应用，并建议学习跟进世界海关组织相关最新进展，扩大对电子形式文件的应用，以提高效率。同时，《协定》强调"单一窗口"建设，认为各方应按照有关贸易便利化和海关技术现代化的国际标准和成功实践，发展和完善"单一窗口"系统。各方应从其体制、法律、技术等各个层面开展合作，促进"单一窗口"系统之间的"相互可操作性"，确保信息交换的及时性和准确性。为解决与海关相关的争端和保障当事方权益，《协定》规定了预裁定、磋商、审查和上诉等机制和处理办法。此外，《协定》还约定设置海关合作与便利化小组委员会，以解决有关问题，促进各方合作。

2. 技术性贸易壁垒、卫生及植物卫生措施

《协定》第四章规定了技术性贸易壁垒议题，约定《技术性贸易壁垒协定》（《TBT协定》）适用于缔约双方，将其"纳入"《协定》。各方高度重视透明度。《协定》强调各缔约方应确保及时公布已通过的技术法规和合格评定程序，或以其他方式使得另一方的利益相关人能够及时获知。同时，《协定》还要求各方以多种形式开展合作，并且同意交换有关标准与技术法规以及合格评定程序的信息，鼓励使用国际标准文书，努力将国家标准与国际标准进行协调。此外，当缔约方认为另一缔约方的相关技术法规或合格评定程序对其向另一缔约方出口产生了不必要的障碍时，可以要求进行技术磋商。

《协定》第五章规定了卫生与植物卫生措施议题，直接将《卫生与植物卫生措施协定》（《SPS协定》）"并入"了《协定》。同样，各方也高度重视透明度。《协定》要求各方及时交流有关其各自卫生和植物检疫措施的信息，每一缔约方应允许另一缔约方在至少60天内对拟议的卫生和植物检疫

措施提出意见,除非出现或可能出现紧急健康保护问题。各缔约方应考虑另一方的意见,并应根据要求努力回应这些意见。同时,各方同意以交换与卫生和植物卫生措施有关的信息、制定主管当局之间交流经验的培训方案等多种形式加强在该领域的合作。同样,如果缔约方认为另一缔约方的卫生或植物卫生措施对其向另一缔约方出口产生了变相限制,则可要求进行技术磋商。

3. 透明度问题

《协定》第二章专章规定透明度问题,具体包括措施的公布、措施的管理、措施的通知和信息提供。对于措施的公布,《协定》强调各缔约方以包括电子形式在内的方式,通过权威机构网站等渠道及时公布其有关法律和条例,以便公众及利害关系人获取。对于措施的管理,《协定》强调每一缔约方应以统一、公正和合理的方式管理与本协定的运作有关的所有一般适用的措施;每一缔约方应在切实可行的情况下尽快维持或建立司法、仲裁或行政法庭或程序,以便及时审查和纠正与海关事务有关的行政行为。对于措施的通知和信息提供,《协定》强调每一缔约方应努力通知另一方关于前一方认为可能对本协定的实施产生重大影响的任何措施的资料,并且规定了答复的期限以及作准语种。

4. 贸易救济问题

《协定》第三章规定了贸易救济议题,要求各方根据《1994年关税与贸易总协定》(GATT1994)第六条和第十九条及《反倾销协议》、《补贴与反补贴措施协议》和《保障措施协议》的规定,实施"两反一保"措施。《协定》要求各方应当加强法律法规的互换交流,而且如果这些规定发生变更,应在其变更生效后60日内通知各方。对于考虑启动"两反一保"措施的当事方,应在调查开始前15日内向另一方提交收到开始此类调查申请的书面通知。同时,各方应注意信息交换,促进对各方做法的了解,定期交流有关征收和"两反一保"国际实践和最新发展。《协定》规定缔约方可向另一方就贸易救济相关问题提供书面磋商请求,此类磋商不应阻碍各方发起"两反一保"调查,也不妨碍此类调查。对于与补贴相关的问题,缔约方应另一方的请求，需在合理的时间内提供根据《补贴与反补贴协议》第25.3条产生的补贴通知。如果一方不是 WTO 成员，也应提供补贴通知，其格式和内容应与《补贴与反补贴协议》第25.3条所要求的格式和内容相同。如果一方根据《补贴与反补贴协议》规定，有理由认为由另一方授予或维持的补贴，导致其国内产业遭受损害、利益的丧失或减损、严重侵害，该方可要求与另一方进行协商。应当注意到，《协定》主要关注贸易救济的透明度问题，并未详细规定启动及应对"两反一保"的应对规范。与中国已经签订的其他自贸协定相比，《协定》对该问题的规定不够细致。

《协定》就上述议题达成的共识，有利于促进通关便利化，便利各国贸易，降低交易成本，推动贸易和经济的增长，解决长期以来受烦琐的官僚程序和复杂的规章制度困扰的问题，为产业发展营造良好的环境。

（二）关注贸易新议题，开辟合作新领域

知识产权、电子商务、竞争等作为贸易领域的"升级版"议题，是经贸活动所涉权益的保护需求不断提升、经贸合作方式不断革新、经贸手段的合规性要求不断增长而衍生的新合作领域。各方注意到未来在这些领域的合作将不断面临新的挑战，需要及早达成应对策略。

《协定》第七章以较长篇幅规定了知识产权议题，要求作为《与贸易有关的知识产权协定》（TRIPS）缔约方的成员应遵循其义务，要求作为知识产权领域现有国际协议（《巴黎公约》《伯尔尼公约》等）的缔约方的成员遵守其相关承诺，并要求不属于 TRIPS 缔约方的当事方遵循 TRIPS 的原则。《协定》强调缔约方应根据 TRIPS 给予国民待遇及最惠国待遇。《协定》要求各方按照各自的法律法规、所加入的相关国际协定、TRIPS 相关内容，加强对版权及相关权利、商标、地理标志、专利、工业设计、集成电路的布局设计、植物新品种等的法律保护。同时，《协定》还强调知识产权执法的规范性以及加强知识产权执法实践。

《协定》第八章规定了竞争议题，强调各方应根据各自的法律和法规采取必要措施，防止和禁止影响双方贸易和投资的反竞争行为。《协定》规

定，各方应在有关主管部门的官方网站上公布竞争法律法规，包括竞争执法活动的程序规则和有关主管部门最终决定的信息。每一缔约方应确保发现违反竞争法律和法规的所有最终决定均以书面形式提出，并载有做出决定的事实和法律依据。同时，《协定》规定了三种反竞争行为：试图造成或者实际具有排除、限制、扭曲竞争效果的企业协议或协同行为；滥用支配地位；不公平竞争。《协定》强调各方应通过信息交换、磋商、竞争执法合作、技术合作等方式，在合于各自法律法规、利益的范围内开展合作。《协定》强调本章有关规定不应干预各方竞争执法的独立性。

电子商务作为现代化的经贸手段对促进贸易发展有积极的作用，《协定》第十一章专门规定了电子商务议题。《协定》规定各方应致力于相互承认电子认证方法，应努力确保与外贸交易相关的文件可以电子签名的电子文件形式提交给缔约方主管当局。同时，《协定》强调对电子商务消费者的保护，应在各自政策和法律法规框架下，采取或维持措施阻止侵害或可能侵害消费者权益的欺诈商业活动。各方还约定成立一个由消费者保护领域主管当局代表组成的联络小组，就电子商务消费者保护问题交流信息。《协定》还强调各方应根据其法律法规采取措施全面保护个人信息。同时，《协定》各方应努力就法律法规、执法以及缔约方主管当局之间的协作交流信息和经验，鼓励开发和使用促进电子商务的技术，并考虑设立电子商务合作小组委员会加强该领域的合作。当然，《协定》还强调各方应在各自的网站上公布有关电子商务的法律、法规和条例以提高透明度。

《协定》第九章专章规定政府采购议题，要求提高透明度，对各自政府采购法律法规及与之相关的政府采购信息、普遍适用的行政裁决等通过互联网等渠道进行公布，并加强电子采购合作及采购经验分享。同时，还约定设立关于政府采购的联系点。综观中国已签署的自贸协定，尚无将政府采购专章单列的先例，可见《协定》对政府采购问题的重视。但本章只有三个条文，就目标、透明度及联系点等进行了原则性的概括说明，内容上又略显单薄。原因在于政府采购问题较为敏感，且中国和部分欧亚经济联盟国家虽然已经递交了加入申请，但目前都尚未正式加入 WTO《政府采购协定》，因此目前尚无可能对该议题进行较为细致的规定。

《协定》关注知识产权、电子商务、竞争、政府采购等新议题，充分体现了各方对未来经贸合作形势的研判。《协定》的规定有助于保护知识产权，应对反竞争行为，促进电子商务这一新贸易形式的发展。同时，对政府采购的规定也体现出各方对这一问题的重视，对于未来政府采购领域的合作意义重大。

（三）加强合作与交流，提供制度性保障

对于"一带一盟"对接的优先领域，存在诸多探索，但始终缺乏明确的引导，导致相关贸易投资行为具有一定的盲目性。对接合作的长期稳定机制也未形成，使对接合作的开展呈现一定的无序化，影响了对接合作的效率和质量。《协定》约定未来对接合作的主要领域和机制化安排，是为解决对接合作中的共同的迫切需要形成的共识。

对于部门合作，《协定》第十章全章以四个条文进行规定。缔约方约定了合作目标和原则，并同意在农业、能源、运输、工业、信息通信基础设施、技术与创新、金融与环境方面开展合作。合作形式包括信息交流和磋商、联合论坛、交流经济改革和结构调整等行业经验、促进缔约方企业之间对话与沟通、开展专家培训经验分享等。同时《协定》还考虑在联合委员会下设小组委员会和特别工作组，促进部门合作。

《协定》第十二章关于机制安排的规定，提出构建"联合委员会"工作机制。委员会由双方选派代表担任联席主席——欧亚经济联盟方面的代表是欧亚经济委员会执委会成员，中国方面的代表是中国的部长级官员（或由中国政府任命的其他官员）。联合委员会可就与实施《协定》有关的任何问题寻求专家建议，就相关事宜寻求解决方法并采取适当行动。同时，联合委员会还可下设分委员会（或称小组委员会）或特别工作组，处理具体问题。值得注意的是，《协定》唯一的附件专门规定了联合委员会的议事规则和联系点的指定，从而解决了长期以来各界对于对接合作主体和方向的困惑。此前对接合作的方式包括三种：中国与欧亚经济联盟成员国之间的双边对接、

中国商务部与欧亚经济委员会的对接、以上海合作组织为平台的对接。然而这三种形式都有各自的短板和缺陷，因此《协定》约定以"联合委员会"机制开展合作，为未来"直接"对接合作提供了路径指引和导向。

"一带一盟"对接合作的长远发展有赖于良好的制度安排。《协定》关于部门合作的规定指明了未来对接合作的主要领域和对话方式。对接合作"联合委员会"的设定，具体规定了未来"直接"对接合作的对话途径和机制安排，必将有力促进未来对接合作更加有序、高效地开展。

二 《协定》的阶段性特征是自贸区建设的基础

《协定》的签署是"一带一盟"对接合作的"早期收获"成果，具有明显的阶段性特征。整体来看，《协定》内容的水平和层次较低，缺少关税减免等重要议题。但《协定》已涵盖货物贸易方面的诸多有效议题，可作为未来自贸协定的基础，因此仍然具有十分重要的意义。

（一）遵守WTO原则和规则

各方宣称遵守在《马拉喀什建立世界贸易组织协定》（《WTO协定》）下的权利和义务，以及欧亚经济联盟成员国与中国已有的双边协议。《协定》特别规定，如其相关规则与《WTO协定》的规则有分歧，《WTO协定》的规则优先适用。《协定》第一章第六条规定，GATT 1994第一条及其解释性说明以及《WTO协定》下适用的、对GATT 1994第一条所列给予待遇之义务的任何例外、免除和豁免，均被纳入，成为《协定》的一部分。第七条规定，GATT 1994第三条及其解释性说明以及《WTO协定》下适用的、对GATT 1994第三条所列给予待遇之义务的任何例外、免除和豁免，均被纳入，成为《协定》的一部分。《协定》第三章规定，缔约双方应按照GATT 1994第六条和第十九条、《反倾销协定》、《补贴与反补贴措施协定》和《保障措施协定》的各自规定采取反倾销、反补贴和保障措施。《协定》第四章、第五章则分别规定了将《卫生与植物卫生措施协定》、《技术性贸易壁垒协定》的内容纳入《协定》。《协定》第六章关于知识产权的规定，约定遵守《与贸易有关的知识产权协定》。

由于中国和欧亚经济联盟的大部分国家都是 WTO 成员，而且作为非成员的白俄罗斯也在积极寻求加入 WTO，遵守 WTO 现有规则以及其对区域贸易协定的专门规范是理所应当的。欧亚经济联盟成员国中，俄罗斯和哈萨克斯坦都是新近加入 WTO 的，两国的入世承诺都尚未完全履行，因此遵守 WTO 原则和规则是最低标准的要求。① 同时也应注意到，WTO 成员必须确保其参加的区域贸易协定符合 WTO 有关例外的条件，否则都会面临违反 WTO 义务的风险。

（二）属于层级较低的区域经贸合作安排，与自贸协定尚有一定差距

毫无疑问，《协定》是关于中国和欧亚经济联盟的区域经贸合作安排。但由于其缺乏关税减让（及与之密切相关的原产地规则）、服务、投资等议题，从性质上不能认定其为自贸协定。

1. 未涉及一般自贸协定含有的关税减让、服务贸易、投资等议题

如我们所知，自贸协定一般都会以附件形式专门列出关税减让表，承诺立即或在一定时期内对全部或部分商品实行关税减让。而《协定》本质上是非优惠贸易安排，只涉及非关税条款的自由化，而未涉及取消关税或降低关税问题。同时，与关税减免和贸易救济等密切相关的原产地规则也未在《协定》中体现。

服务贸易、投资等虽然不是 WTO 的"传统议题"，但是业已成为自贸协定的"标配"。与中国此前签订的 14 个自由贸易协定相比，《协定》并未包含服务贸易、投资议题。且中国 - 澳大利亚、中国 - 新加坡、中国 - 韩国、中国 - 新西兰等自贸协定中包含的"自然人移动"议题也未在《协定》

---

① 2012 年 8 月，俄罗斯正式成为世界贸易组织（WTO）第 156 个成员；2015 年 11 月，哈萨克斯坦正式成为 WTO 第 162 个成员。

《中国与欧亚经济联盟经贸合作协定》对中国-欧亚经济联盟自贸区建设的影响

中体现。①

因此可以说,《协定》实际上是属于层级较低的区域经济安排,与一般意义上的自贸协定还有较大的差距。

2. 属于建立自贸区的"基础性协定"

根据 GATT 1994 第 24 条以及《关于解释 1994 年关税与贸易总协定第 24 条的谅解》之规定,WTO 不得阻止缔约各国在其领土之间建立关税联盟或自由贸易区,或为建立关税联盟或自由贸易区的需要采用某种临时协定,同时也规定了该两种区域贸易协定必须遵循的特定条件。② 这是由于区域贸易协定一般包含违背普遍最惠国义务的歧视,这可能会与 WTO 规则不一致,然而 WTO 协定容忍区域贸易协定在符合一定的条件下对 WTO 规则有所减损。

前已述及,《协定》并未达到自贸协定的标准,但其已经包含一般自贸协定的大多数议题,为自贸协定的达成奠定了一定基础,因此我们可以将其定性为建立自贸区的"基础性协定"。

(三)符合对接合作的现阶段实际,为未来商谈更高水平自贸安排奠基

《协定》并非全面的、高水平的自贸安排,这是因为对接合作是个复杂的系统工程,不可能一蹴而就,短时间内各方也无法就对接合作中遇到的所有问题都达成共识,因此《协定》符合对接合作现阶段实际情况。但是《协定》已经涵盖了一个自贸协定的大多数议题,对降低非关税壁垒、促进贸易便利化、解决对接合作中遇到的相关问题有积极的作用。而且《协定》作为对接合作的制度引领,其"联合委员会"的机制化安排更是为对接合作提供了路径指引和制度保障。

《协定》文本堪为今后中国-欧亚经济联盟自由贸易协定的蓝本,现有

---

① 鉴于自然人移动实际上属于服务贸易范畴,因此本文将其直接归入服务贸易展开论述。
② 此处指 GATT 1994。

条款大多可在未来的自由贸易协定中直接适用,中国和欧亚经济联盟有望在《协定》基础上达成自贸协定。我们认为,随着对接合作的进一步展开,目前《协定》尚未涉及的议题也会逐步纳入,最终有望达成一个"全面、高水平"的自由贸易安排。欧亚经济委员会执委会主席萨尔基相表示,谈判人员面临的任务是3年内商定达成自贸区全面协议。[①] 同时中国始终致力于推动自贸区构建,因而中国-欧亚经济联盟达成全面自贸协定前景光明。

三 中国与欧亚经济联盟自贸区建设的难点

如前所述,《协定》虽符合现阶段对接合作的实际,而且是未来自贸协定的商谈基础,但是其仍属于较低层级的区域经济安排,与自贸协定尚有一定差距。这既有欧亚经济联盟自身市场化水平较低等客观原因,也有联盟各国担心受到中国冲击的主观原因,这也成为中国-欧亚经济联盟自贸区建设的难点。

(一)客观上,欧亚经济联盟国家本身存在一些固有弱点

1. 联盟国家无法完全遵循WTO规则和标准

由于俄罗斯和哈萨克斯坦均是新近加入WTO的国家,其某些国内立法与WTO原则和标准尚有一定差距。而且白罗斯目前尚未加入WTO,更难论及执行WTO规则及标准。而自贸协定需受到WTO规则的规制,因此自贸区建设还面临一些困难。

欧亚经济联盟应对外执行统一海关税率,但由于哈萨克斯坦受入世影响,其部分关税税率实际上低于联盟统一关税,俄罗斯目前也在履行加入WTO降税承诺,加之联盟内部在关税方面问题很多,联盟目前无法实质上

[①]《欧亚经济联盟与中国在阿斯塔纳签署经贸合作协议》,俄罗斯卫星通讯社,http://sputniknews.cn/politics/201805171025420339/。

对外执行统一关税,[①] 因此可能较难协调对外关税减免。而原产地规则不但与关税减免等优惠待遇有关,而且与反倾销等贸易救济措施有关。如我们所知,欧亚经济联盟国家多次对原产于中国的商品实施反倾销调查,[②] 所以各方未就原产地规则议题达成共识,也在情理之中。

2. 联盟国家自身市场化水平较低

欧亚经济联盟国家的贸易投资相关法律不够健全、效力有限,同时市场意识欠缺。俄罗斯方面,其虽有贸易投资相关法律,但利用程度不高。同时由于契约精神和市场意识淡薄,经常出现阻挠、违反协议的情况,合作协议大量作废或搁置。白罗斯政策变动频繁,有法不依情况较为严重。哈萨克斯坦则不太重视投资合作,国内企业的合作能力和诚信度也有待提高。这客观上也成为未来自贸协定签署及自贸区建设的难点。

(二)主观上,欧亚经济联盟国家担心受到政治挤压和经济冲击

1. 政治上,欧亚经济联盟担心受到控制和挤压

作为欧亚经济联盟主导国的俄罗斯,目前与中国存在良性互动关系,但俄罗斯对中国在中亚影响力的不断扩大一贯存在担忧并保持相当程度的警惕。俄罗斯担心丝绸之路经济带与欧亚经济联盟的对接合作,可能会导致联盟建设受到中国的较大影响,从而对俄罗斯在联盟的权威形成一定的挑战,使得俄罗斯无法对其中亚"后院"保持足够的影响力。[③] 俄罗斯多次提出建立"大欧亚伙伴关系"等倡议,以及新近与中国就达成《欧亚经济伙伴关系协定》所做的诸多努力,都侧面反映了俄罗斯旨在主导丝绸之路经济带与欧亚经济联盟的对接。而欧亚经济联盟其他国家,则对俄罗斯"复兴"原苏联地区、加强对联盟国家的控制并不欢迎。欧亚经济联盟其他国家担

---

① 参见李自国《欧亚经济联盟:绩效、问题、前景》,《欧亚经济》2016年第2期,第8~9页。
② 张宁:《欧亚经济联盟贸易救济措施对"一带一路"的影响》,《北京工业大学学报》(社会科学版)2016年第5期,第60页。
③ 参见谢晓光、生官声《丝绸之路经济带与欧亚经济联盟对接面临的挑战及应对》,《辽宁大学学报》(哲学社会科学版)2016年第6期,第163页。

心一旦最终建立政治联盟，其国家主权将会受到影响。[①] 在欧亚经济联盟发展过程中，其成员对俄罗斯保持警惕，对欧亚经济联盟能给自身带来多大经济利益也有疑虑。[②] 就对接合作而言，虽然这些国家也同样表达了合作意愿和态度，并与中国开展了一些合作，但始终无法对对接合作给予充分的信任。

2. 经济上，联盟国家担心与中国深度合作将形成对国内市场的冲击

中国与欧亚经济联盟在经济规模和发展水平方面差异过大，容易使得联盟方面有所顾虑，从而缺乏主动性。联盟国家希望通过扩大与中国的合作带动本国经济发展，但同时又担忧合作发展过快引发中国"人口扩张"和"经济扩张"，冲击与阻碍本国产业的发展，形成对中国经济的依赖。俄罗斯虽然同意欧亚经济联盟建设与丝绸之路经济带建设对接，但对中国建立自由贸易区的提议仍然缺乏热情。[③] 另外，欧亚经济联盟国家的利益在与中国合作方面各不相同，这些利益也需要协调。

四 中国－欧亚经济联盟自贸区建设的路径探讨及对策建议

如前所述，《协定》为中国－欧亚经济联盟自贸区建设奠定了一定的基础，但是构建"全面、高水平"自贸区，还存在诸多需要克服的障碍和难点。为此，需要借鉴有关的自贸区建设经验，同时探索以"欧亚经济伙伴关系"促进自贸区构建，还要注意创造良好的合作环境，进一步夯实经贸合作基础。

---

① 李自国：《欧亚经济联盟：绩效、问题、前景》，《欧亚经济》2016年第2期，第7页。
② 陆南泉：《丝绸之路经济带与欧亚经济联盟关系问题》，《西伯利亚研究》2015年第5期，第8页。
③ 参见张国凤《中国与欧亚经济联盟自由贸易区构建的基础、问题与对策》，《中国高校社会科学》2016年第4期，第102~103页。

《中国与欧亚经济联盟经贸合作协定》对中国-欧亚经济联盟自贸区建设的影响

(一)自贸区建设的路径探讨

1. 借鉴中国-东盟自贸区经验

中国-欧亚经济联盟自贸区建设还可以借鉴中国-东盟自贸区建设经验,即先建立贸易优惠安排或较低水平的自贸区,条件成熟后再升级为高水平自贸区。2002年,《中国与东盟全面经济合作框架协议》确定了中国-东盟自贸区建设的时间安排、范围、宗旨和目标等,并在此框架下实施了"早期收获"计划。2004年年底,《货物贸易协议》和《争端解决机制协议》签署,标志着自贸区建设进入实质性执行阶段。2007年1月,各方签署了《服务贸易协议》。2009年8月15日,《中国-东盟自由贸易区投资协议》签署,标志着主要谈判结束。2010年1月1日,中国-东盟自由贸易区正式建立。[①]

欧亚经济联盟作为成员国情况较为复杂的区域性国际组织,在与中国构建自贸区议题上,与东盟存在诸多相似问题,由此中国-东盟自贸区的构建经验可资借鉴。中国与欧亚经济联盟可以先达成"全面"经济合作框架协议,在《协定》所涉议题基础上增加货物贸易自由化以及服务贸易和投资相关议题,再逐步充分实施具体的协议内容。

具体而言,可先就货物贸易制订"早期收获"计划,对特定范围的产品进行关税削减和取消计划,同时制订所涉产品的临时原产地规则。在"早期收获"计划的基础上,寻求达成正式关税减让表和原产地规则。在此过程中,要给予正在履行加入TWO降税承诺的俄罗斯和哈萨克斯坦两国以关税减让方面的特殊关注和安排。同时也应注意对正常产品和敏感产品在优惠税率方面的区分。对于投资而言,考虑到联盟对投资合作谈判权限的分配,达成一个综合性的投资协定或者在自贸协定中设定投资章节的难度较大。中国已经与联盟所有成员国签署了双边投资协定,但有些双边投资协定

---

① 《中国-东盟自贸区建设进程回顾》,中国自由贸易区服务网,http://fta.mofcom.gov.cn/article/ftazixun/201408/17756_1.html。

的签署时间相对较早，如中国与吉尔吉斯斯坦的双边投资协定签署于1992年，最近的与俄罗斯的双边投资协定是在2006年签署的。这些双边投资协定已经不能完全适合当前投资保护需要，因此可与联盟国家逐步进行重新谈判，对现有投资协定做相关更新或修订。① 对于服务贸易，各方可在WTO《服务贸易总协定》基础上，逐步取消各缔约方间存在的实质上的所有歧视，和（或）禁止针对服务贸易采取新的或增加歧视性措施。中国与联盟成员国可按照各自服务部门发展实际，确定本国做出市场准入的部门，形成具体承诺减让表。如有必要，可分批次达成具体承诺表。对于投资而言，中国与联盟成员国可在WTO规则和目前已经签署的双边投资协议基础上寻求达成综合性的投资协议。

2. 以"欧亚经济伙伴关系"促进自贸区构建

俄罗斯一直以来十分重视"欧亚经济伙伴关系"建设，普京多次提出建设"大欧亚伙伴关系"等类似构想。2018年6月8日，中国与俄罗斯签署了《中华人民共和国商务部与俄罗斯联邦经济发展部关于完成欧亚经济伙伴关系协定联合可行性研究的联合声明》。作为欧亚经济联盟主导国的俄罗斯，一直以来对"大欧亚伙伴关系"的兴趣大于中国-欧亚经济联盟自贸区的构建，但这并不必然对自贸区的构建形成阻碍。

如前所述，作为未来自贸协定雏形的《协定》，并未涉及服务贸易、投资、自然人移动等议题，但上述《可行性研究的联合声明》中涉及了这类议题。② "欧亚经济伙伴关系"的范围包含了丝绸之路经济带和欧亚经济联盟，因此欧亚经济伙伴关系的良性发展对促进对接合作和中国-欧亚经济联盟自贸区的建设无疑有正面推动作用。中俄之间有关此类议题的谈判成果有望转化为未来自贸协定的内容，自贸区内涵也能因此而更加完善。因此，可借助俄罗斯推广欧亚经济伙伴关系的契机，做好成果转化，促进中国-欧亚

---

① 张继荣：《欧亚经济联盟对外自由贸易区建设的实践与启示》，《中国流通经济》2019年第11期，第93页。
② 参见张子特《"欧亚经济伙伴关系协定联合可行性研究"的探讨与思考》，《俄罗斯学刊》2019年第1期，第66~67页。

经济联盟自贸区建设。为此，中国在与俄罗斯就"欧亚经济伙伴关系"的谈判过程中，应当以自贸区构建需求为导向，给予服务贸易、投资等议题更多关注，先行促进中俄之间服务部门的逐步开放，引导促进投资议题，力争达成这些领域更多的共识。同时，也应注意吸收欧亚经济联盟其他国家参与"欧亚经济伙伴关系"，使"欧亚经济伙伴关系"与中国－欧亚经济联盟建设相互促进。

（二）政策建议

1. 加强政策协调，发挥"联合委员会"作用，构建良好的合作环境

应继续加强高层政治互动，在巩固和加强双边合作基础上，充分利用上海合作组织、集体安全条约组织等多边平台以及东方经济论坛等多边经贸机制，促进对话协调，不断增进互信，缓解联盟国家对"中国威胁"的担忧，为对接合作和未来自贸区建设创造良好的政治环境和氛围。

应切实发挥"联合委员会"作用，推动《协定》的落实，并为自贸区建设探路。各方应在《协定》生效后，及时委任联合主席及各方在联合委员会的代表，按照《协定》要求召开例会和临时会议，早期可着重商讨对接合作及自贸区建设工作，注重加强服务贸易和投资合作方面的探讨。同时要发挥好现有或将有的海关合作和贸易便利化分委员会、部门合作分委员会等的作用，同时探索成立更多针对性的分委员会或工作小组，推进如政府采购等具体领域的工作。

如前所述，关税协调存在一定的困难，短期内中国与欧亚经济联盟的贸易自由化较难有大幅度进步，需要较长期的沟通和谈判。因此目前可在促进贸易便利化方面多下功夫，在《协定》基础上不断推进，加强海关"单一窗口"建设等贸易便利化措施。同时应以WTO《贸易便利化协定》为指导，提升中国与欧亚经济联盟贸易便利化程度。

2. 夯实双方贸易投资合作的基础

贸易合作方面，对于欧亚经济联盟国家来讲，其不应仅依靠能源资源出口，而应发展其他产业，加快经济多元化，促进与中国的边贸互市转型升

级，利用地缘优势发展跨境电子商务等新型贸易方式。对中国来说，应在积极推动国内产业升级的同时，与联盟国家开展产能合作，提升双方的经济联系和合作水平。同时，应与联盟国家进行有关高新技术合作，共同促进各自国内产业的优化升级。要注重促进各方在电子商务与数字经济、信息和通信基础设施、农业、运输、金融等领域的合作，有针对性、有意识地加强货物贸易的进一步合作以及服务贸易的分行业逐步开放。

投资合作方面，对于欧亚经济联盟国家来讲，应完善投资相关法律，改善投资环境，引导企业严格守法，增强诚信意识。同时，联盟国家应该逐步减少投资限制和差别待遇。当然，中国也应依据《中华人民共和国外商投资法》及《中华人民共和国外商投资法实施条例》保障联盟国家政府和企业在中国投资的正当利益，还应与加入WTO的欧亚经济联盟成员国进行良好互动，形成对其他国家的示范效应，共同营造良好的投资环境。

"丝绸之路经济带"与欧亚经济联盟对接：进展、挑战和建议

谭秀杰[*]

摘　要： 欧亚经济联盟积极推动内部建设和外部合作，呈现出稳中有进的发展趋势。在双方共同努力下，"一带一盟"对接合作取得积极进展，重要进展包括：签署《中国与欧亚经济联盟经贸合作协定》，推进基础设施、跨国运输、数字经济等重点领域合作，协商大欧亚伙伴关系构想。"一带一盟"对接合作也面临诸多挑战。一方面，欧亚经济联盟自身经济发展现状制约对外合作水平，而内部整合效果也影响对外开放程度。另一方面，中国也面临多边与双边的考量，以及协调大欧亚伙伴关系与"一带一路"的挑战。为此建议：充分落实《中国与欧亚经济联盟经贸合作协定》，利用联合委员会推动对接合作；结合欧亚经济联盟内部建设的重点，加强数字经济、能源、金融、运输等重点领域对接合作；基于"一带一路"引导欧亚经济伙伴关系建设。

关键词： "丝绸之路经济带"　欧亚经济联盟　对接合作

欧亚经济联盟于2015年1月1日正式启动，正式成员包括俄罗斯、哈

---

[*] 谭秀杰，博士，武汉大学国际问题研究院副教授，国家领土主权与海洋权益协同创新中心研究员。

萨克斯坦、白俄罗斯、吉尔吉斯斯坦、亚美尼亚。欧亚经济联盟内部建设也稳中有进，正推动商品、服务、资本、劳动力的自由流动，以及宏观经济政策的协调。中国需密切关注欧亚经济联盟的进展，探索"一带一路"与欧亚经济联盟的利益共同点，切实推动"一带一盟"的对接合作。

一 欧亚经济联盟的发展现状

欧亚经济联盟计划分阶段建设共同市场，从商品市场逐步扩展到药品、电力和能源市场。按照预定时间表，2016年建成统一药品和医疗器械市场；2019年建成统一电力市场；2025年建成统一能源市场，以及欧亚经济联盟金融市场调节机构。2018~2019年，虽然共同市场建设大多落后于时间表，但欧亚经济联盟在内部建设和外部合作上都取得了一定进展，呈现出稳中有进的发展趋势。

（一）提高贸易自由化和便利化水平

1. 《欧亚经济联盟海关法典》正式生效

2018年1月1日，《欧亚经济联盟海关法典》正式生效，取代了2009年制定的《关税同盟海关法典》。新法典共有9编61章465条，对海关职能、海关制度、海关税费、海关监管、海关作业等进行了详细规定。新法典不仅吸收了欧亚经济联盟成员国当地已有的执法实践，还吸收了国际上海关管理的新方式。除内容更多、规定更为详细外，新法典的主要变化包括：（1）电子报关具有优先权；（2）取消提交报关单填制所依据的各类单证；（3）利用海关信息系统自动进行报关登记和放行货物；（4）实施"单一窗口"制度；（5）大幅减少货物放行的时间；（6）扩大经授权的经营者权限；（7）委员会可以规定网购商品免税进口限额；（8）可延迟缴纳海关税费；（9）可延迟确定海关价值。① 整体而言，新法典着重考虑信息技术在海关的

---

① 《〈欧亚经济联盟海关法典〉的主要变化》，商务部网站，http://kz.mofcom.gov.cn/article/scdy/201802/20180202715695.shtml。

运用，力图推动海关数字化以及流程简化，预计海关手续办理时间将缩短一半，货物通关时间将缩减至原来的1/6。

2.统一商品市场和联盟内部技术标准

2018～2019年，欧亚经济联盟在农作物种子、贵金属和宝石、烟草制品等商品统一市场建设方面取得积极进展。2019年3月，《农作物种子流通协议》正式生效，这将确保联盟内部在任一成员国已获认证的种子能够在联盟其他国家自由流通。2019年10月，欧亚经济联盟成员国签署了《关于在欧亚经济联盟区域内开展贵金属和宝石交易的协定》，有助于实现珠宝产品检验互认，消除联盟内部壁垒。2019年12月，欧亚经济联盟签署《关于对烟草制品实施消费税原则的协定》，旨在统一联盟各成员国烟草制品消费税税率，为联盟烟草制品市场运行创造条件。

欧亚经济联盟还致力于在食品、烟草、卫生、化学、农业、日用品、知识产权等方面拟订"欧亚经济联盟产品"的统一标准（见表1），这些标准有利于在实践中落实"欧亚经济联盟产品"的概念。其中，最重要的进展是《欧亚经济联盟商品标签协定》，该协定于2018年2月2日签署，并自2019年3月29日起正式生效，目的是在整个联盟境内实现对相关商品进行统一的机读和可读标签管理。

表1 欧亚经济联盟近年通过的主要技术标准

技术标准	领域
关于饮用水安全包装问题的技术条例	食品
关于烟草危险警告标识及其在烟草产品包装上应用参数的决定	烟草
制定、批准、修正和适用共同卫生流行病学和卫生要求和程序的程序	医疗卫生
矿物肥料安全和鱼类及其产品安全的过渡条款	农业
化学产品安全的技术条例	化学
香水和化妆品安全技术规定	日用品
关于货物商标、服务标志和原产地名称的协议	商标
关于著作权和相关权利集体管理程序的协议	知识产权

数据来源：根据欧亚经济联盟委员会网站（www.eurasiancommission.org）资料整理得到。

（二）推动统一药品、能源及金融市场

1. 统一药品和医疗器械市场建设

欧亚经济联盟原计划2016年建成药品和医疗器械统一市场，现已推迟到2025年。虽然建设进程有所延迟，但也取得了阶段性成果。2018年已建立共同药品市场运行的法律和信息基础，成功完成了药品注册信息系统的综合测试，联盟成员国主管部门已经检测并确认了实行药品单一电子注册的可行性。此外，在药物流通领域，已经形成了由35项法规组成的联盟法规体系。2019年1月，联盟通过了药品名称统一授予规定。下一步，将在联盟内部对药品粘贴统一电子监管标签。①

2. 统一电力市场建设

2019年，欧亚经济联盟并未如期建成统一电力市场，推迟至不晚于2025年1月1日正式启动。但是，2019年5月，欧亚经济联盟成员国首脑共同签署《统一电力市场条约》，包括《欧亚经济联盟统一电力市场议定书》。该议定书规定了联盟统一电力市场建立、运营和发展的法律基础，电力监管领域国家和超国家机构的职责、电力行业自然垄断实体的服务准入及业务调控监督规定。欧亚经济联盟政府间理事会将负责制定统一电力市场运行规则，包括电力交易准则和电力跨国传输服务准入规则。② 按照设想，统一电力市场建成后，企业可自由选择电力供应商，并形成透明的电力价格体系。

3. 统一天然气市场建设

欧亚经济联盟正努力推动能源领域的统一市场建设，并率先在天然气市场取得突破。2018年12月，欧亚经济委员会最高理事会会议通过《关于建立欧亚经济联盟统一天然气市场规划》，列出了在解决市场竞争、吸引投

---

① 《欧亚经济联盟在药品和医疗器械单一市场建设方面取得阶段性成果》，商务部网站，http://www.mofcom.gov.cn/article/i/jyjl/e/201902/20190202835631.shtml。
② 《欧亚经济联盟将建立统一电力市场》，商务部网站，http://www.mofcom.gov.cn/article/i/jyjl/e/201905/20190502868729.shtml。

资、天然气运输和费率制定等方面应完成的任务，将为联盟统一天然气市场的形成提供必要的制度、组织、基础设施、技术和法律基础。该规划主要目的包括：保证成员国参与联盟内部统一天然气市场的主体地位；为各成员国创造必要条件，保证统一市场于2025年1月1日前建成生效等。[①] 就目前进展而言，统一天然气市场仍面临诸多尚待协调的问题，最敏感的就是如何确定天然气过境运输价格。

4.统一金融市场建设

欧亚经济联盟积极推动金融市场监管立法，并确定了统一金融市场的发展纲要。2018年9月，欧亚经济联盟成员国签署了《关于统一各国金融市场监管法律的协议》，依据国际准则确定了联盟各成员国在银行、保险和有价证券市场方面立法协调的方向和程序。[②] 2019年10月，最高欧亚经济理事会批准通过《欧亚经济联盟统一金融市场纲要》，明确了联盟统一金融市场的目标、原则、阶段、准则和主要方向，为联盟成员国金融市场主体提供便利和非歧视的相互准入条件。统一金融市场的主要目标是提高联盟及各成员国金融服务质量和水平，提高金融效率，发展市场竞争。[③]

（三）大力推动数字经济发展

欧亚经济联盟希望抓住全球数字化转型的机遇，成为全球数字化领先者，先后通过了《欧亚经济联盟数字议程宣言》《欧亚经济联盟2025年前数字经济议程的主要方向》等文件。主要方向包括6项倡议：产品、货物、服务和数字资产的数字追溯，数字商业，数字运输走廊，数字工业合作，数据周转协议和监管制度"沙盘"。此外，欧亚经济联盟还确定了发展数字技术的四个优先领域：一体化进程的数字化升级、数字市场、数字基础设施和

---

① 《欧亚经济联盟批准关于建立统一天然气市场的规划》，商务部网站，http://kz.mofcom.gov.cn/article/jmxw/201812/20181202816843.shtml。
② 《欧亚经济联盟签署统一金融市场监管立法协议》，商务部网站，http://www.mofcom.gov.cn/article/i/jyjl/e/201809/20180902788499.shtml。
③ 《欧亚经济联盟通过〈统一金融市场纲要〉》，商务部网站，http://kz.mofcom.gov.cn/article/jmxw/201910/20191002903256.shtml。

发展数字经济的机构。2019年2月，欧亚经济联盟政府间理事会批准了数字议程下的项目实施机制，确定了项目实施的临时程序。

为推动欧亚经济联盟工业数字化转型，欧亚经济联盟积极发展统一数字工业空间。欧亚经济联盟开始建立欧亚工业协作和分包网络系统，将开发产业分析、补贴监测、数字支持等子系统，从而构成欧亚经济联盟工业数字化系统的一部分。目前，欧亚经济联盟正在制订《欧亚经济联盟成员国工业数字化转型和建立统一数字工业空间规划纲要》。[①]

（四）商签自由贸易协定

欧亚经济联盟积极推动与第三国或一体化组织的经贸合作，推动签署"欧亚经济联盟+X"自由贸易协定。在中短期内，欧亚经济联盟希望优先与经济体量与贸易额都较小的贸易伙伴达成自贸协定；长期而言，力图构建与欧盟和中国的自贸协定。[②] 截至2019年年底，欧亚经济联盟与越南签署自贸协定并生效，与伊朗签署自由贸易"临时协定"并生效，与新加坡、塞尔维亚签署自贸协定（如表2所示）。从欧亚经济联盟对自贸协定伙伴的选择来看，确实都是经济体量较小的贸易伙伴。从已经签署的自贸协定来看，欧亚经济联盟对外商签自贸协定的态度较为谨慎：一方面对关税减让设置了较长的过渡期，另一方面是以货物贸易为主。

表2 欧亚经济联盟对外自贸区建设情况一览

对象国	主要合作目标与内容	状态
越南	货物贸易的关税减让及贸易便利化；投资和服务贸易议题（但该部分仅在越南和俄罗斯之间适用）	正式生效
伊朗	约定部分商品的关税减让的"临时协定"	正式生效

---

① 《欧亚经济联盟将建立统一数字工业空间》，商务部网站，http://www.mofcom.gov.cn/article/i/jyjl/e/201809/20180902789756.shtml。

② Evgeny Vinokurov, Introduction to the Eurasian Economic Union, https://doi.org/10.1007/978-3-319-92825-8.

续表

对象国	主要合作目标与内容	状态
塞尔维亚	在符合世贸组织规则前提下对部分商品实施零关税;取代此前与俄罗斯、白俄罗斯、哈萨克斯坦分别签署的三个双边自贸协定	签署
新加坡	传统货物贸易关税议题;服务贸易与投资议题由成员国与新加坡进行双边谈判	签署
以色列	货物贸易的关税减让传统问题,服务贸易、相互投资;跨境服务贸易的发展及投资保护	谈判中
印度	主要是关于货物贸易领域的关税和非关税贸易壁垒的减让与消除	谈判中
埃及	主要是关于货物贸易领域的关税和非关税贸易壁垒的减让与消除	谈判中
韩国	经过联合可行性研究,认为建立自由贸易区会对俄罗斯的汽车和电子行业造成重大威胁	联合可研

数据来源:根据欧亚经济委员会网站(www.eurasiancommission.org)资料整理得到。

二 "一带一盟"对接的最新进展

欧亚经济联盟是中国推进"一带一路"建设的重要伙伴,2015年5月,中国与俄罗斯签署了《关于丝绸之路经济带建设和欧亚经济联盟建设对接合作的联合声明》。在双方共同努力下,"一带一盟"合作在制度对接、重点领域合作、大欧亚伙伴关系等方面取得积极进展。

(一)签署《中国与欧亚经济联盟经贸合作协定》

历经两年多的谈判、磋商,2018年5月17日,中国与欧亚经济联盟及其成员国签署了《中国与欧亚经济联盟经贸合作协定》(以下简称《协定》),并于2019年10月正式生效。鉴于经济实力差距,欧亚经济联盟与中国商谈时立场较为谨慎,《协定》暂未涉及关税减让等贸易自由化议题。但是,《协定》是中国与欧亚经济联盟在经贸方面首次达成的重要制度性安排,标志着中国与该联盟及其成员国的经贸合作从项目带动进入制度引领的新阶段,是对接合作取得实质进展的重要标志。

第一,显著提高贸易便利化水平和透明度。《协定》就海关估价、税则归类、风险管理、货物放行等便利化议题做了规定，尤其关注"单一窗口"建设，这将大大提高通关效率，减少灰色清关。《协定》在贸易救济议题、技术法规和卫生标准等方面向 WTO 靠拢，并将透明度要求贯彻《协议》始终。

第二，关注知识产权、竞争政策、政府采购、电子商务等新议题。《协定》以较长篇幅规定了知识产权议题，要求缔约方遵守 WTO 及知识产权有关国际协议的规定。竞争政策上，《协定》明确了三种反竞争行为：扭曲竞争效果的企业协议或协同行为；滥用支配地位；不公平竞争。政府采购方面，《协定》仅用三个条文进行了原则性的概括说明。电子商务议题方面，《协定》强调对电子商务消费者的保护、个人信息保护、电子认证方法互认等。

第三，在中国与欧亚经济联盟之间建立了对话机制。《协定》提出构建"联合委员会"的工作机制，联合委员会可就相关事宜寻求解决方法并采取适当行动。同时，联合委员会还可下设分委员会（或称小组委员会）或特别工作组，处理具体工作。欧亚经济委员会执委会一体化与宏观经济部部长格拉济耶夫曾评论称，《协定》最大的贡献就是在中国与欧亚经济联盟之间建立了对话机制，双方对接的任何问题均可在协议框架下得到合理解决。①

（二）推进基础设施、跨国运输、数字经济等重点领域合作

1. 协同建设基础设施

"一带一盟"对接合作的重点之一是交通及其他基础设施建设。"一带一路"建设为欧亚经济联盟提供了巨大的机会，欧亚经济委员会制定了一系列由欧亚经济联盟国家参与、与"一带一路"相关项目对接的优先项目清单，涉及农业、能源、运输、工业、信息通信基础设施、技术与创新、金融与环境等领域。欧亚经济联盟在运输和物流业的整合进展较为顺利，又希望发挥中欧之间运输桥梁的作用，因此运输和基础设施领域成为优先项目清单的主要内容。欧亚经济委员会已与中国就 40 多个交通和基础设施项目的

---

① 王晨星：《欧亚经济联盟发展态势评估及中国的战略选择》，《世界知识》2020 年第 6 期，第 18 页。

共同融资问题进行了谈判，这些项目涉及新建或翻新现有道路、建立运输或物流中心、建设重要交通枢纽。2018年5月17日，在当天签署的《中国与欧亚经济联盟经贸合作协定》框架下，中国与欧亚经济联盟就40个物流运输合作项目实施的可能性进行了磋商。双方一致认为这些项目符合各方的共同利益，并将推动运输量实现成倍增长。① 为推动项目实施，欧亚经济联盟积极保持与中国的沟通，并专门成立了一个欧亚开发银行参加的高级别工作组。

2. 共同发展跨国运输

"一带一盟"对接合作的重点是互联互通、发展跨国运输，这就要求双方在建设交通基础设施的基础上，推进跨国运输协议等软件建设。

《国际公路运输公约》（TIR）有助于简化货物查验流程、节约运输成本、实现运输车辆的快速通关。2018年5月，中俄两国启动中俄国际道路运输试运行，并尝试采用TIR单证的方式快速通关。试运行有助于推动相关法规、标准体系完善，并促进国际道路运输便利化。该活动的成功展开，为"一带一盟"开展互联互通建设提供了良好示范，中俄双方计划将TIR单证方式在所有公路口岸推广和应用。②

为简化国际运输流程、加强海关监管，2019年6月6日，欧亚经济联盟与中国签署了《欧亚经济联盟与中国国际运输货物和交通工具信息交换协定》，规定了开展国际运输货物和交通工具信息交换的主要阶段、合作机制、交换数量、信息构成，旨在提高货物通关效率和通过速度，加强海关风险管理和监管的有效性。③

---

① 《欧亚经济联盟同中国在已签署的经贸合作协定框架下磋商运输项目》，商务部网站，http://www.mofcom.gov.cn/article/i/jyjl/e/201805/20180502745756.shtml。
② 《中俄国际道路运输试运行暨中国TIR运输启动仪式在大连举行》，交通运输部网站，http://www.mot.gov.cn/buzhangwangye/liuxiaoming/zhongyaohuodonghejianghua/201805/t20180521_3022728.html；《中俄国际道路运输试运行圆满成功》，交通运输部网站，http://www.mot.gov.cn/tupianxinwen/201805/t20180530_3027005.html。
③ 《欧亚经济联盟将与中国签署海关信息交换协定》，商务部网站，http://www.mofcom.gov.cn/article/i/jyjl/e/201906/20190602871049.shtml。

3. 拓展数字经济合作

欧亚经济联盟致力于发展数字经济，积极推动"数字议程"和统一数字工业空间。近年来中国数字经济、电子商务快速发展，在跨境电商与数字经济方面有较多经验。这为"一带一盟"对接拓展了合作领域，双方已经在电子商务合作方面进行了有益的初步探索与实践。2018年6月，中国和俄罗斯签署了《关于电子商务合作的谅解备忘录》，中俄双方将建立电子商务合作机制，共同推进"丝路电商"合作。同时，欧亚经济联盟积极与中国就数字化合作展开密集谈判，力图就数字化经济的标准达成共识。随着"一带一盟"对接合作进一步深化，双方在数字经济和电子商务上将有越来越广阔的合作空间。

（三）协商大欧亚伙伴关系的构想

基于欧亚经济联盟，俄罗斯提出大欧亚伙伴关系倡议，其核心内容可以归纳为：构建欧亚经济联盟与东盟、上海合作组织成员国以及其他有紧密联系国家的更广泛一体化框架。但是，欧亚经济联盟或俄罗斯现阶段无法支撑如此宏大的计划，因此需要广大欧亚地区国家，尤其是中国的支持与协作。因此，2016年6月，普京在圣彼得堡国际经济论坛上的发言中提出"大欧亚伙伴关系"构想后，旋即应邀访问中国。随后，中方积极回应俄罗斯提出的"大欧亚伙伴关系"构想，两国发表联合声明，主张在开放、透明和考虑彼此利益的基础上建立"欧亚全面伙伴关系"，包括可能吸纳欧亚经济联盟、上海合作组织和东盟等的成员国加入。中国的积极回应是该构想提出后所取得的第一个重大进展。

通过各层级多次磋商和交流，2018年6月8日，中俄签署了《关于完成欧亚经济伙伴关系协定联合可行性研究的联合声明》。双方在联合可行性研究报告中就中俄未来谈判《欧亚经济伙伴关系协定》的具体领域达成共识，建议两国政府在服务贸易、投资、自然人移动、电子商务、知识产权、竞争、透明度、节能和提高效能、经济技术合作、中小企业、政府采购、机制安排以及货物贸易相关议题等开展谈判。下一步，中俄双方将履行必要的国内程序，适时开始《欧亚经济伙伴关系协定》谈判。联合可行性研究的完成是推进大欧亚伙伴关系构想的一项实质性成果。① 可以说，普京开始提出的"大欧亚伙伴关系"更多的是一个较为模糊的概念，在与中方的协商后已逐步清楚地落实为"欧亚经济伙伴关系"。

当前，俄罗斯仍大力推进欧亚经济联盟建设，加强与中国、东盟的联系，推动大欧亚伙伴关系的构建。2019 年 2 月 20 日，俄罗斯总统普京发表国情咨文时表示，俄罗斯将继续构建欧亚经济联盟统一市场，并发展对外合作，包括继续推进欧亚经济联盟与"一带一路"对接，这是建立大欧亚伙伴关系的"序言"。② 2019 年 6 月，习近平主席对俄罗斯进行国事访问，随后双方发表联合声明。中方再次明确支持建设大欧亚伙伴关系倡议，并强调中俄双方认为，"一带一路"倡议同大欧亚伙伴关系可以并行不悖，协调发展，共同促进区域组织、双多边一体化进程，造福欧亚大陆人民。③

三 "一带一盟"对接面临的挑战

"一带一盟"对接合作取得了一定进展，但也面临诸多挑战。一方面，欧亚经济联盟自身经济发展现状制约对外合作水平，而内部整合效果也影响对外开放程度。另一方面，中国也面临多边与双边的考量，以及协调大欧亚伙伴关系与"一带一路"的挑战。

（一）欧亚经济联盟的经济发展现状制约合作水平

在开展对外经贸合作和一体化谈判时，欧亚经济联盟内部经济的特点决

---

① 《中俄签署〈关于完成欧亚经济伙伴关系协定联合可行性研究的联合声明〉》，中国一带一路网，https：//www.yidaiyilu.gov.cn/xwzx/gnxw/57486.htm。
② 《普京发表国情咨文：继续推进欧亚经济联盟与"一带一路"对接》，中国一带一路网，https：//www.yidaiyilu.gov.cn/xwzx/hwxw/80160.htm。
③ 《中华人民共和国和俄罗斯联邦关于发展新时代全面战略协作伙伴关系的联合声明（全文）》，新华网，http：//www.xinhuanet.com/world/2019 - 06/06/c_ 1124588552.htm？ivk_ sa_ s =130827。

定了欧亚经济联盟将采取相对谨慎保守的立场。

第一,成员国经济发展水平差异大,俄罗斯一家独大但带动作用有限。俄罗斯作为欧亚经济联盟主导国,事实上决定着联盟一体化方向和进程。但是,俄罗斯受西方国家经济制裁影响,自身经济增长乏力,这导致对联盟整体经济增长的带动作用有限。而且,俄罗斯主导下的欧亚经济联盟的"高度开放"主要是指"对俄开放",对外则排他性极强,其逻辑是:"对外贸易保护"+"对内奉行地区产业政策"=实现经济收益。①

第二,成员经济贸易互补性较差、贸易创造效应不明显,希望采取进口替代政策。联盟成员国产业结构深受原苏联影响、同质化严重,出口优势集中在资源密集型行业。哈萨克斯坦与俄罗斯贸易互补性不强,导致贸易创造效应不明显,哈对联盟内部出口不升反降。与俄罗斯的乐观情绪相反,哈萨克斯坦表现出来的热情越来越低,取而代之的是越来越多的不满。② 为了平衡内部利益和推动经济发展,欧亚经济联盟更倾向于采取进口替代政策,而非出口导向政策。2019年7月,欧亚经济委员会工业和农工综合体委员苏博金称,欧亚经济委员会和各国专家制定了支持进口替代政策的七大方向,希望在联盟层面建立进口替代产业网络。③

第三,成员国经济发展较为缓慢,担心对外开放会冲击国内产业。在过去的20多年间,联盟成员国私有化改革成效不大,产业结构转型错失了互联网时代的重大机遇,经济发展后劲乏力且产业结构落后。④ 在对外开放中,欧亚经济联盟担心强大经济体冲击国内产业,失去充分维护自主发展的能力,因此倾向选择较小的经济体开展自贸区谈判。2019年4月,欧亚经

---

① 王晨星、姜磊:《欧亚经济联盟的理论与实践——兼议中国的战略选择》,《当代亚太》2019年第6期,第90页。
② 吉戈尔·贾那布尔、朱世恒:《对欧亚经济联盟及其表现的初步评估》,《东北亚经济研究》2019年第6期,第100页。
③ 《欧亚经济联盟各成员国已商定七大进口替代政策支持方向》,商务部网站,http://tzswj.mofcom.gov.cn/article/tongjiziliao/fuwzn/oymytj/201907/20190702881019.shtml。
④ 刘立新:《"一带一路"背景下中国与欧亚经济联盟深化经贸合作的障碍与策略》,《对外经贸实务》2020年第3期,第19页。

济委员会贸易委员尼基申娜接受俄新社采访时就表示,欧亚经济联盟国家尚未准备好与中国建立自由贸易区。欧亚经济联盟成员国经济差异极大,需要评估给每个成员国带来的利益和风险,还要考虑某些具体商品的情况。因此欧亚经济联盟国家企业界并不支持向中国全面开放市场。[1]

(二)欧亚经济联盟内部整合决定开放程度

从欧亚经济联盟内部建设来看,成员国在关税协调、技术标准、贸易便利化、统一市场、数字经济等领域做出了相当程度的努力。但是,内部建设的进展总体而言仍较为缓慢,《欧亚经济联盟条约》中商品、服务、资本和劳动力的自由流动仍有很多尚未落实,药品和电力统一市场建设已经延迟。这主要是因为欧亚经济联盟内部向心力不足,具体原因包括以下方面。第一,内部利益协调难度大。对于俄罗斯来说,主导建立欧亚经济联盟不仅是为了获得经济利益,更是要以此巩固其在欧亚地区的政治地位。其他成员忌惮俄罗斯的绝对优势地位,在一体化进程中,既不做实质性贡献,也不表达对一体化的反对,仅利用该合作平台得到俄方支持,以获取廉价的石油和天然气。[2] 第二,主权意识强而执行力不足。欧亚经济联盟一体化进程中,要实现各要素自由流通,难免涉及成员国主权让渡问题。但是哈萨克斯坦等国由于历史因素,对政治独立和主权问题保持高度敏感,[3] 协议在落实和执行上严重落后,欧亚经济联盟未能履行的承诺和决策越来越多。第三,欧亚经济联盟制度建设不足。欧亚经济委员会的权力较为有限,且存在决策效率不高的问题。欧亚经济委员会决策流程为一年,若存在异议则需两个月重新审定,从而大大拖延了一体化进程。就进展最快的关税协调方面而言,欧亚经济联盟面临统一关税执行难、关税分配不平衡的困境,纠纷解决机制中的司

---

[1] 《欧亚经济委员会称尚未准备好与中国建立自贸区》,商务部网站,http://www.mofcom.gov.cn/article/i/jyjl/e/201904/20190402852141.shtml。

[2] Alexander Libman and Evgeny Vinokurov, *Holding-Together Regionalism: Twenty Years of Post-Soviet Integration*, Palgrave, 2012, pp. 41-45.

[3] 张悦:《欧亚经济联盟一体化进程的特点及前景评析——以欧盟为参照》,《新疆大学学报》(哲学·人文社会科学版)2020年第2期,第44页。

法主权冲突问题突出。①

欧亚经济联盟内部整合效果决定了对外开放的程度，因而联盟虽有推动对外合作的强烈意愿，但实际开放步伐较为缓慢。现代的双边和多边贸易协定意味着重点关注非关税壁垒和投资法规方面的问题，但囿于条约规定的约束，再加上欧亚经济联盟成员国不愿赋予其新的权力，欧亚经济委员会很难有所作为。② 可以预见，在今后"一带一路"与"欧亚经济联盟"的对接势必受到欧亚经济联盟内部整合效果的影响。

（三）多边、双边合作可能存在限制

欧亚经济联盟成立后，多个国家表示希望与之商谈自贸区协议，这在对外交往中已经体现了一定的集体议价能力。欧亚经济联盟作为整体参与谈判，相对单个成员国谈判地位上升。而且，欧亚经济联盟成员国在能源出口领域有较大影响，联盟正大力推动能源领域的共同市场，这将影响未来的能源供给格局。欧亚经济联盟共同电力市场、共同石油市场、共同天然气市场一旦建立，则意味着在能源合作方面，"一带一路"共建国家需与其进行整体议价，从而处于较为不利的地位。

根据《欧亚经济联盟条约》及其他相关法律，欧亚经济联盟将在2025年前实现联盟内部商品、服务、资本和劳动力的自由流动，并推行协调一致的经济政策。欧亚经济联盟作为单一实体出现，意味着俄罗斯、白俄罗斯、哈萨克斯坦、吉尔吉斯斯坦、亚美尼亚五国将对内消除关税，对外征收统一关税、实施相同贸易政策。考虑到经济体量和影响力，欧亚经济联盟层面的事务将更多受到俄罗斯的影响。首先，这缩小了中国与联盟成员国之间的双边合作领域。根据目前的授权，货物贸易领域的自贸协定将由欧亚经济委员会作为代表统一负责，中国与联盟成员国达成双边自贸协定变得不可能。其

---

① 王海军：《欧亚经济联盟运行机制及其法治化路径》，《北方法学》2020年第11期，第27页。
② 季莫菲·博尔达切夫、周佳：《中国可靠的合作伙伴——欧亚经济联盟这五年》，《中国投资》（中英文）2020年第11期，第46页。

次，原有双边合作也将受到欧亚经济联盟的影响。俄罗斯希望在欧亚地区经济一体化中扮演主导角色，对欧亚经济联盟成员国与其他国家的双边合作较为忌惮。俄罗斯明确表示，在海关合作、共同交通和共同能源市场、重大关键项目以及投资协调方面，不鼓励欧亚经济联盟成员国与其他国家单独谈判。

（四）长远发展战略可能存在影响力竞争

当前随着"一带一路"建设在欧亚地区的有序推进，中国在地区的政治影响力不断增强，俄罗斯担心对该地区的主导地位受到挑战，其对欧亚经济联盟的影响受到削弱。[1] 为避免成员国的摇摆，集中精力推进欧亚地区经济一体化，寻找丝绸之路经济带与欧亚经济联盟对接的桥梁就显得尤为重要，因此俄罗斯提出建立更广泛的大欧亚伙伴关系。

与欧亚经济联盟相比，大欧亚伙伴关系的范围更大，当前的重点在欧亚经济联盟、上合组织成员国、东盟国家上。显然，从地理范围来看，大欧亚伙伴关系与"一带一路"存在重合。从长远来看，大欧亚伙伴关系与"一带一路"可能存在一定范围的战略竞争，一定程度上会削弱"一带一路"在部分地区的影响力。尤其对于部分欧亚地区小国，俄罗斯本身在战略主导、经济发展、地区安全、政治影响力和社会文化影响力等方面都占据优势，大欧亚伙伴关系可能成为"一带一路"的"替代选择"。

当然，大欧亚伙伴关系与"一带一路"并不必然存在竞争，相反现阶段中俄双方相互支持彼此的倡议。目前，大欧亚伙伴关系尚没有十分明确的"路线图"和推进措施，这意味着其在推进方式上存在更大的想象空间。俄罗斯正与中国积极商谈《欧亚经济伙伴关系协定》，这也给中俄双方提供了充分协调立场的机会。长远而言，两大倡议如何发展取决于中俄如何互动，关键在于找到相互支撑、相互促进的方案，避免某个倡议单方

---

[1] Valdai Club, "Reshaping Eurasian Space: Common Perspective from China, Russia, and Kazakhstan Think Tanks", March 7, 2017, http://valdaiclub.com/a/reports/report-reshaping-eurasian-space/?sphrase_id=294840.

面被边缘化、被吞并，或中俄关系恶化的情况出现。因此，中国适度积极融入大欧亚伙伴关系构想，有利于实现中俄两国的政治互信，实现"一带一盟"对接。

四 "一带一盟"对接的政策建议

根据欧亚经济联盟的现状，为推动"一带一盟"对接合作，建议首先充分落实《中国与欧亚经济联盟经贸合作协定》，注意促进在数字经济、能源、金融、基础设施建设与运输合作等重点领域的合作，并推动和引导"大欧亚伙伴关系"建设。

（一）充分落实《中国与欧亚经济联盟经贸合作协定》

《中国与欧亚经济联盟经贸合作协定》为"一带一盟"对接合作提供了制度保障，对减少非关税壁垒、促进贸易便利化、解决现阶段对接合作中的问题有积极作用。中国应推动有效落实《协定》，促进对接合作。

1. 加强贸易便利化合作

在海关合作方面，中国应与欧亚经济联盟开展海关"单一窗口"建设的对接与合作，按照有关贸易便利化和海关技术现代化的国际标准和成功实践，发展和完善"单一窗口"系统。具体而言，可以加强信息技术的应用，跟进世界海关组织在包括无纸化贸易等领域的最新进展，扩大对电子形式文件的应用，以提高效率。中国应与欧亚经济联盟加强措施透明度建设，对于政策措施、法律等，尽量以包括电子形式在内的方式，通过权威机构的网站等媒介公布。

2. 加强技术法规标准的沟通互认

在技术性贸易壁垒方面，中国应积极交换有关标准与技术法规以及合格评定程序的信息，鼓励欧亚经济联盟使用国际标准文书。在卫生与植物卫生措施方面，中国应积极交换与卫生和植物卫生措施有关的信息，定期与欧亚经济联盟交流经验，鼓励就实验室测试技术开展合作。

3. 贸易救济等规则向 WTO 靠拢

双方都应以世贸组织相关制度及《贸易便利化协定》为指引，以《协定》为基础，推动与合作密切相关领域的法律制度的进一步协调，加强和完善与对接合作紧密相关的立法工作。在贸易救济方面，中国推动欧亚经济联盟根据 WTO 相关规则合法采取"两反一保"措施，定期交流相关国际实践和最新发展。知识产权方面，中国和联盟所有国家都应遵循 TRIPS 协议的原则，并根据 TRIPS 协议给予各方国民待遇及最惠国待遇。

4. 利用"联合委员会"机制推动对接合作

"联合委员会"的机制化安排将强化中国与欧亚经济联盟的直接对接合作模式，为对接合作提供了路径指引和制度保障，有利于提高合作效率，降低合作成本。中国应在《协定》生效后，及时推动各方委任联合委员会的联席主席及各方在联合委员会的代表。同时，应坚持按照联合委员会议事规则和相关规定，召开例会和临时会议，并且尽快指定联系点。联合委员会可就与实施《协定》有关的任何问题寻求专家建议，就相关事宜寻求解决方法并采取适当行动。要发挥好现有或将有的海关合作和贸易便利化分委员会、部门合作分委员会等的作用，同时探索成立更多具有针对性的分委员会或工作小组，推进如电子商务、政府采购、部门合作等具体领域的工作。

（二）探索数字经济合作

中国应抓住欧亚经济联盟发布《2025 数字议程》的契机，在中俄《关于电子商务合作的谅解备忘录》的引领下，利用中国数字经济领先优势，促进中国与欧亚经济联盟国家全面高水平的数字经济合作，尤其是电子商务合作。

1. 双方应加强政策法规的沟通与协调

中国应积极了解《俄联邦数字经济规划》《欧亚经济联盟 2025 年前数字经济议程的主要方向》等文件，同时加强对本国《电子商务法》和《电子商务"十三五"发展规划》的宣介，积极宣导 2018 年全国电子商务工作会议的核心精神及政策要点。双方可以政府间沟通、学术研讨、企业经验分享会等多种形式开展政策法规的沟通与协调。

2.加强信息和通信基础设施建设及信息安全合作

华为、中兴等中国企业应加强与俄罗斯等国的相关企业的合作,加强联盟国家境内通信基础设施建设,提升联盟国家信息通信网络水平。同时,中国网络安全部门应加强与俄罗斯联邦安全理事会、联邦安全局等安全保障机构及俄罗斯网络服务协会(RANS)等的合作,促成保障通信安全、打击信息网络犯罪、打击网络间谍活动、防范技术漏洞等方面的合作。中国与联盟国家的网络信息安全相关企业也应进一步加强交流。

3.开展电子商务合作,发展跨境电商贸易

中国应在促进中俄试点电子商务深化合作的基础上,辐射联盟其他国家。具体而言,可以继续推动阿里巴巴等企业在联盟国家搭建更多类似"速卖通"的英文及俄文在线交易平台,加强与Yandex等本土电商平台合作,同时加强欧亚经济联盟成员国商品在中国的销售。加强阿里巴巴、京东、顺丰等物流企业与俄罗斯快递行业企业间的合作,进一步提高物流效率。

(三)强化能源领域合作

中国应与欧亚经济联盟保持良好沟通,加强和完善能源基础设施建设,构建区域能源合作规则体系,共同防御国际能源供应收缩风险。

1.加强和完善能源基础设施建设

利用现有能源基础设施,① 结合中蒙俄、中国-中亚-西亚、新亚欧大陆桥等经济走廊建设,合作增设新的能源基础设施,推进中俄天然气管道西线谈判,重点建设中国-中亚输电通道等,进一步打造能源基础设施网络。

2.构建统一能源交易价格协调机制和交易平台

以欧亚经济联盟共同能源市场为契机,中国应与联盟国家共同致力于建设区域能源交易价格协调机制,制定油气基准价格。大型能源交易平台如上海石油天然气交易中心应与圣彼得堡国际商品原料交易所等加强合作,建设

---

① 中俄原油管道、中俄天然气管道、中俄输电线路、中哈原油管道、中国-中亚天然气管道网等。

能源交易服务结算平台,同时探索发展能源金融衍生品。

3. 确保能源合作领域政策法规沟通协调

中国与欧亚经济联盟应当致力于建立能源贸易投资合作的多边法律规则,破除能源领域贸易投资限制和壁垒;建立能源运输协调机制,促进能源跨境运输畅通;建立相关争端解决机制,解决能源合作相关纠纷。

(四)加强金融领域合作

欧亚经济联盟成员国金融系统能力有限,但经济发展对融资需求强烈。由于采取了西方自由主义经济模式的改革,俄金融体系较为脆弱,遇到了包括离岸资本、汇率波动大导致的投机活动在内的很多问题。[1] 因此,"一带一盟"需加强在金融领域的对接合作。

1. 充分利用现有融资平台

"一带一盟"对接合作中,应充分利用现有的主要融资平台,如亚洲基础设施投资银行、上合组织开发银行、中国-欧亚经济合作基金。同时,探索和加大这些平台与欧亚开发银行的合作,促进区域内产业资本与金融资本的密切合作。

2. 探索货币结算、银行体系的对接

中国可与欧亚经济联盟成员推动双边本币结算,加快人民币的国际化,并探索相应的独立结算系统。同时,双边的银行业体系也应该加强对接,提高银行间业务往来的便捷度,并注意加强在金融监管方面的合作。

3. 针对性开展金融合作

中国和欧亚地区国家间的合作需求主要来自贸易、投资和能源等方面,在双方开展金融合作进程中,也应着重从这些方面入手,有针对性地开发相关金融服务。[2]

---

[1] 赵萌:《"一带一盟"对接,双方金融体系也应有所对接——专访欧亚经济委员会一体化与宏观经济部部长格拉济耶夫》,《世界知识》2020年第6期,第20页。
[2] 温健纯、常雅丽:《欧亚经济合作的金融支撑体系构建》,《国际贸易》2020年第2期,第95页。

（五）提高运输软硬设施水平

欧亚经济联盟致力于共同运输服务市场的构建，中国可以依托中蒙俄经济走廊、中国－中亚－西亚经济走廊、新亚欧大陆桥等经济走廊建设，加强区域运输合作。

1. 加强跨境运输便利化规则制订

中国应与欧亚经济联盟成员国加强运输政策沟通，尤其是跨境运输便利化方面。可参照中俄《国际道路运输协定》，扩大运输开放范围，取消部分运输路线限制，允许过境运输等，同时要注意建立过境换轨提前告知等程序，提高铁路过境效率。同时，中国还应推动落实《上合组织成员国政府间国际道路运输便利化协定》。

2. 利用《国际公路运输公约》发展公路运输

基于《国际公路运输公约》的运输途中不用卸装，能够达到"点对点"运输，比传统公路运输更为快捷。2016年，中国加入该公约，并于2018年启动TIR运输。中国应与欧亚经济联盟加强在TIR运输方面的合作，进一步完善TIR报关程序，提升报关电子化水平，加强公路运力。

3. 加强航运、空运合作

应注意发挥"冰上丝绸之路"的运输潜力，加强北方海航道开发利用合作，开展北极航运联合研究。中远海运集团等大型运输公司应与俄罗斯相关运输企业继续进行联合试航工作。也应注意尽快推进北极航道沿线的交通基础设施开发工作。还可跟进欧亚经济联盟航空服务共同市场建设进度，促进空运合作。应着力构建空运进出口专门口岸，实施专门的报关程序，提高空运效率。

（六）推动并引导"大欧亚伙伴关系"

中国出于战略考虑也将积极回应并支持大欧亚伙伴关系，并且设法在参与中引导其朝着对中国有利的方向发展。中国与俄罗斯通过各层级多次磋商和交流，在联合可行性报告中就中俄未来谈判《欧亚经济伙伴关系协定》

的具体领域达成共识。下一步，双方将履行必要国内程序，适时开始谈判。有鉴于此，中国应结合"一带一路"建设的节奏来推动欧亚经济伙伴关系谈判，在谈判中应当注意更多把握规则制定权，输入"中国规则"。从长远看中国应积极谋求欧亚经济联盟、东盟和"一带一路"建设对接，最大限度地扩大对接的战略契合点和利益会合点，与俄罗斯共同推动在大欧亚全面伙伴关系框架下的双边和多边合作取得实质性进展，巩固中俄战略协作伙伴关系，共同谋求两国在亚太地区的地缘政治和经济利益，并通过区域合作逐步推动建立新的国际经济秩序。

"一带一路"框架下2018~2019年中俄经贸合作分析[*]

牟沫英 陈方珺 王菁菁[**]

摘 要： 2018~2019年，中俄继续积极推进高层沟通协作，俄国内更积极地看待"一带一路"建设，中俄在跨界基础设施建设、油气领域、地方经贸、金融货币等领域合作取得显著进展。但同时，俄国内对"一带一路"建设仍存在一些疑虑，中俄经贸合作也存在一些问题，俄方相关设施建设落后、市场环境较差、金融实力较弱，双边贸易规模小、层次低、结构不合理等。为此，中方应注重消除俄方相关疑虑，促进两国民间交流，加强交通运输通道建设，推动多种项目的多样化合作，注重发展全方位贸易格局，健全贸易法规保障机制，进一步推动本币结算相关建设，加强金融机制和金融政策建设，以最终实现"一带一路"框架下双方经贸合作的互利共赢。

关键词： "一带一路" 中国 俄罗斯 经贸合作

俄罗斯是中国北部最大邻国和重要的战略合作伙伴，是"一带一路"

---

[*] 本文是武汉大学双一流建设引导专项欧洲问题研究中心"国别区域"研究项目的阶段性成果。

[**] 牟沫英，博士，武汉大学中国边界与海洋研究院讲师，国家领土主权与海洋权益协同创新中心副研究员；陈方珺，武汉大学中国边界与海洋研究院硕士研究生；王菁菁，武汉大学中国边界与海洋研究院硕士研究生。

建设的重要参与者。2018~2019年是"一带一路"倡议推进建设的两年，亦是中俄"一带一路"经贸合作推进发展的两年。当然，中俄经贸合作仍存在诸多问题。本文将分析这两年内双方经贸合作的现状和问题，并尝试提出相应的对策建议。

一 中俄经贸合作的现状与进展

总体来看，2018~2019年中俄经贸合作在舆论氛围、政策沟通、设施联通、贸易畅通和资金融通等多个领域均有发展进步，取得了一定成果。

（一）俄罗斯国内对"一带一路"的看法

在"一带一路"倡议提出之初，俄方不论是高层还是民间，均疑虑颇多，但经过五年的推进建设，双方达成了更多的共识。近年来，一方面，受乌克兰危机、"通俄门"等多重事件的影响，美欧各国对俄罗斯的制裁力度不降反升，再加上全球能源价格走低，俄罗斯经济面临极大困难，俄罗斯在欧亚地区的影响力大大受挫；另一方面，中俄新时代全面战略协作伙伴关系继续推进发展，因而俄罗斯国内对"一带一路"的看法转向更为积极的一面。

首先，俄罗斯领导人多次对"一带一路"建设给予较高评价。2018年6月，俄罗斯总统普京在接受独家专访时曾表示，"一带一路"倡议是一个有益、重要且有前景的倡议，这个倡议与俄罗斯建设欧亚经济联盟的努力相吻合。[1] 2019年4月，普京在出席第二届"一带一路"国际合作高峰论坛时，盛赞中国"一带一路"倡议是世纪工程，与俄罗斯国家战略的核心高度契合。[2] 俄方希望欧亚经济联盟、大欧亚伙伴关系等战略与中国的"一带

---

[1] 《普京接受中央广播电视总台专访》，光明网，http://world.gmw.cn/2018-06/06/Content_29150273.htm。
[2] 《俄罗斯总统普京盛赞中国"一带一路"是世纪工程》，商务部网站，http://www.mofcom.gov.cn/article/i/jyjl/k/201904/20190402858076.shtml。

一路"建设实现对接合作。[1]

其次,俄罗斯国内专家也对"一带一路"倡议给予了更为正面的评价,对在"一带一路"倡议下发展中俄经贸合作持更为积极的态度。俄罗斯科学院远东研究所研究员弗拉基米尔·彼得罗夫斯基表示,中国的"一带一路"倡议是中国参与全球治理最具标志性和创新性的表现之一,符合经济全球化的现代发展趋势;"一带一路"倡议为欧亚国家开辟了新的发展机遇,俄罗斯与中国协调努力、加强合作将有助于推动"一带一路"建设的发展。[2] 俄远东联邦大学教授弗拉基米尔·别切里查在接受采访时指出,"一带一路"倡议的实施为中东欧国家带来了更多的投资,推动了交通设施建设;随着北极航道进一步开通,中俄可以共同打造"冰上丝绸之路",大大缩减欧亚海运航线的距离,降低运输成本,促进海运贸易发展。[3] 俄外交政策官方智库俄罗斯国际事务学会专家奥列格·季莫费耶夫在访问时亦称,"一带一路"倡议可在俄中经济贸易关系发展中发挥关键性作用,"一带一路"的交通路线、货物跨境运输建设中包含物流中心建设的大量投资,俄罗斯的经济将因此而得到发展。[4]

(二)政策沟通的推进

2018~2019年,中俄全面战略协作伙伴关系继续高水平运行,在"一带一路"倡议下,双方的经贸合作在政策沟通方面取得积极进展。

根据太和智库与北京大学联合发布的"一带一路"政策沟通单项指数报告,俄罗斯分数达到18.07,连续三年位列第一。两国在重大国际和地区

---

[1] 梅冠群:《俄罗斯对"一带一路"的态度、原因与中俄战略对接》,《西伯利亚研究》2018年第2期,第29页。
[2] Петровский Владимир Евгеньевич: Контур безопасности для Большого евразийского партнерства, Проблемы Дальнего Востока №4, 2018г, С. 49-50.
[3] 《中俄经贸站上新台阶》,人民网,http://paper.people.com.cn/rmzk/html/2018-10/30/content_1889454.htm。
[4] 《俄专家:一带一路倡议的实施或将对中俄双边贸易的增长产生影响》,俄罗斯卫星通讯社网,http://sputniknews.cn/politics/201803201024961647/。

议题上有共同利益和需求，保持着高水平协调合作，两国高层领导人交流频繁，并有固定的高层交流机制。[1] 两年来，中俄领导人在多个外交场合密切沟通，签署了一系列合作文件。2018年5月，中国与欧亚经济联盟成员国以及欧亚经济委员会签署了《中国与欧亚经济联盟经贸合作协定》，同意增强互动、加强合作以进一步降低货物贸易成本、简化通关手续。该协定是我国与欧亚经济联盟首次达成的经贸方面的重要制度性安排，具有里程碑意义。2018年6月8日，中俄签署《关于电子商务合作的谅解备忘录》，该备忘录有助于推动中俄跨境电商合作发展到新高度，使之逐步成为双边经贸关系的增长点和新亮点。2018年11月7日，中俄签署《关于服务贸易领域合作的谅解备忘录》，计划成立服务贸易合作常设工作组，加强旅游、文化、医疗等领域的合作。2019年6月5日，中俄两国元首共同签署《中华人民共和国和俄罗斯联邦关于发展新时代全面战略协作伙伴关系的联合声明》，双方将积极协调行动，共同推进"一带一路"与欧亚经济联盟的对接，加强中俄两国的务实合作，为双边关系的发展奠定坚实的物质基础。2019年10月25日，《中国与欧亚经济联盟经贸合作协议》正式生效，提升了双边经贸合作的便利化水平，是实现"一带一路"与欧亚经济联盟对接的重要举措。两年来双方在政策沟通领域的深度发展与推进无疑为双边经贸合作提供了更为稳定的政治保障，为相关经贸活动的顺利开展打下了更为扎实的制度与机制基础。

（三）设施联通的建设

2018~2019年，中俄在交通设施、物流通道建设与能源运输等领域的合作亦取得了一定成果。

在交通设施建设领域，中俄在公路、铁路建设方面开展了进一步合作。2018年10月13日，中俄同江铁路界河桥的中方段主体工程全部完成，中

---

[1] 《政策沟通指数"稳中有变"——2018年"一带一路"五通指数单项报告之一》，太和智库官网，http://www.taiheinstitute.org/Content/2019/04-10/1707140125.html。

方桥墩已与俄方桥墩进行了钢梁连接。① 中俄东宁－波尔塔夫卡界河桥的建设也在积极推进中，双方通过成立工作组，定期会晤，在建桥协定草案中确定了建桥方式、融资问题等重要内容。② 2019年5月31日，首座中俄合建的跨境公路桥黑龙江跨界大桥顺利合龙。在黑龙江跨界大桥项目的建设过程中，双方开创了"贷款建桥、同步建设、共同运营、收费还贷"的跨境基础设施建设合作新模式。③ 在物流通道建设方面，具体合作成果如表1所示。

表1　2018~2019年中俄物流通道合作部分成果

年度	日期	内容
2018年	1月26日	中国成都迎来新开首条定期直飞圣彼得堡航线
	2月14日	中国首趟全程冷链蔬菜出口专列驶往俄罗斯
	5月18日	大连至新西伯利亚中俄国际道路运输试运行开始，为两国之间按照"门对门"原则开展国际公路运输打开起点
	7月30日	成都首发开往俄罗斯的汽车出口中欧班列，该专列搭载123台东风汽车
	8月23日	从俄罗斯西伯利亚至武汉的首列中欧班列"汉欧木材专列"顺利抵达武汉
	9月14日	珲春（中国）－扎鲁比诺（俄罗斯）－宁波（中国）外运航线开通
	11月1日	江西省对接"丝绸之路经济带"首趟蔬菜中欧（赣州至莫斯科）班列开通
	12月21日	俄布拉戈维申斯克和中国黑河之间的货运浮桥已开始运行
2019年	2月13日	俄阿穆尔州计划建设中俄大桥运输和物流综合体
	3月21日	台湾地区至厦门至俄罗斯新物流通道顺利开通
	4月12日	天津港开通中俄国际货运班列
	5月30日	俄铁物流公司推出东莞－沃尔西诺定期班列
	6月14日	中远海运集运和俄罗斯铁路集装箱股份公司（俄铁集）达成重要战略合作意向，共同推动海运航线与铁路线路对接

① 《中俄首座跨界河铁路大桥中方段主体工程全部完成》，人民网，http://scitech.people.com.cn/n1/2018/1015/c1057-30340962.html。
② 《黑龙江大桥筑起中俄经贸合作新支点》，黑龙江省人民政府网，http://www.hlj.gov.cn/ztzl/system/2018/12/06/010889133.shtml。
③ 《黑龙江大桥筑起中俄经贸合作新支点》，黑龙江省人民政府网，http://www.hlj.gov.cn/ztzl/system/2018/12/06/010889133.shtml。

续表

年度	日期	内容
2019年	7月17日	"齐鲁"号(烟台)欧亚班列从莫斯科回程,烟台与莫斯科之间的班列首次实现往返开行
	8月7日	中欧班列(郑州)俄罗斯线路开通
	9月18日	中欧班列长安号(西安-莫斯科)果汁专列开行
	12月27日	中俄合建莫斯科别雷拉斯特物流中心场站测试运营

资料来源:笔者根据有关新闻报道整理而成。

在能源运输方面,中俄原油、天然气运输管道建设稳步推进。2018年1月,中俄原油管道二线工程正式投入商业运营,每年从该通道进口的俄油量将从现在的1500万吨增加到3000万吨。2018年7月,中俄重大能源合作项目亚马尔液化天然气项目向中国供应的首船液化天然气通过北极航道抵达中国;随后12月,亚马尔液化天然气项目第三条生产线提前一年投产,推动了能源运输设施建设的发展。2019年12月2日,中俄东线天然气管道工程顺利完成,正式投产通气,标志着中俄战略合作项目顺利实施。

(四)贸易畅通的发展

2018~2019年,中俄双方在能源进出口、地方经贸合作、召开贸易博览会等方面继续深化合作,其中,地方经贸合作的发展成为一大亮点,两国双边贸易总额创历史新高。随着中俄能源管道建设的日益完善,中俄能源进出口合作稳步上升。2018年9月,俄罗斯举办第四届东方经济论坛期间,中国石油集团分别与俄罗斯国家石油公司、俄罗斯天然气工业石油股份公司签署了勘探开发合作协议、技术合作协议,共同推动中俄油气领域的进一步合作。[①] 2018年11月,首届中俄能源商务论坛在北京举行,中俄多家能源

---

① 《中国石油与俄油公司、俄气石油公司签署合作协议》,国务院国有资产监督管理委员会官网,http://www.sasac.gov.cn/n2588025/n2588124/c9579681/content.html。

企业签署了合作协议及合作备忘录。① 2019 年 4 月，在第二届"一带一路"国际合作高峰论坛前夕，中国油气企业宣布参股北极液化气 – 2 项目。该项目是继亚马尔液化天然气项目后在北极地区开发的第二个大型液化天然气项目。除了油气能源贸易合作，中俄双方在核领域的合作也进入了新阶段。2019 年 11 月 6 日，中核集团与俄罗斯国家原子能集团公司签署了《徐大堡 3/4 号机组燃料采购合同》等多项采购合同，② 推动两国能源合作向更广领域、更深层次发展。

在地方经贸合作层面，双方以俄远东地区及中俄边境地区为合作重点，同时亦发展两国其他地区的合作。鉴于区位优势，远东地区是中俄开展双边合作的重要平台。2018 年 9 月，习近平主席出席俄罗斯第四届东方经济论坛，中俄双方签署《中俄在俄罗斯远东地区合作发展规划（2018～2024 年）》，随后于中俄总理第 23 次定期会晤期间正式批准。该规划详细描绘了俄罗斯远东地区的中俄战略合作项目和基础设施项目，并全面阐释了远东地区中俄经贸合作发展的机制。中国成为俄罗斯远东地区主要投资伙伴，俄远东和北极发展部长科兹洛夫在接受采访时表示，中国的投资额约占俄远东地区引资额的 71%，有 50 多个中资项目享受俄方的政策优惠。③ 2019 年 1～6 月，中国与俄罗斯远东联邦区贸易额达到 48.8 亿美元，同比增长 21%。基于地缘、口岸和政策优势，中俄正在加快推进"绥芬河 – 波格拉尼奇内"跨境经济合作区的建设。④ 中俄地方合作也不再局限于边境省份，以"中俄地方合作交流年"为契机，双方地方合作交流已经覆盖多个省区（见表 2）。

---

① 《中俄能源商务论坛达成广泛合作共识》，国家能源局官网，http：//www. nea. gov. cn/2018 – 11/30/c_ 137642237. htm。
② 《进博会期间落实核能合作 中核集团与俄签署多项采购合同》，中国电力企业联合会网，http：//www. cec. org. cn/zdlhuiyuandongtai/fadian/2019 – 11 – 07/195413. html。
③ 《俄中远东合作正在多个领域深入开展——访俄远东和北极发展部长科兹洛夫》，新华网，http：//www. xinhuanet. com/world/2019 – 09/04/c_ 1124960000. htm。
④ 《百年口岸绥芬河：加速中俄跨境经济合作区建设》，中国新闻网，http：//www. chinanews. com/cj/2018/06 – 07/8532905. shtml。

表 2 2018~2019 年中俄地方合作部分成果

年度	日期	内容
2018年	3月22日	抚远与哈巴罗夫斯克市签署合作协议
	4月18日	满洲里与阿尔泰边疆区就农产品供应问题达成协议
	4月19日	中俄丝路创新园开园仪式在陕西举行
	5月15日	西安与叶卡捷琳堡计划建立友好城市关系
	5月16日	合肥与萨拉托夫缔结友好城市关系
	7月11日	黑龙江省与卡卢加州签署合作协议
	7月18日	重庆与斯维尔德洛夫斯克州签订战略合作协议
	8月25日	成都与莫斯科签署全面合作协议
	10月26日	承德市与卡尔梅克共和国拉甘斯基区成为友好城市
	11月6日	武汉市商务局与俄罗斯出口中心等签署战略合作协议
2019年	3月14日	黑河与阿穆尔州妇女代表团跨境互访,共谋两国地方合作
	4月22日	中国山西-俄罗斯经贸合作推介会在莫斯科举行
	5月15日	中国国际贸易促进委员重庆市委员会与萨马拉州经济发展和投资部签署合作协议
	5月31日	2019年"一带一路"中俄罗斯城市合作论坛在北京举行
	6月15日	以"中俄地方合作,税收服务发展"为主题的首届中俄税收合作论坛在哈尔滨举办
	6月25日	四川省与圣彼得堡市达成协议,签署2019~2020年合作措施计划
	8月6日	中俄区域合作律师论坛在黑河市召开
	10月18日	中俄(重庆)两江经贸合作对接会举行
	11月11日	黑河市逊克县依托中俄农业科技合作园区深化对俄农业合作

资料来源:笔者根据相关新闻报道整理而成。

丰富的商务论坛与国家级博览会促进了中俄的经贸交流,加强了中俄的对话合作。2018年2月、7月,第三届中俄商务论坛、第五届中俄博览会分别在圣彼得堡、叶卡捷琳堡举行。2018年11月,中国举办首届国际进口博览会,俄总理梅德韦杰夫亲率代表团出席,俄罗斯作为此次参展规模最大的国家之一,共有40多个联邦主体参会。[①] 2019年6月,第六届中俄博览会在哈尔滨举办,有来自74个国家和地区的1764家企业参与。

① 《中国国际进口博览会的俄罗斯"秀"》,新华网,http://www.xinhuanet.com/world/2018-11/21/c_129998223.htm。

2019年11月,俄罗斯派出了高级别代表团参加中国第二届国际进口博览会,参展企业不仅包括农产品和食品企业,还涵盖高科技电子技术、动力机械等企业。

中国已连续9年保持俄罗斯第一贸易伙伴国地位,2018~2019年中俄双边贸易仍在快速增长(如表3所示)。2018年全年,中俄双边贸易额首次超过1000亿美元,创历史新高,增幅达到27.1%,增速在我国前十大贸易伙伴中名列第一。[①] 2019年,中俄双边贸易额再次突破1000亿美元,同比增长3.4%。除了中俄双边贸易额保持增长外,双边贸易结构也在不断优化。双方贸易不再局限于传统的资源密集型产品贸易,2019年1~10月,中方自俄罗斯进口农产品同比增长了12.4%,对俄罗斯出口汽车增长了66.4%。农业、服务贸易、高新技术产品等新的贸易增长点在涌现。[②]

表3 2018~2019年中俄双边贸易额

单位:亿美元,%

年份	俄罗斯进出口总值	中国进出口总值	中俄双边贸易额	中俄双边贸易额占俄罗斯进出口总值的比重	中俄双边贸易额占中国进出口总值的比重
2018	6881.1	46224.4	1070.6	15.7	2.3
2019	6688.2	45772.4	1107.9	16.6	2.4

资料来源:中华人民共和国海关总署官网、俄罗斯联邦海关官网。

(五)资金融通的扩大

在"一带一路"建设的推动下,2018~2019年中俄金融合作亦达到了历史新高度。

2018年6月8日,俄罗斯总统普京出席上海合作组织峰会期间,中俄

[①] 《2018年中俄贸易额首超1000亿美元 创历史新高》,国务院新闻办公室网站,http://www.scio.gov.cn/xwfbh/xwbfbh/wqfbh/39595/39645/zy39649/Document/1645333/1645333.htm。

[②] 《商务部2019年12月12日发布会问答》,商务部网站,http://wss.mofcom.gov.cn/article/sy/201912/20191202923613.shtml。

两国最大评级机构——中诚信国际（CCXI）与 Expert RA 评级公司签署合作备忘录。合作备忘录的签署意味着中俄两大评级机构将共同致力于全球信用评级体系的构建，推动中俄两国及"一带一路"资金融通建设不断发展，为不同领域的项目提供分析及评级服务。① 2018 年 9 月 27 日，粤港澳大湾区首个中俄合作金融项目——中俄金融中心落户广州开发区，该项目是俄罗斯最大的商业银行俄罗斯联邦储蓄银行在粤港澳大湾区开展的第一个金融项目。② 2019 年 6 月，中俄两国签署了关于创建 10 亿美元风险投资基金的备忘录，投资基金资金将用于开发关键经济部门的新技术。③ 根据商务部的数据统计，中国仍然是俄罗斯的主要投资来源国，2019 年 1～10 月，中国对俄直接投资同比增长了 10.7%。

除此之外，两国还继续积极推动本币结算。俄罗斯第一副总理兼财政部长西卢阿诺夫表示，在西方限制的背景下，俄罗斯希望与中国继续推进卢布和人民币直接结算，中俄已就两国央行间开展谈判以及俄财政部和中国商务部关于发展双边本币结算体系的路线图达成共识。④ 2019 年 5 月，黑龙江哈尔滨银行成功开通了对俄人民币及卢布现钞双币种调运渠道，首次将 1500 万元人民币现钞从黑龙江省东宁口岸陆路运输至俄罗斯符拉迪沃斯托克。俄罗斯驻华大使安德烈·杰尼索夫在《俄罗斯报》上发表的文章中提到，2019 年 6 月，中俄两国签署了有关本币结算的政府间协议，且截至 2019 年年底，两国本币结算份额持续增长。⑤

---

① 《中俄两国最大评级机构合作 共同推动"一带一路"资金融通建设》，人民网，http://finance.people.com.cn/n1/2018/0621/c419307-30072968.html。
② 《粤港澳大湾区首个中俄合作金融项目落户广州开发区》，光明网，http://difang.gmw.cn/gd/2018-09/27/content_31413494.htm。
③ 《俄中两国签署关于创建 10 亿美元风险投资基金的备忘录》，中国驻俄罗斯联邦经商参处，http://ru.mofcom.gov.cn/article/zxhz/201906/20190602873950.shtml。
④ 《俄罗斯希与中国继续推进本币结算工作》，中国驻俄罗斯联邦经商参处网，http://ru.mofcom.gov.cn/article/jmxw/201901/20190102822537.shtml。
⑤ Восточный Маршрут, Российская газета, https://rg.ru/2020/01/19/glavy-dippredstavitelstv-rf-i-knr-rasskazali-o-sotrudnichestve-v-novom-godu.html。

二 中俄经贸合作存在的问题

由前述可见，2018~2019年中俄双边经贸合作在多个领域取得了一定的成果，但同时我们也应看到，双方在各领域的合作中仍存在一系列问题，有些问题甚至是长期存在的，严重影响着双方经贸合作发展的速度与高度。

（一）政策沟通方面

政策沟通仍存在两方面的问题。

一是俄国内对"一带一路"仍存在一些疑虑。俄罗斯素有"大国"的身份认知，俄方反对人士认为"一带一路"会增强中国在欧亚地区，乃至在世界上的大国战略地位，会削弱俄在原苏联地区，特别是中亚地区的领头羊的战略地位。[1] 因此俄方一些人士，其中包括部分政府官员，对中国的"一带一路"始终抱有不信任态度和防范心理。还有一些质疑的声音，主要是担心"一带一路"建设能否为俄罗斯的发展带来好处。2018年，在莫斯科举行的"中国、中华文明与世界"研讨会上，一些专家担心俄罗斯仍然站在"丝绸之路"的边缘。[2] 经济学博士弗拉基米尔·雷米吉表示，一些中国的银行因为担心美国制裁，不愿为俄罗斯人提供服务；中俄双方共同商讨了一些合作方案，但未能很好地落实。[3]

二是中俄两国交往存在"上热下冷"的现象。两国高层互动频繁，但民间因民族文化性格的差异、大众媒体报道的偏向选择等因素的影响，鲜有深入互动交流。这从俄罗斯媒体极少报道双方民间关于"一带一路"的深入交流而是多为双方政界的交流可见一斑。实际上，俄罗斯民间对"一带

---

[1] 梅冠群：《俄罗斯对"一带一路"的态度、原因与中俄战略对接》，《西伯利亚研究》2018年第2期。

[2] Россия остается на обочине Нового шелкового пути, Независимая газета, http://www.ng.ru/world/2018-10-28/6_7341_pekin.html.

[3] Россия остается на обочине Нового шелкового пути, Независимая газета, http://www.ng.ru/world/2018-10-28/6_7341_pekin.html.

一路"并未有足够的认知和重视。俄罗斯科学院远东研究所研究员叶莲娜·萨夫罗诺娃表示，中俄关系存在"上热下冷"现象；对于中国而言，资金并不是问题，但是双方在战略对接过程中缺乏行之有效的项目；双方有战略对接合作的意愿，但计划是脱离实际的。[1]

（二）设施联通方面

首先，俄方交通运输网络不完善，交通基础设施落后，对跨境基础设施建设积极性不高，运输能力较低。根据2019年世界经济论坛发布的《全球竞争力报告》，俄罗斯的公路质量在140个国家中排第99位；铁路密度排第69位；空运效率排第52位；海运效率相对较好，排第47位。[2] 普京总统在2018年的咨询报告中承诺，在未来6年内，俄罗斯将通过各种渠道拨款11万亿多卢布用于完善俄道路和相关基础设施的建设，[3] 并在2020年的咨询报告中提出"从今年起，对道路等基础设施投资的年增长率应不低于5%"，[4] 但是，近年来俄罗斯因遭受西方国家的经济制裁，经济发展更加迟缓、政府财力有限无力大规模改善交通运输网络，包括进行跨境基础设施建设，因此俄罗斯的各项基础设施建设现状仍与预定目标相去甚远。落后的交通设施提高了货物运输的成本，俄远东地区的交通设施成本高达商品总价值的25%，增加了商品运营成本，降低了商品竞争力。[5] 此外，中俄两国的铁路轨距不同。我国铁路采用的是1435mm的国际标准轨距，俄方仍沿袭沙皇时期的标准，采用1520mm的宽轨距。因轨距不同，双方货物运输需在换装站进行换装，加大了两国铁路运输联通的难度，降低了铁路运输效率。在已

---

[1] Россия остается на обочине Нового шелкового пути, Независимая газета, http://www.ng.ru/world/2018-10-28/6_7341_pekin.html.
[2] World Economic Forum, The Global Competitiveness Report 2018.
[3] Послание Президента Федеральному Собранию, http://www.kremlin.ru/events/president/news/56957.
[4] Послание Президента Федеральному Собранию, http://www.kremlin.ru/events/president/news/62582.
[5] 张李昂：《俄罗斯东部发展新战略与中俄区域经济合作研究》，吉林大学博士学位论文，2018。

达成的多个双方跨境设施建设项目中,往往是中方积极性高,热情高涨,迅速完工,而俄方却迟迟不动,或是开工了却进展缓慢,迟迟不能完工。在同江中俄铁路大桥的建设中,中方段工程早于2018年10月13日即全部完成,而俄方却迟迟没有动工,直至2019年6月4日才实现大桥合龙。俄总统驻远东联邦区的全权代表特卢特涅夫指出,"大桥将空空在那里待着,却不能进行运输。2019年还不会有口岸,可能要到2021年才能建好"。[1]

其次,俄口岸便利化水平较低,相关管理较为滞后,已有通道的过货意愿和过货量都处于较低水平。俄远东地区人口稀少,经济发展较为落后,与边界线另一边的中国相比,市场容量有限,影响到口岸经济发展亦较落后。从口岸通关效率、海关环境和国内规制环境这三个贸易便利化测试指标来看,俄方口岸的贸易便利化处于"不便利"等级。[2] 绥芬河-波格拉尼奇内口岸是中俄两国重要的公路口岸,但波格拉尼奇内口岸设施落后,通关时间长。俄联邦边境建设署符拉迪沃斯托克分署署长赫鲁晓夫曾于2017年4月称,"已将波格拉尼奇内口岸改造提上日程,改造将在一个半月内完成"。[3]但直至2018年4月,波格拉尼奇内口岸仅建成少量基础设施和几处钢结构框架。[4]

最后,两国部分利益和法规存在不一致,影响了设施联通建设效率。例如,中国油气资源的对外依存度逐渐增高,俄罗斯是中国实现油气来源多元化的途径之一。但是,一方面,在国际市场油价不景气的情况下,俄方在与中方的天然气谈判中仍然希望保持不切实际的价格高位;另一方面,"俄气"希望在中国实施像在欧洲那样的直接面对最终消费者的战略,否则不愿投巨资修建从俄罗

---

[1] 《普京责成解决俄中跨境大桥建口岸的问题》,俄罗斯卫星通讯社网,http://sputniknews.cn/russia_china_relations/201809101026315554/。

[2] 米军、史双美:《中俄蒙经济走廊贸易便利化水平及其深化发展的思考》,《北京工商大学学报》(社会科学版) 2018年第4期。

[3] 《加速推进口岸建设 促进地区繁荣发展》,商务部网站,http://www.mofcom.gov.cn/article/difang/201704/20170402557787.shtml。

[4] 《俄罗斯波格拉尼奇内公路口岸改造复工》,绥芬河政府网站,http://www.suifenhe.gov.cn/contents/1961/56513.html。

斯通往中国的新天然气运输走廊。① 这一系列由于中俄两方的认知和利益不一致而导致的分裂，都对两国的能源运输产生了不利影响，甚至影响已有能源通道的运输效率。另外，两国的法规不一致，两国在共同区域基础设施的建设能否达成一致、相关政策的制定和规划是否能为两国都接受，② 存在不确定性，这些因素都极大地影响了两国的货运发展，阻碍了两国贸易。

（三）贸易畅通方面

第一，双方贸易规模偏小、层次低、结构不合理的问题仍未得到改善。中俄经贸合作长久以来一直存在结构性问题，应该说，这一问题源自两国自身经济的结构有待进一步改善、发展层次有待进一步提高。2018 年的中俄双边贸易总额虽然突破了 1000 亿美元的大关，但从表 3 可以看出，该总额与两国的经济体量仍不相符，2018~2019 年，俄罗斯与中国的贸易额占中国总贸易额的比重在 2.3% 左右，占俄罗斯总贸易额的 16% 左右，所占比例较低。并且，中俄主要贸易商品种类与此前年份的双方主要贸易商品种类相比，并没有发生显著变化。从表 4 可以看出，中国对俄罗斯出口的商品主要集中在机电产品、贱金属制品及纺织品等制造业产品上，以劳动密集型产品为主，俄罗斯对中国的出口商品主要集中在矿产品、木及制品等资源密集型产品上，高科技产品和第三产业产品所占份额极低。双方贸易的层次较为低下，结构不合理。

第二，俄方法规不健全，对俄投资风险较大。首先，俄罗斯的相关法律不稳定，法律和政策规定时常朝令夕改，投资环境不稳定。其次，俄罗斯实行联邦和联邦各主体分权管理的制度，80 多个联邦主体基本上均有权制定规范外商投资的法律制度，地方法规有时可能会与中央法规相矛盾，且俄罗斯政府各部门各自为政，不同部门制定的法规也时常出现相互矛盾的情况，

---

① 冯玉军等：《俄罗斯在国际能源战略格局变化中的地位及中俄能源合作》，《欧亚经济》2018 年第 3 期。
② 朱金娥：《"一带一路"背景下建设中俄自贸区的构想》，河北经贸大学硕士学位论文，2018。

表4 2018年中俄进出口主要商品

单位：百万美元，%

种类	金额	占比	上年同期	同比
俄罗斯向中国出口的主要商品				
矿产品	42713	77.9	26389	61.9
木及制品	3556	6.5	3265	8.9
机电产品	1604	2.9	2191	-26.8
活动物、动物产品	1515	2.8	1103	37.3
贱金属及制品	1339	2.4	641	1089
俄罗斯从中国进口的主要商品				
机电产品	26450	50.7	25450	3.9
贱金属及制品	4041	7.8	3405	18.7
纺织品及原料	3866	7.4	3572	8.2
家具、玩具、杂项制品	2904	5.6	2773	4.7
化工产品	2849	5.5	2347	21.4

资料来源：商务部国别报告网，https://countryreport.mofcom.gov.cn/record/view110209.asp?news_id=63214。

有时甚至会与总统令冲突，造成投资的法律环境较为混乱。[①] 另外，俄罗斯的司法环境也不容乐观，官僚主义和腐败在司法系统中普遍存在，与当地的工商利益团体相勾结，使国外投资者往往难以得到公正的司法裁决。这些法律风险使许多中国投资者望而却步，导致中俄经贸无法得到突破性发展。

第三，俄地方保护主义观念较严重。为了保护本土企业的利益，防止外来投资对本土企业造成冲击，俄罗斯政府设立了许多关税壁垒和技术壁垒。此外，俄罗斯政府还在许多领域（如可再生能源领域）设立了本地化壁垒，对享受政府补贴的项目，均采用部分设备在俄境内生产的政策，[②] 即某一项目若想进驻俄罗斯，其项目中一定比例的设备必须采用俄罗斯本土制造的，比例达标方可实施。各种贸易保护主义政策的施行，对中国等外国投资商不

[①] 殷敏：《"一带一路"倡议下中国对俄投资的法律风险及应对》，《国际商务研究》2018年第1期，第69~85页。

[②] 赵建磊：《"一带一路"下我国电力设备出口俄罗斯市场的分析与展望》，《中国市场》2018年第1期，第91~92页。

公平，也影响两国的贸易往来。

第四，中方投资商对俄方的贸易环境不熟悉，信息了解不全面。中国国内企业在对俄投资时往往因为没有真正掌握俄罗斯市场的运营情况、投资环境、技术发展状况等重要信息，[①] 错过有实力的合作伙伴，延误项目对接时机，面临投资风险，经常遭受利益损失，阻碍贸易进行。

（四）资金融通方面

第一，中俄两国的融资担保难以落实。由于欧美国家对俄罗斯的制裁力度加大，卢布币值不稳定，金融市场紊乱，俄罗斯的投资环境进一步恶化，对中方资金的吸引力降低。且俄方金融机构的信用评级等级偏低，中俄两大评级机构共同构建全球信用评级体系的努力也受到一定的影响，阻碍两国金融合作的进一步深化。

第二，人民币与卢布直接结算量低，远低于两国贸易发展的需求量。一方面，两国本币贸易结算的试点范围有限；另一方面，人民币与卢布直接结算的手续还比较复杂，便利程度低。即使在首个卢布使用试点绥芬河市，兑换机构卢布现钞兑换总量也呈大幅度下降趋势。[②] 且中俄有关本币结算的协议目前还只是框架协议，后续双方还需磋商金融架构、支付路径和信息技术等问题。[③]

第三，双方金融开放政策滞后。以俄罗斯为例，直到2003年，部分中国银行才被允许在俄罗斯开立本金账户，而中俄人民币跨境结算业务也是在2009年才得以实现。[④] 且两国也缺乏金融预警机制和政策建设，阻碍两国的资金融通，造成"一带一路"项目的实施往往伴随很大的金融风险。

---

① 牟沫英、张珂、卢嘉琦：《"一带一路"背景下中俄经贸合作：成效、问题与解决路径》，《边界与海洋研究》2018年第1期，第56~66页。
② 丁刚：《对绥芬河市卢布现钞使用试点运行情况的调查》，《黑龙江金融》2016年第9期，第57~59页。
③ 《中俄本币结算达成框架协议，外媒：将冲击美元霸权》，参考消息网，https://baijiahao.baidu.com/s?id=1637840784498212509&wfr=spider&for=pc。
④ 刘钰：《中俄金融合作浅析》，《经济研究导刊》2014年第3期，第165页。

三 相关对策建议

（一）政策沟通方面

深化两国政策沟通，加强"一带一路"倡议下的两国合作互信，可从以下两方面着手。

第一，强化"一带一路"的经贸性能，弱化其政治意义，消除俄方的政治疑虑。以双方经济利益为中心，强调双方的经贸合作与发展，以消除俄方认为"一带一路"是中国的"西进战略"的地缘政治顾虑，传达中国是一个可靠的地缘经济合作伙伴的信息，让俄罗斯各界充分相信"一带一路"是寻求实现共同经济繁荣的互利共赢之路。

第二，充分发挥民间力量在政策沟通中的作用，改善政策沟通中的"上热下冷"现象，构建多层次的政策沟通交流机制，以实现更有效、高效的政策沟通。调动两国民众参与"一带一路"建设的积极性，充分发挥民间智慧，为两国的政策沟通建言献策。双方加大力度开展民间文化交流活动，向俄民众传递"一带一路"的理念，让俄民众充分理解"一带一路"旨在寻求经济的互利共赢。引导俄媒体增加报道"一带一路"的积极内容，引导俄民众更加积极地看待、理解两国的相关经济合作。

（二）设施联通方面

第一，增强运输通道的运输能力。充分提高现有运输通道的运输能力，综合利用公路、铁路、水运和航空运输，扩大运输线路的辐射范围；双方协商寻求共同的经济互利点，以此为基础协商扩大新增运输通道；探寻在"冰上丝绸之路"方面积极开展合作，充分挖掘北方海运潜力。

第二，加强双方政府间的信息交流与沟通，推动两国相关政府部门的政策实现良好对接。要继续提升、完善两国交通运输部门的对接机制建设，深化双方之间的合作。同时，应该注重加强两国交通运输的管理能力和监督能力,尽量避免行政官僚腐败和办事效率低下而导致的各类基础设施建设不能落实的情况。

第三,推动合作项目非国有化。当前,两国的基础设施建设基本上是由国企承担的,可探寻多元化的项目建设方式,加强有承建能力的非国营企业在各类基础设施项目建设中所占的比例,在保证工程质量的前提下提高设施项目建设效率。

(三)贸易畅通方面

第一,继续调整双方的贸易结构,完善双方贸易结构布局。双方应该努力开辟贸易合作的新领域,尤其要大力发展高附加值产品和第三产业产品贸易。进一步开拓俄罗斯市场,努力让中资企业在俄罗斯形成品牌价值。此外,应继续鼓励中俄两国在多边贸易中发展合作,以提升两国经贸水平。

第二,加强双方相关的贸易安全保护机制建设。完善两国贸易活动的法治保障体系,及时填补相关法律空白,更新有关条约,构建符合"一带一路"发展需求的法律网络。推动双方成立专门的经贸咨询机构,及时向经贸企业及个人发布有关双方贸易政策、法律和投资环境的新信息,为双方企业的贸易活动提供良好的信息互通平台。

第三,继续加强双方城市间、内陆地区间的国际经济贸易活动。城市间的经贸合作可以成为中俄经济合作的一大基础。[1] 除加强发展两国毗连地区的城市间合作外,还应增强边境城市的经贸辐射能力,尽可能将双边贸易从边境城市投射至其他地区。另外,还应加强发展双方内陆城市之间的合作,健全中俄非毗邻地区的城市间合作机制,促进中俄两国形成全方位贸易格局。

(四)资金融通方面

第一,增进中俄货币的直接结算。中俄应合作加强人民币清算机构建

---

[1] 吴亚男:《"一带一路"背景下俄罗斯创新国际经济贸易研究》,《金融经济》2018年第16期,第93~94页。

设。首先，中方既可以指定现有银行作为清算行，如中国银行和中国工商银行在俄罗斯的全资子银行，也可如中国银行（俄罗斯）和中国工商银行（莫斯科）一样重新设立特别机构。[①] 其次，进一步扩大中俄现有的结算行和代理行的业务范围，提高服务能力，提升人民币直接结算的便利性。再次，要积极增加中俄金融合作结算工具的种类，以满足市场需求。最后，应该尽快完善中俄现钞跨境调运工作机制，促进跨境调运便利度进一步提升。[②]

第二，加强相关的金融机制建设。两国要提高抵御金融风险的内部控制建设，尽量维持币值稳定；要充分发挥金融信用评级机构的作用。同时，利用丝路基金、熊猫基金、离岸人民币债券及衍生工具等新型金融产品体系促进金融合作。

第三，进一步完善金融开放政策，改善金融政策滞后局面。金融政策要与两国的市场情况相适应，与两国的发展目标和合作需求相契合，从而更加精准地促进两国的资金融通，推进双边经贸合作。

[①] 牟沫英、张珂、卢嘉琦：《"一带一路"背景下中俄经贸合作：成效、问题与解决路径》，《边界与海洋研究》2018年第1期，第56~66页。
[②] 吕威：《人民币在周边国家使用情况》，《中国金融》2018年第16期，第51~52页。

"一带一路"背景下上海合作组织经贸合作的进展、挑战与对策

薛志华*

摘　要： 上合组织是推进"一带一路"建设重要依托平台。当前上合组织经贸合作的合作基础不断巩固，合作成果丰硕多样，但也受到投融资环境、合作制度建设、恐怖主义、大国竞争等因素的制约。为了进一步深化合作，本文建议以稳定和发展成员国间国家关系为基础、以推进经贸合作制度建设与完善为支撑、以加强安全合作与对外交往为保障，提升合作的质量和水平，引领合作向高层次、宽领域、制度化方向迈进。

关键词： 上合组织　"一带一路"　经贸合作

伴随"一带一路"建设的稳步推进，中国与上海合作组织（以下简称"上合组织"）其他成员国的经贸合作联系日益紧密，合作领域、范围不断拓展。在上合组织框架内，中国已经逐渐成为其他成员国的主要贸易伙伴国，为带动整个区域经济的发展做出了重要贡献。进一步提升上合组织经贸合作的质量和水平对于增强中国与其他成员国经济的共同发展，促进"一带一路"建设行稳致远具有积极意义。

---

* 薛志华，博士，武汉大学中国边界与海洋研究院讲师。

一　上合组织经贸合作的制度基础

（一）通过经贸合作文件规划合作方向

上合组织积极参与经贸合作战略规划，推动区域经济合作。2019年11月召开的上合组织成员国政府首脑（总理）理事会第十八次会议审议通过了《上合组织成员国多边经贸合作纲要》（以下简称《合作纲要》），作为2020~2035年推动区域经济合作的纲领性指导文件。新版《合作纲要》有效期15年，确定以每五年为一个阶段，分近期、中期和远期实施"三步走"策略。根据新版《合作纲要》，未来15年上合组织区域经济合作将优先发展以下三个方面。第一，加强成员国间互联互通。在充分意识到提高互联互通水平重要性的前提下，上合组织成员国互联互通建设将聚焦于政策沟通、设施联通、贸易畅通、资金融通、民心相通，在促进成员国发展战略对接的同时，提升贸易、投资便利化水平，促进金融合作的深化。第二，促进欧亚地区合作。在上合组织区域内，促进经济增长，需要生成空间聚集效应。只有形成空间聚集，才能产生市场向心力，吸引更多的生产要素集聚欧亚大市场，形成上合组织成员国间互利合作的良性循环。[①] 以《合作纲要》为基础，上合组织经贸合作将从可持续发展和发展公平性两个维度，提升成员国发展可持续经济的能力，带动偏远和农村地区经济发展，消弭发展鸿沟。第三，推动数字经济发展。为抓住第四次工业革命浪潮的发展机遇，上合组织2019年6月14日发表的上合组织成员国元首理事会《比什凯克宣言》中就指出，创新和数字经济是实现中长期经济增长和全球可持续发展的重要因素，愿协调成员国创新政策，促进创新系统元素形成合力。[②] 数字经济发展为上合组织经贸合作注入了新动力，同时指明了成员国经济转型的发展方向。

[①] 肖斌：《解析新版上合组织成员国多边经贸合作纲要》，《世界知识》2019年第23期，第32页。

[②] 《比什凯克宣言》，新华网，http://www.xinhuanet.com/world/2019-06/15/c_1124625929.htm。

（二）建立多层次、宽领域的区域经济合作机制

当前，上合组织已建立以国家元首和政府首脑会议机制为引领，以经贸部长会议机制为支撑，由高官委员会和专业工作组进行辅助，涉及能源、电子商务、投资促进等多领域的区域经济合作机制。上合组织还成立了实业家委员会和银行间联合体，积极磋商上合组织开发银行和发展基金（专门账户），持续扩大本币互换和结算规模，为促进各国资金融通、加强成员国宏观金融政策协调、便利实业界合作及相互投资创造了条件。近年来，上合组织围绕服务贸易、基础设施互联互通、金融合作、地方合作等领域进一步完善机制建设。[1] 一是服务贸易领域，加强服务业和服务贸易合作有利于进一步深化各成员国间的经贸合作，挖掘经济增长潜力。成员国积极就《上合组织成员国服务贸易合作框架》开展工作，以建立上合组织服务贸易合作的工作机制。二是基础设施互联互通领域，成员国继续就《上合组织成员国公路发展规划》草案开展工作，研究形成《上合组织成员国政府间建立和运行交通运输一体化管理系统协定》和《上合组织铁路合作构想》草案。三是金融服务领域，成员国就关于建立上合组织项目融资保障机制、建立上合组织开发银行和发展基金（专门账户）等问题展开磋商协调。巴基斯坦哈比银行、印度基础设施发展金融公司加入上合组织银行联合体，为深化成员国实业界和金融界协作、发挥观察员国和对话伙伴的潜力、发展上合组织贸易和投资合作创造了条件。四是地方合作领域，2019年6月，上合组织成员国元首理事会比什凯克峰会（以下简称"比什凯克峰会"）通过了《上合组织成员国地方领导人论坛章程》和《上合组织成员国地方合作发展纲要》，为开展地方经贸、人文交流合作奠定了基础。[2]

---

[1]《上海合作组织成员国政府首脑（总理）理事会第十七次会议联合公报（全文）》，新华网，http://www.xinhuanet.com//2018-10/13/c_1123552656.htm；《上海合作组织成员国第十七次经贸部长会议新闻公报》，环球网，https://baijiahao.baidu.com/s?id=1612226529926452682&wfr=spider&for=pc。

[2]《比什凯克宣言》，新华网，http://www.xinhuanet.com/world/2019-06/15/c_1124625929.htm。

（三）拓展经贸合作领域范围

正如《上合组织宪章》所强调的，所有成员国一律平等，在相互理解及尊重每一个成员国意见的基础上寻求共识；在利益一致的领域逐步采取联合行动。成员国经济合作遵循的是共商、共建、共享的理念，坚持互利合作的共赢之道。从合作的具体领域与方式看，成员国经济合作可归结为三类。一是战略对接。比什凯克峰会确认了成员国就"一带一路"与欧亚经济联盟的对接做出的努力。[①] 通过战略对接，能够发挥各自资源、技术、人才、资金等比较优势，实现 $1+1>2$ 的效应。2019年10月26日，《中国与欧亚经济联盟经贸合作协定》正式生效，为实现"一带一盟"对接、在经贸领域开展互利合作奠定了基础。[②] 二是推进贸易便利化。青岛峰会通过了上合组织成员国元首关于贸易便利化的联合声明，呼吁维护以世贸组织规则为核心的多边贸易体制，建设开放型世界经济，发出了坚持多边主义、反对保护主义的一致声音。成员国推进全球经济治理方面的协作进一步增强。成员国认为世贸组织是讨论国际贸易议题、制定多边贸易规则的重要平台，支持共同构建开放型世界经济，不断巩固开放、包容、透明、非歧视、以规则为基础的多边贸易体制，维护世贸组织规则的权威性和有效性，反对国际贸易关系的碎片化和任何形式的贸易保护主义。三是加快融资体系建设和金融监管合作。鼓励亚洲基础设施投资银行、丝路基金、上合组织银联体、中国－欧亚经济合作基金等为互联互通项目提供更多融资支持，研究建立上合组织开发银行可行方案，为合作项目提供融资保障，同时加强金融监管交流，推进在宏观审慎管理和金融机构监管等方面的合作。

[①] 《李克强在上海合作组织成员国政府首脑（总理）理事会第十六次会议上的讲话》，中央人民政府网，http://www.gov.cn/premier/2017-12/02/content_5243885.htm。

[②] 《〈中国与欧亚经济联盟经贸合作协定〉正式生效》，国家发展改革委网站，http://www.mofcom.gov.cn/article/i/jyjl/e/201910/20191002907786.shtml。

二 上合组织经贸合作的发展

（一）区域整体贸易增长迅速，投资合作仍存空间

上合组织成立以来，区域整体贸易实现了高速增长。2018年中国与上合组织成员国贸易总额达2550亿美元，同比增长17.2%；中方出口1639亿美元，同比增长9%，中方进口911亿美元，同比增长17.8%。其中，中俄贸易额首次突破1000亿美元。2019年1~4月，中国与上合组织各成员国贸易总额为772亿美元。中国与各成员国贸易商品结构逐渐优化，机电产品和机械设备的比重不断提高。2018年，中国对各成员国累计各类投资超过862亿美元，[1] 各成员国来华投资总额累计达20.6亿美元。从投资总额看，中国对哈萨克斯坦投资总额从2017年的20亿美元下降至14亿美元。受美国对俄罗斯经济制裁的影响，2018年1月1日至7月1日，中国对俄直接投资由41.98亿美元降至31.84亿美元。[2] 2018年，中国对印度的直接投资流量仅占印度当年吸引外资总额的0.2%，截至2018年年末，中国对印度的直接投资存量为46.6亿美元，而同期印度吸引的外资存量达4196.8亿元，中国对印投资存量仅占印度吸引外资总存量的1.1%。这与两国的经济规模和经贸合作水平不相称，提升空间较大。[3]

（二）对外工程承包与劳务合作稳步推进

工程承包领域既包括传统的工业与民用建筑工程，也包括互联互通基础设施大型项目以及电力和水利设施、污水处理设施等重大民生工程。中国与

---

[1] 李进峰：《中国在中亚地区"一带一路"产能合作评析：基于高质量发展的视角》，《欧亚经济》2019年第6期，第12页。
[2] 李福川：《客观看中国对俄罗斯投资"异动"》，新浪网，http：//finance.sina.com.cn/roll/2019-03-04/doc-ihsxncvf9533584.shtml。
[3] 《印度投资机会分析》，中国企业家论坛，http：//www.cefco.cn/content/details945_29642.html。

上合组织成员国之间的工程承包合作稳步增长。2018年，中国对印度、俄罗斯、巴基斯坦、哈萨克斯坦、乌兹别克斯坦、塔吉克斯坦、吉尔吉斯斯坦的工程承包额分别为23.15亿美元、23.41亿美元、112.71亿美元、22.13亿美元、2.1亿美元、3亿美元、10.55亿美元，① 工程承包额较2017年明显增长。② 在劳务合作领域，2018年，中国对印度、俄罗斯、巴基斯坦、哈萨克斯坦、乌兹别克斯坦、塔吉克斯坦、吉尔吉斯斯坦的劳务派出人数分别为238人、5626人、1305人、1389人、425人、203人、137人，劳务派出人数较2017年呈现出较快的增长趋势。工程承包和劳务合作的增长得益于2013年以来中国与其他成员国互联互通基础设施项目的开工，这些项目带动了大量资本和人员走出去，强化了上合组织成员国之间的经济联系。

（三）境外合作区建设陆续铺开

产能合作是上合组织成员国经贸合作的重要形式。以基础设施建设、贸易投资和产业合作为代表的产能合作需要依托境外合作区这一主平台展开。当前，中国与上合组织成员国建立的境外合作区有八个，分别为中俄绥芬河－波格拉尼奇内跨境经济合作区、俄罗斯中俄托木斯克木材工贸合作区、中俄农业产业合作区、俄罗斯龙跃林业经济合作区、俄罗斯乌苏里思克经贸合作区、巴基斯坦海尔－鲁巴经济区、乌兹别克斯坦鹏盛工业园、吉尔吉斯斯坦亚洲之星农业产业合作区。③ 2018年2月，中俄绥芬河－波格拉尼奇内跨境经济合作区完成规划方案，同年6月，中方、俄方投资主体同绥芬河政府建立三方常态化联系工作组定期交流机制。④ 中哈霍尔果斯国际边境合作中心经济不断繁荣、业态日渐丰富、功能持续完善。据霍尔果斯出入境边检站统计，2019年中哈霍尔果斯国际边境合作中心出入区人数达到

---

① 《中国统计年鉴2019》，http：//www.stats.gov.cn/tjsj/ndsj/2019/indexch.htm。
② 李进峰：《中国在中亚地区"一带一路"产能合作评析：基于高质量发展的视角》，《欧亚经济》2019年第6期，第12页。
③ 《境外合作区名录》，走出去合作平台官网，http：//fec.mofcom.gov.cn/article/jwjmhzq/。
④ 《绥芬河市加快推进跨境经济合作区建设》，绥芬河政府官网，http：//www.suifenhe.gov.cn/contents/1961/58668.html。

659.77万人次，较2018年增长11.4%。合作中心已有商品展示、商业设施、金融服务等领域的近30个重点项目入驻，总投资超过300亿元，入驻商户5000余家。境外合作区建设的推进使园区建设具有明显的产业聚集效应和政策优惠相对集中等优势，促进了园区所在国经济增长和区域经济一体化。

（四）上合组织经贸合作的特点

上合组织成员国经贸合作发展势头良好，合作质量和水平不断提升，呈现出以下特点。首先，优势领域合作持续深化。能源、资源以及农业领域是中亚国家和俄罗斯的优势领域。作为世界人口排名前两位的国家，中国和印度对于能源资源的需求还将持续增长，这为成员国之间的能源合作提供了广阔的发展空间。同时，中国对小麦、棉花等农产品的需求较大，这也为中国与中亚国家的农业合作奠定了基础。其次，互利共赢是合作的基本原则。上合组织成员国间的经贸合作，不仅有利于双边经济增长，还有利于区域经济的繁荣与稳定。以基础设施建设为例，中亚国家能源资源丰富，但是基础设施建设较为落后。通过与中国进行合作，这些国家不仅获得了升级改造基础设施的资金，也可以借助"中国制造"和"中国速度"增强运营管理基础设施的能力。最后，新兴产业领域合作未来可期。上合组织各成员国均将太阳能等清洁能源产业以及电子信息、通信等高科技产业作为优先发展方向。对于新兴产业的发展，成员国间可发挥各自比较优势，推进资金、技术、人才等方面的合作，开辟产能合作的广阔空间。

三 上合组织经贸合作面临的挑战

（一）合作质量水平仍待提升

上合组织经贸合作在贸易投资便利化水平、营商环境、项目管理方面还有较大提升空间。中国与其他成员国的贸易互补性优势并未充分发挥出来。以中国与中亚成员国的进出口贸易为例，中国在出口方面不及意大利、日本、韩国，在进口方面不及意大利、德国、荷兰和美国。由于历史上受到苏联"劳动分工"政策的影响，中亚国家的经济结构相对单一，尽管力图调整产业结构，①但受制于资金、人才和技术等要素，高度依赖能源等资源产业的现状并未得到根本改变，从而限制了上合组织经贸合作的发展空间。根据世界银行2019年发布的《营商环境报告》，除中国、哈萨克斯坦、印度排名在前40以外，其余成员国营商环境评分不高，为相互之间进行投资增加了不确定性。从具体评分看，以跨境贸易为例，除中国和印度排名分别为56和68以外，其余成员国排名均处于90名以后，可见上合组织成员国贸易便利化程度整体还不高。②在项目管理方面，对于与中国开展产能项目合作，中亚国家存在"中国污染输出论"的负面声音，同时，大规模的基础设施投资，也引发了西方媒体"债务陷阱论"等炒作，而个别中国承包项目企业存在的不透明、腐败问题，也使得"中国投资阴谋论"的猜测进一步加剧。③这些不利因素均影响了经贸合作的质量和水平。

（二）合作机制建设仍需推进

上合组织经济合作从战略对接、具体合作、机制建设、同类型制度竞争层面均存在不足。一是成员国战略对接存在困难，《中国与欧亚经济联盟经贸合作协定》已经正式生效，但是协议层次较低，缺乏关税减免等议题，进一步促进发展战略对接合作落实仍需要成员国之间的共同努力。印度对于"一带一路"总体上仍持反对立场，在索契总理理事会联合公报和青岛峰会中表现得尤为明显。二是具体合作尚需推进。双边经贸合作迅猛发展，多边

---

① 《中亚国家经济前路如何》，欧洲时报网，http：//www.oushinet.com/china/eiec/20190704/325109.html。
② *Doing Business 2019*，https：//chinese.doingbusiness.org/zh/rankings。
③ 张栋等：《"一带一路"背景下中哈产能合作研究》，《欧亚经济》2019年第2期。

经贸发展依旧缓慢。《上合组织贸易便利化协定》仍然在商签之中，[1] 上合组织自贸区可行性论证还在继续，跨境电子商务的发展因涉及信息安全问题进展缓慢。能源合作中对绿色发展与可持续发展的关注不够，扩大利用可再生能源、发展高效环保技术、促进节能型经济建设等方面的工作仍需推进。三是区域经济合作制度仍不完备。金融机构和金融服务网络化布局、金融监管合作依然多是宣言性的内容，机制化、规则化程度不高，操作难度大。建立上合组织开发银行和发展基金（专门账户）仍处在专家磋商阶段，还远未形成成员国间的共同方案。四是区域内同类型经济合作制度安排的互动与竞争。欧亚经济联盟、欧亚开发银行等经济合作安排与上合组织的经济合作职能存在交叉，如何进行职能协调与分工协作也是亟待解决的问题。

（三）恐怖主义影响经贸合作

中亚国家和印度、巴基斯坦面临严峻的恐怖主义威胁，影响上合组织经贸合作的开展。依据中国信息安全测评中心2018年发布的报告，中亚地区、南亚地区的恐怖主义活动极为活跃，2018年上半年，阿富汗和印度的恐怖活动数量分别高居全球第一和第四位。[2] 同时，外国恐怖主义战斗人员转移与回流对中亚的和平与稳定构成严重威胁。俄罗斯、中亚和南亚地区恐怖分子回流现象存在深刻的组织性背景，在形成和回流问题背后均有组织支持。一方面是"伊斯兰国"已在这些区域建立了分支作为扩张的据点，另一方面是当地原有的极端和恐怖组织效忠或支持"伊斯兰国"。回流的恐怖分子可能在接受组织指令后发动恐怖袭击，也可能在本地构建恐怖网络或分支，从而刺激本地恐怖组织的复苏。[3] 恐怖主义发展的新动向增加了打击恐怖主义的安全合作的难度，增加了经贸合作的不确定性。

---

[1] 李进峰：《百年变局中的上合组织：机遇与挑战》，《中国社会科学报》2019年6月13日。
[2] 中国信息安全测评中心：《2018年上半年国际恐怖主义态势报告》，搜狐网，https://www.sohu.com/a/259947351_781358。
[3] 李捷：《外国恐怖主义战斗人员转移与回流对中亚及俄罗斯的威胁》，《国际安全研究》2018年第1期，第26页。

（四）大国竞争影响经贸合作的稳定性和持续性

域外国家对于中亚事务的介入以及上合组织成员国之间的利益分歧也是影响上合组织经贸合作的重要因素。美国在2020年1月推出的《美国的中亚战略（2019～2025）》中指出其政策目标为增进经济繁荣，促进美国在中亚的投资和发展。① 美国的中亚政策意味着其对于这一地区不仅追求政治影响力，也希望借助民主化理念和制度输出，确立经济领域的地位。美国在将中国、俄罗斯列为竞争对手之后，这种竞争态势也体现在经贸领域，影响中亚甚至欧亚地区经贸合作的推进。欧盟在2019年5月推出了题为《欧盟与中亚：更坚实伙伴关系的新机遇》政策文件指出，欧盟将遵照《欧亚互联互通战略》，利用现有合作框架机制，在遵循市场规则、保证透明度和采用国际标准的基础上，与中亚国家建立稳定对接的伙伴关系，加强在交通运输、能源、数字通信、人文交流等领域的合作。② 欧盟在将基础设施作为对中亚政策的优先方向后，可能与上合组织框架内的基础设施建设合作产生竞争关系。

中国与印度、印度与巴基斯坦等的关系同样影响着上合组织经贸合作的开展。印度对于中国主导或参与的区域经济一体化方案持反对态度。这在印度拒绝表态支持"一带一路"倡议、拒签区域全面经济伙伴关系协定等问题上表现得尤为明显。这种把中国当作"潜在竞争对手"的态度不利于经贸合作的稳定与长远发展。俄罗斯则更希望借助欧亚经济联盟整合中亚地区的经济力量，基于此，俄罗斯更看重上合组织的安全功能，并倾向于将其作为同美国进行战略竞争的平台。③ 由于领土问题和历史问题，印巴关系极为脆弱，两国的边界争端乃至小规模的武装冲突为上合组织的结构稳定性埋下了隐患。

---

① 曾向红：《美国的中亚战略评析》，《国际问题研究》2020年第2期。
② 《欧盟发布中亚新战略》，中国驻哈萨克斯坦大使馆网站，http://kz.mofcom.gov.cn/article/scdy/201905/20190502864210.shtml。
③ 李进峰：《扩员后的上合组织：机遇与挑战》，《俄罗斯研究》2015年第5期，第6页。

四 推动上合组织经贸合作的建议

（一）以"上海精神"为引领增进政治互信

"上海精神"指出了一条相互尊重、平等协商，坚决摒弃冷战思维和强权政治，走对话而不对抗、结伴而不结盟的国与国交往的新路。各成员国需要严格遵循《上合组织宪章》《上合组织成员国长期睦邻友好合作条约》的规定，在打击恐怖主义、防止核扩散、发展网络信息技术等存在共同利益的领域寻求一致行动，推动在上合组织框架内形成规则标准，为全球安全治理提供上合方案。借助前述安全领域合作的深化，增进相互理解与信任，通过友好协商处理有关边界问题，将相互间的边界建设成永久和平友好的边界。[①] 成员国在发生边界争端或者冲突时，应避免将相关问题代入上合组织议事决策和职能运转中，以确保上合组织的稳定性。同时，为了增进政治联系，成员国可以加强立法机构、政党、司法等领域交流合作，适时建立专家工作组，在专家论证基础上，逐步确立定期对话机制和负责人会晤机制，为各方进行政策沟通提供渠道。

以包容互鉴为指引，客观看待域外国家对于中亚事务的介入问题。首先，上合组织应寻求与域外国家合作的最大公约数，拓展合作空间。其次，妥善处理与美国的关系。在美国对俄罗斯实施经济制裁、中美贸易摩擦等背景下，中俄与美国之间增进沟通与理解、重塑双边互信显得尤为必要。最后，寻求与欧盟在安全问题上的合作，就打击恐怖主义、网络信息安全规则标准制定等建立合作机制，完善全球安全治理。

（二）以正确义利观为统领推进经济合作

中国国家主席习近平在阐述正确义利观内涵时指出，在国际合作中，只

[①] 《上海合作组织成员国元首理事会会议新闻公报》，外交部网站，http://www.fmprc.gov.cn/web/zyxw/t1469219.shtml。

有义利兼顾才能义利兼得，只有义利平衡才能义利共赢。①"互利"是"上海精神"的重要内容，其彰显的是新发展观，强调的是在发展中根据成员国自身特点和资源禀赋，实现优势互补、互利共赢，而不是以邻为壑、恶性竞争。互利的实质是弘义融利，其与正确义利观的精神实质一脉相承。上合组织经济合作需要践行正确义利观，以进一步推进合作。具体而言，在贸易投资便利化、产能合作领域，应充分发挥各自比较优势，顾及成员国经济发展水平和产业发展状况，以现有的多边贸易体制规则和双边投资协定为基础，确定国家、投资者的权利义务内容，在保障东道国经济主权和管理权的同时，充分维护投资者的利益。在上合组织框架内加强金融领域务实合作时，应注意协调各方在建立上合组织开发银行和发展基金（专门账户）问题上的立场，以道义为先，寻求以义生利。积极推进"一带一路"与"欧亚经济联盟"对接，确保地区经济持续稳定增长，将上合组织打造成为对接不同国家经济发展方案的平台。②

（三）以灵活精准为原则完善合作机制

鉴于上合组织内部存在经济合作利益分歧，推崇一体化、硬约束的合作机制建设存在困难。为了统领上合组织的各项务实经济合作，成员国可以寻求建立灵活精准的软约束机制。软约束机制不同于上合组织建立的会议机制，其以推进各领域经贸合作的专门性机制为主要表现。同时，软约束机制不同于国际法语境下的以条约为基础的贸易投资制度，其主要表现为各类软法性文件所形成的工作机制。具体到上合组织经贸合作软约束机制的建设，笔者建议，在贸易领域，就贸易便利化协定的商签问题，通过元首理事会会议或者政府首脑理事会会议形成各成员国认可的精神与原则，以世贸组织《贸易便利化协定》为基础，确立上合贸易便利化协定的基础框架，再通过专家工作组、智库联盟的形式，予以细化完善。在投资领域，就投资争端问

---

① 《共创中韩合作未来 同襄亚洲振兴繁荣——国家主席习近平在韩国国立首尔大学的演讲》，新华网，http://www.xinhuanet.com/world/2014-07/04/c_1111468087.htm。

② 孙壮志：《开启上合组织的"中国时间"》，《中国投资》2018年第1期，第100页。

题、债务可持续管理问题建立专门工作机制，避免投资争端政治化。在金融领域，除了继续推进上合组织开发银行的磋商以外，还需要在金融监管、联合融资等领域形成合作，可以与世界银行、国际货币基金组织、亚投行、金砖银行等机构建立定期交流机制。在基础设施领域，建立与欧盟的第三方市场合作机制，就基础设施融资规则标准、环境社会政策、采购管理等展开沟通磋商，推进联合融资活动。

（四）以共同利益观为基础巩固安全合作

安全合作是上合组织合作的重点。成员国在增强军事互信、打击"三股势力"及跨国有组织犯罪等领域存在较大合作空间。基于地理邻近和边界安全稳定的现实需要，共同利益观可以成为完善上合组织安全合作机制、巩固上合组织安全合作的基础保障。一是以共同利益为基础，以共同、合作、综合、可持续安全为指引推进成员国安全合作，协调、消弭成员国分歧；二是强化打击"三股势力"、跨国有组织犯罪，非法贩运毒品等方面的合作，完善上合组织安全合作机制，增强合作决议的执行性和现实操作性，协调各成员国一致行动，筑牢合作基石；三是扩展安全合作范围，巩固国际信息安全、和平利用核能、粮食安全、水资源安全等方面的合作，在这些领域致力于形成"上合标准"和地区实践，为国际社会制定相关安全规则提供借鉴；四是扩大地区反恐机构工作职能，在继续加强司法、情报、技术专家等层面合作的基础上，健全打击毒品犯罪、保障信息安全、防范恐怖主义思想传播及宣传等方面的专业化建设，加大对地区反恐机构运转的资金支持和人员培训。[①] 最后，面对阿富汗日益严峻的恐怖主义形势，推进阿富汗局势稳定和重建工作刻不容缓。这一事项需要在联合国框架下，由上合组织成员国推动，也需要欧美大国的支持，在各方共同努力下实现阿富汗的和平与稳定。

---

① 许涛：《新时代周边外交中的上海合作组织再定位思考》，《和平与发展》2018年第3期，第70页。

"一带一路"框架下中国与阿拉伯国家经贸合作的进展与前景[*]

李玮 成飞[**]

摘 要：中国同阿拉伯国家间的友好交往历史悠久，在长期的历史进程中双方相互了解、相互影响，将传统友谊凝结成新时期政治、经济、文化各个领域的合作进步。中国同阿拉伯国家间的经济和贸易领域因合作程度高、收益多、前景好，受到中阿各国的特别重视。中阿经贸合作集中体现在能源、基础设施建设、贸易投资以及航空航天四大领域；在"一带一路"推进过程中，又逐渐形成了商品贸易、服务贸易、技术合作、投资合作、旅游合作五大活动板块。当前，中阿经贸合作稳步提升、经贸关系发展良好，同时中阿经贸合作在新时期既面临机遇也面临挑战。对此，中阿双方应就中东地区局势及影响加强沟通、规避风险，在"一带一路"框架下，重视双边多边合作融合，进一步推进中阿合作优化转型。

关键词："一带一路" 中国 阿拉伯国家 经贸合作

---

[*] 本文系2018年度国家社会科学基金青年项目"'一带一路'倡议在以色列推进的重点与难点研究"（18CGJ023）的阶段性成果。
[**] 李玮，西北大学中东研究所副教授，国际关系学哲学博士；成飞，西北大学中东研究所博士研究生。

"一带一路"框架下中国与阿拉伯国家经贸合作的进展与前景

中阿经贸合作历史悠久，在长期交往中，中国同中东阿拉伯国家通过陆上与海上交通线路进行了跨区域贸易和文化互动，搭建起了亚洲内部以及亚洲同欧洲、非洲多元交往的重要桥梁。基于历史传承以及区位，中东和非洲的阿拉伯国家天然具有成为中国"一带一路"倡议合作伙伴的天然属性。在"一带一路"建设过程中，中阿双方经贸合作互补性进一步凸显，合作意图进一步深化。中国重视同阿拉伯国家联盟及其成员国继续深化多边和双边合作，而"一带一路"建设也得到了阿拉伯国家及其地区组织的积极响应。在"一带一路"背景下，中阿双边合作的深化可以使各方经济结构和产业结构实现优化升级，在合作共赢的基础上实现双边贸易、资金、人才、劳务以及安全等多元收益。中阿可携手探索更为高效的合作发展路径，激发区域经济活力，继而为全球经济的良性发展做出贡献，为区域合作发展模式提供经验。

一 中阿经贸合作的体制机制建设进展

阿拉伯国家联盟是中东和北非地区阿拉伯国家共同建立的地区多边合作机制。自1945年成立至今，共有22个成员国和5个观察员国，是阿拉伯国家共同商议地区和国际事务的国际政治组织。虽然阿拉伯国家联盟在新时期遇到了颇多问题，但对外而言，这一组织仍是当前能够将地区内阿拉伯国家召集在一起的重要平台。2004年1月30日，时任中国国家主席胡锦涛访问了设在埃及开罗的阿拉伯国家联盟总部。随后，中阿共同宣布成立"中国－阿拉伯国家合作论坛"，并发表了《关于成立"中国－阿拉伯国家合作论坛"的公报》，旨在加强对话与合作、促进和平与发展。[①] 2013年中国提出"一带一路"倡议后，阿盟成员国作为"一带一路"重要的沿线国家，自然而然地成为中国第一批重要的"带路沿线"伙伴国家。在2018年7月

---

① 《习近平出席中阿合作论坛第八届部长级会议开幕式并发表重要讲话》，央视网，http://news.cctv.com/special/zgalbgjhezlt/index.shtml。

的中阿合作论坛第八届部长级会议上，中阿双方签署了《中阿合作共建"一带一路"行动宣言》，推动"一带一路"倡议同阿拉伯国家重大发展战略和政策对接，实现互利共赢。①当前，拥有良好基础的中阿经贸活动正在"一带一路"建设的推进中进一步深化发展。中国同阿拉伯国家之间的经贸合作机制逐渐步入常态化运转，培育起了中阿合作论坛、中阿博览会以及中阿技术转移中心三大合作机制和平台。依托这些机制和平台，中阿积极深化形式多样的双边－多边进程，有力推动了中阿经贸合作的进步。

（一）中阿合作论坛成为中阿关系的稳定器

中阿合作论坛全称"中国－阿拉伯国家合作论坛"，成立于2004年1月30日，每两年举办一次。截至2019年，中国－阿拉伯国家合作论坛已举行8届部长级会议、14次高官会，并召开了三次中阿高官级战略政治对话，成为中国同阿拉伯国家关系深化发展的"主平台"。该论坛成立以来，中国同阿拉伯国家本着加强对话与合作、促进和平与发展的宗旨，积极推动中阿各国在政治、经济、安全等领域的合作。②论坛的具体机制主要包括两个层次，一是部长级会议和高官委员会会议，二是该框架下形成的其他机制。首先，论坛主要包括部长级会议和高官委员会会议两大机制，并在论坛框架下逐步形成了中阿企业家大会暨投资研讨会、中阿关系暨中阿文明对话研讨会、中阿友好大会、中阿能源合作大会和中阿新闻合作论坛、中阿互办艺术节等机制，以及在环境保护和人力资源培训领域的机制性合作。③中阿合作论坛设立了专门联络组，负责双方的联络并落实部长会和高官会的决议和决定。2018年7月10日，中国－阿拉伯国家合作论坛第八届部长级会议在北京举行。会议通过并签署了《北京宣言》、《2018年至2020年行动执行计

---

① 黄钰钦：《阿拉伯国家政要共话"一带一路"：对接、共享、规划》，https://www.chinanews.com/gn/2018/11-23/8683963.shtml。
② 《中阿合作论坛》，中国一带一路网，https://www.yidaiyilu.gov.cn/zchj/rcjd/60646.htm。
③ 穆罕默德·努曼·贾拉勒、包澄章：《"中阿合作论坛"的成就、挑战与前景》，《阿拉伯世界研究》2014年第2期，第3页。

划》和《中阿合作共建"一带一路"行动宣言》等重要成果文件，致力于建立全面合作、共同发展、面向未来的中阿战略伙伴关系。习近平主席在会议开幕式上的讲话中指出，要抓住互联互通的"龙头"，积极推动油气合作、低碳能源合作"双轮"转动和金融合作、高新技术合作"两翼"齐飞。具体地，"中方支持建立产能合作金融平台，围绕工业园建设拓展多元化投融资渠道，推进园区服务、企业成长、金融支持三位一体发展。中方支持中国有关金融证券机构同阿拉伯国家主权财富基金和管理机构合作，建立立足海湾、辐射中东北非、吸引全球投资者的国际交易平台，争取实现要素自由流动、资源高效配置、市场深度融合，服务'一带一路'建设"。[1]中国在中阿合作论坛这一多边平台中提出的倡议和路径，受到了阿拉伯国家及国际社会的关注，也为中阿经贸合作的未来指明了方向。

（二）中阿博览会成为中阿关系的推进器

"中国-阿拉伯国家博览会"是经中国国务院批准，由中国商务部、中国国际贸易促进委员会、宁夏回族自治区人民政府共同主办的国家级、国际性综合博览会，其前身是中阿经贸论坛。[2] 2019年9月5~8日，第四届中阿博览会在宁夏银川举办，秉承"传承友谊、深化合作、共同发展"的宗旨，以"新机遇 新未来"为主题，博览会围绕基础设施、产能合作、高新技术、互联网+医疗健康、现代农业、物流、旅游、数字经济等领域，通过举办相关的展览展示、投资贸易促进及会议论坛等活动，进一步推动了阿拉伯世界各国同中国在相关领域的互利合作。[3] 通过举办中国-阿拉伯国家博览会，国家有关部委与阿拉伯国家相关政府部门签署了多项中阿合作协议，有力拓宽了中阿合作渠道。中阿技术转移中心、中阿农业技术转移中心、中阿医疗

---

[1] 《习近平在中阿合作论坛第八届部长级会议开幕式上的讲话》，新华网，http://www.xinhuanet.com/politics/leaders/2018-07/10/c_1123105156.htm。
[2] 《2017中国-阿拉伯国家博览会新闻发布会在京召开》，人民网，http://unn.people.com.cn/n1/2017/0602/c14717-29314731.html。
[3] 《第四届中国-阿拉伯国家博览会》，人民网，http://nx.people.com.cn/GB/392792/index.html。

健康合作发展联盟、中阿商事调解中心、中阿联合商会联络办公室等一批中阿多双边合作机构落地宁夏。①中国-阿拉伯国家博览会在国际上产生了广泛而深刻的影响，得到了包括阿拉伯国家在内的"一带一路"共建国家的广泛认同，为推进中阿务实合作做出了积极贡献。2016年1月21日，中国国家主席习近平在阿拉伯国家联盟总部演讲时指出，中国-阿拉伯国家博览会已成为中阿共建"一带一路"的重要平台。②从2017年中阿博览会开始，参会国家不再限于阿拉伯国家，而是"以丝绸之路经济带"共建国家为主体、向全世界开放，从而将"一带一路"建设的政策措施和工作任务朝着更广阔的空间进一步落实。以经贸合作为核心，以科技和农业合作为支撑，围绕商品贸易、服务贸易、技术合作、投资金融、旅游合作等领域，组织相关展览和会议活动，中阿博览会已被打造成中阿合作由政策细化对策、由意向进入实践的"会客厅"。以这一机制和创新平台服务"一带一路"建设、促进中阿经贸合作，是通过实践推动中阿合作走上互惠共赢发展道路的重要途径。

（三）机制框架下多平台成为中阿关系的保障器

2014年6月5日，习近平主席在中阿合作论坛第六届部长级会议开幕式上提出"双方可以探讨设立中阿技术转移中心"的重要倡议，后于2015年9月10日实现中心落地揭牌，近年来为"一带一路"建设在阿拉伯国家推进发挥着越来越大的积极作用。依托中阿技术转移中心，中国和阿拉伯国家的企业可以实现技术分享。中阿技术转移中心自成立以来，已经与阿盟、沙特、阿联酋（迪拜）、约旦、阿曼、埃及、苏丹、摩洛哥等的有关机构共建了多个双边技术转移中心，在出访交流、组织技术对接活动、人才培训交流、共建联合实验室、科技示范园区等方面发挥重要的枢纽作用。③ "一带

---

① 朱磊：《宁夏打开中阿合作全新空间》，《人民日报》2017年3月9日，第21版。
② 《历届中国-阿拉伯国家博览会概况》，https：//www.casetf.org/web/pages/models/439。
③ 中阿技术转移中心：《中阿技术转移中心五项措施落实中阿科技伙伴计划》，http：//www.casttc.org/article/000000883.html。

一路"倡议提出以来，中国同阿拉伯国家的合作不断深化拓展，形成了"依托多边合作、做实双边合作、分享中国模式"的新特点和新变化。俄罗斯媒体曾以"阿拉伯国家条条大路通北京"为题，高度评价中国与阿拉伯国家以"一带一路"为多边合作依托形成的共赢收益。①2019年4月16日，第二届中国-阿拉伯国家改革发展论坛在上海举办，包括埃及、黎巴嫩、吉布提、阿曼和阿拉伯国家联盟在内的多个阿拉伯国家和国际组织的上百名政要、学者参会，高度评价"一带一路"这一阿拉伯国家推进改革加快发展的重大机遇，并表示愿同中方在共建"一带一路"中"借鉴中国改革发展经验，深化双方务实合作"。②随着中阿合作交流的不断推进，阿拉伯国家对"中国模式"和"中国经验"的认同越来越高。埃及第一副议长赛义德·马哈茂德·谢里夫认为"中国改革开放成就为世界各国提供独特典范"，并给出了"引领发展的一座灯塔"的赞誉。③随着第二届"一带一路"国际合作高峰论坛的顺利召开，中国同阿拉伯国家合作的新局面正在"多边双边互补、中国模式普惠"的新变化中逐渐形成。

二 中阿经贸合作的现状与机遇

在"一带一路"建设在中东和非洲地区推进过程中，中国同地区内国家双边、多边合作稳定且机遇良多。虽然当前中东和非洲地区政治稳定性方面存在问题，现代化水平参差不齐且多数国家仍处于初级发展阶段，使得中国企业在对不同阿拉伯国家拓展投资业务时差别较大，投资状况存在波动，但

---

① 陈一：《俄媒：阿拉伯国家条条大路通北京》，《环球时报》2019年4月20日，http://oversea.huanqiu.com/article/2019-04/14756327.html。
② 贾文婷、常红：《第二届中国-阿拉伯国家改革发展论坛召开 聚焦中阿"一带一路"合作》，人民网-国际频道，2019年4月17日，http://world.people.com.cn/n1/2019/0417/c1002-31035646.html。
③ 谢磊、翟转丽、王丽玮：《阿拉伯国家政党领导人：应从中国改革开放经验中获益》，中国共产党新闻网，2018年11月22日，http://cpc.people.com.cn/n1/2018/1122/c164113-30416593.html。

随着习近平总书记提出的"1+2+3"中阿合作格局不断深化发展,中阿贸易投资和金融合作不断加强。

(一)"1+2+3"格局打造中阿合作蓝图

中方提出的中阿"1+2+3"合作格局可以作为中阿经贸合作的亮点模板。2014年6月5日,习近平主席就共建"一带一路"提出了构建中阿"1+2+3"合作格局的倡议。他指出:"'1'是以能源合作作为主轴,深化油气领域全产业链合作,维护能源运输通道安全,构建互惠互利、安全可靠、长期友好的中阿能源战略合作关系。'2'是以基础设施建设、贸易和投资便利化为两翼。加强中阿在重大发展项目、标志性民生项目上的合作,为促进双边贸易和投资建立相关制度性安排。中方将鼓励中国企业自阿方进口更多非石油产品,优化贸易结构,争取中阿贸易额从2013年的2400亿美元在未来10年增至6000亿美元。中方将鼓励中国企业投资阿拉伯国家能源、石化、农业、制造业、服务业等领域,争取中国对阿非金融类投资存量从2013年的100亿美元在未来10年增至600亿美元以上。'3'是以核能、航天卫星、新能源三大高新领域为突破口,努力提升中阿务实合作层次。双方可以探讨设立中阿技术转移中心,共建阿拉伯和平利用核能培训中心,研究中国北斗卫星导航系统落地阿拉伯项目。"[①]这一合作格局巧妙地将中阿经贸关系中的能源合作传统与未来扩展领域融合,是深化中阿经贸合作关系进一步发展的系统性思路。

(二)中阿国家贸易联系日趋紧密

阿拉伯国家已成为中国主要的贸易伙伴之一,中阿经贸合作近三年来进展良好。2017年1~12月,中国与阿拉伯国家贸易额达1913.4亿美元,同比上升11.9%。其中对阿出口额为985.3亿美元,自阿进口额为928.1亿美

---

① 《习近平:做好顶层设计,构建"1+2+3"中阿合作格局》,新华网,http://www.xinhuanet.com//politics/2014-06/05/c_1111000667.htm。

元。2018年1~12月，中国与阿拉伯国家贸易额达2443亿美元，同比增长28%。其中，中国自阿进口额为1394亿美元，对阿出口额为1049亿美元。2019年，中国与阿拉伯国家贸易额达2664亿美元，同比增长9%。其中，中国自阿进口额为1460亿美元，对阿出口额为1204亿美元。[①]2019年1~12月，中国与阿拉伯国家贸易额再创新高，自阿进口和对阿出口贸易额继续保持稳步提升。从结构上看，中阿贸易的互补性持续增强。中国作为机械制造大国，是阿拉伯国家最为主要的轻工机械来源国。中国希望借助机械出口，提升自身在阿拉伯能源产业中的地位。阿拉伯国家则希望通过满足中国的原材料需求来加强同中国的贸易联系。借助"一带一路"建设，中国与阿拉伯国家的贸易合作稳步推进，企业联系更加紧密。

（三）中阿国家商业投资联系持续增强

中国与阿拉伯地区的投资联系持续增强。2019年1~12月，中国对阿全行业直接投资14.2亿美元，同比增长18.8%。中国企业在阿新签承包工程合同额325亿美元，同比下降8.7%，完成营业额305亿美元，同比增长9.8%。[②]在共建"一带一路"过程中，中国政府鼓励双方企业在相互投资、工程承包等领域开展合作。各项数据表明，中国同阿拉伯国家经贸关系在贸易、投资、基础建设三个领域都取得了长足进步。贸易方面，中国同阿拉伯国家双边贸易额普遍增长，同比增长速度显著。投资方面，依托种类和功能逐渐多样化的各种中阿合作机制与平台，中国对阿拉伯国家投资领域也在不断扩大。基础建设方面，除了在石油、天然气等能源领域的传统合作以外，近年来中国企业对阿拉伯国家的基础设施投资力度显著加大，并开始向工业产业、农业开发以及民生等领域延伸。

---

① 中华人民共和国商务部西亚非洲司，http://xyf.mofcom.gov.cn/article/tj/zh/?。
② 中华人民共和国商务部西亚非洲司，http://xyf.mofcom.gov.cn/article/tj/zh/?。

(四)中阿各方金融合作成果丰硕

2012年9月,中阿博览会金融合作分会发布《中阿金融发展战略框架协议》。这份协议成为指引中阿金融合作的基础性文件,标志着中阿经贸合作从实体贸易逐渐拓展到金融领域。一是加强金融机构之间的合作,包括开设分支机构代表处、签署合作协议、授信贷款、信息共享等。当前中国的银行积极筹划在阿拉伯国家布局、拓展业务。中国工商银行在阿拉伯多个国家建立了营业机构,国家开发银行在埃及和摩洛哥均设立了代表处,致力于支持投资、贸易及产业活动。例如,2018年9月,国家开发银行与埃及国民银行签署价值6亿美元的贷款协议,以支持埃及基础设施和中小项目融资。2017年8月,阿曼苏丹国与中国国家开发银行、工商银行等中资金融机构组成的银团签署了35.5亿美元的五年期无抵押银团贷款。二是银企合作,包括银行做担保的项目、贷款、融资等。近年来,国家开发银行和中国进出口银行在优惠贷款、商业性贷款等传统贷款的基础上,创新融资模式。例如2016年1月习近平主席访问阿盟总部时提出中国将联合阿拉伯国家设立150亿美元的中东工业化专项贷款,同时向中东国家提供100亿美元商业性贷款,用于同地区国家开展产能合作及基础设施建设。

三 中阿经贸合作的挑战和机遇

当前,中国同阿拉伯国家各项关系稳定发展,为"一带一路"建设在中东、非洲地区的展开打下了良好基础。然而,在中阿关系正向发展的同时,应注意阿拉伯国家间关系的变化,及其对中国可能的影响。西亚北非地区动荡发生以来,阿拉伯国家在诸多地区安全问题上出现矛盾。2018年,随着叙利亚内战逐渐进入尾声、也门内战难以实现和解、伊朗再度遭到制裁,阿拉伯国家间的分歧和矛盾趋于恶化,给中国与其共同推进"一带一路"建设带来新的不利影响。对于这些变化,中国应予以重视及应对。

"一带一路"框架下中国与阿拉伯国家经贸合作的进展与前景

（一）阿拉伯国家多边合作困境对中阿经贸合作的影响

阿拉伯联盟作为阿拉伯国家整体代表的观念遭遇严重挑战。从历史上看，阿拉伯国家联盟是西亚北非的阿拉伯国家维护各国权利和集体权益的次地区组织，为维护巴勒斯坦民族权利、支持巴勒斯坦民族解放运动，进行了长期努力。然而，历次中东战争的失利严重打击了阿盟国家进行军事合作的信心，海湾战争爆发后的地区动荡又进而打乱了阿盟国家统一的安全步伐，至西亚北非大动荡后，包括利比亚、叙利亚在内的部分阿盟国家分崩离析，各成员国就合法性问题争吵不休，巴勒斯坦问题严重边缘化，导致其多边合作功能进一步消失殆尽。有学者指出，阿盟遭遇危机的原因在于，主导国家的支持不力和解决问题的效果欠佳；组织不仅没有扩大，反而因各类政治事件及危机而权威大减。[①] 2018年4月的第29届阿盟峰会在达兰召开，"只讨论已存共识而不涉及现实危机"，沙特作为会议组织方几乎回避了所有敏感问题的会程设置引起外界唏嘘。[②]

（二）教派冲突导致的阵营分化对中阿经贸合作的影响

海合会的内耗危机敲响了阿拉伯国家因"伊朗问题"出现分化对立的警钟。2017年卡塔尔断交危机后，曾为地区联盟"样本"的海合会变成了沙特联合各国讨伐卡塔尔的工具，迫使后者在"退群"和"另立"的道路上越走越远。2018年11月，卡塔尔副首相兼外交大臣阿勒萨尼（Al-Thani）在访问伊拉克期间，一度提出建立一个由土耳其、伊朗、卡塔尔、叙利亚和伊拉克组成的新联盟，以应对"地区霸权"咄咄逼人的威胁。[③] 而在此后12月初的多哈论坛中，阿勒萨尼再次提出了应"重组"海湾地区联盟的观点，

---

① 金良祥：《试析中东地区主义的困境与前景》，《西亚非洲》2017年第4期，第91~92页。
② "Arab Leaders Mute on Syria Strikes at Saudi Summit", https://www.aljazeera.com/news/2018/04/arab-leaders-mute-syria-strikes-saudi-summit-180415174014924.html.
③ "Qatar Proposes to Form New Coalition in Mid East-Report", https://www.almasdarnews.com/article/qatar-proposes-to-form-new-coalition-in-mid-east-report/.

认为当前海合会已经没有"牙齿"去解决任何问题，地区需要整合新的联盟力量以取代行将"崩溃"的海合会。[1]当前，沙特有意为防止卡塔尔退出海合会而做出努力，但卡塔尔埃米尔不再回应，使外界对海合会的前景深表担忧。[2]近年来，中国与海合会六国的经贸、能源合作发展迅速。2017年双方贸易额达1275亿美元，其中中方出口额为549亿美元，进口726亿美元，从海合会六国进口原油11261万吨。[3]中国从2004年开始启动了同海合会的自贸区谈判，迄今已举行9轮，当前已经进入"冲刺"阶段。因此，海合会的危机是对中国长期发展对海合会关系的潜在破坏，需要对相关风险做好充分评估和及时止损。

（三）阿拉伯国家新兴合作机制对中阿经贸合作的影响

2018年12月，首届红海和亚丁湾沿岸国家外长会议在沙特阿拉伯首都利雅得召开，由沙特、埃及、吉布提、索马里、苏丹、约旦、也门等阿拉伯国家共同建立的"红海安全合作实体"（Red Sea Security Cooperation Entity）成为中东地区第一个海上安全合作机制和新的地区多边合作组织的雏形。[4]分布在红海沿岸的阿拉伯国家众多，在"伊朗因素"的影响下，除卡塔尔以外的众多阿拉伯国家开始在沙特的号召下组建新的合作联盟。随着沙特"2030愿景"的进一步推进，多元化经济发展已成为包括沙特在内的海湾富油国家进行经济转型的重要方向，西部沿红海地区则是落实此类工作的主要地区。2017年7月，沙特萨勒曼王储领衔推出了"红海项目"（Red Sea Project），基于红海沿岸34000平方公里的广大区域（包括200公里海岸线、

---

[1] "Qatar says Gulf Alliance Needs Replacing", https://tribune.com.pk/story/1867662/3-qatar-says-gulf-alliance-needs-replacing/.
[2] Farah Najjar, "A Fractured GCC Meets in Riyadh Amid Ongoing Crisis", https://www.aljazeera.com/news/2018/12/expect-year-gcc-summit-riyadh-181208122627452.html.
[3] 《中国同海湾阿拉伯国家合作委员会关系》（2019年1月更新），中华人民共和国外交部，https://www.fmprc.gov.cn/web/wjb_673085/zzjg_673183/xybfs_673327/dqzzhzjyz_673331/hwalb_673375/gx_673379/t1345162.shtml。
[4] Ghazanfar Ali Khan, "Maritime Alliance of Seven Red Sea States", December 13, 2018, Arab News.

50多座天然岛屿、几十处人文和自然遗迹），力求打造沙特多元经济新样板。雄心勃勃的王储希望计划在2022年项目建成时，为沙特提供70000个工作岗位和每年220亿里亚尔的GDP。① 为了实现这一目标，沙特以红海重要港口城市吉达为起点，斥巨资打造未来联通吉达与圣城麦加的旅游产业区，并沿着西部海岸线一路向北，在国土西部边界毗邻埃及与约旦的沙漠中，投资5000亿美元建立内奥姆（NEOM）新城，以"面向未来的视野"打造"全球贸易、创新和知识的中心"。② 与此同时，一座连接埃及纳斯拉尼角（Ras Nasrani）、蒂朗岛（Tiran Island）和沙特哈米德地区（Ras El-Sheikh Hamid）的跨海大桥的建设意向，正在作为阿拉伯国家传统领导者的沙特和埃及两国政府间酝酿。这一桥梁如果建成，将成为跨越红海连接阿拉伯半岛和非洲大陆的第一座桥梁。③ 新的平台为周边阿拉伯国家跟随沙特进行区域共同开发提供了外部支持，沙特也将在同红海沿岸国家的合作中越来越多地扮演"发改委"和"财政部"的角色，进一步将这些国家捆绑在"新阿拉伯联盟"之中。随着"一带一路"建设工作的展开，中国对中东和非洲地区的参与程度逐渐加深，地区合作新机制的建立给中国在这一区域进行双边和多边合作提出了新的课题。中国应对阿拉伯国家建立的新区域多边合作平台给予关注，并适时寻求同该机制实现对话与对接。

四 推动中阿经贸合作的政策建议

当前，中国同阿拉伯国家各项关系稳定发展，在中阿共同建立的多种机

---

① "Saudi Arabia Has High Hopes on Red Sea Tourism Projects. Will They Pay Off?" https：//www.albawaba.com/business/saudi－arabia－has－high－hopes－red－sea－tourism－projects－will－they－pay－1226630.
② "Saudi Crown Prince Launches NEOM, a '＄500bn Investment in the Future'", https：//english.alarabiya.net/en/business/economy/2017/10/24/Saudi－Crown－Prince－announces－launch－of－NEOM－destination－for－the－future－.html.
③ Sherif El Touny, "New Era of Economic Ties between Egypt and Saudi Arabia", http：//www.arabnews.com/node/1259236/saudi－arabia.

制与平台的支持下,应着力打造合作亮点,进而规避风险、共享机遇、全面推进中阿经贸合作在"一带一路"建设中收获更多实际成果。与此同时,中国企业更应兼具前线意识和大局观,做好因地制宜的评估和调研工作,通过与各个阿拉伯国家有的放矢的精准合作,全面促进中阿经贸合作在"一带一路"建设中深化发展。

一是自上而下地释放有利于中阿经贸合作的积极信号,通过促进高层互访,向各方传递"一带一路"权威声音及建设信心。中东各国智库的国际问题专家一直对2016年习近平主席同期出访相互敌对的伊朗和沙特两国惊叹不已,中东国家欢迎中方领导人来访,也希望高层访问可以进一步推动中国对中东事务的参与,全面实现包括经贸合作在内的中阿关系在"一带一路"建设中的稳健双赢。

二是自下而上地建构有利于中阿经贸合作环境的积极影响,通过加强传媒合作,有意识地向阿拉伯国家投送有关中国发展和中国文化的音视频资料。通过非政治主题的柔性传播,既能够巧妙避开当前愈发强硬的由欧美国家主导的"疑华"声音,又能够精准引导阿拉伯民众的对华认知积极向好发展。阿拉伯国家广播联盟秘书长阿卜杜勒·拉希姆·苏莱曼表示,"中国影视节目在阿拉伯国家进行推介与播放,对阿拉伯国家民众而言,如同打开一扇了解中国的窗口,这将进一步促进阿中文化交流,乐见双方在广播电视领域开展更多的合作"。[①]

三是在中间层面充分利用已建立的各种中阿合作机制与平台,巩固落实已有合作成果,通过中阿经贸合作打造中国外交新型伙伴关系的重要样板。具体地,应在中阿合作论坛框架下切实推进中阿企业家大会、中阿文明对话研讨会、中阿友好大会、中阿能源合作大会、中阿新闻合作论坛、中阿互办艺术节、北斗合作论坛、改革发展论坛研讨会、妇女论坛、城市论坛等,以全方位推进的溢出效益促进中阿经贸合作深化发展。

[①] 《中国影视节目精彩亮相第20届阿拉伯广播电视节》,央广网,http://ent.cnr.cn/zx/20190703/t20190703_524677085.shtml。

Abstract

Neighboring countries of China are the primary partners and beneficiaries of the "Belt and Road" Initiative (BRI). In 2018 – 2019, the economic and trade cooperation between China and neighboring countries not only has achieved fruitful results, but also made some breakthroughs in specific fields.

In Southeast Asia, BRI has injected new concepts of "equality and consultation", "pragmatism and co-construction" and "tolerance and sharing" for China-ASEAN Economic and trade cooperation, and gradually formed different levels and forms of docking and cooperation. Beyond that, the New Land-Sea Channel and the Thailand East Economic Corridor building, have become new highlights of China-ASEAN economic and trade cooperation.

In South Asia, BRI has had different progresses in cooperation with the in-region countries since 2018. Sri Lanka, Bangladesh, Nepal and Maldives have made varying degrees of progress in policy communication, infrastructure, financial cooperation, people to people and cultural exchanges. India has joined BRI selectively while the nation relationship between China and India has gradually returning to the right track.

In Northeast Asia, Japan and ROK have changed attitude to the BRI since 2018. China and ROK reached an important consensus on promoting the policy alignment between BRI and "Two New Policies". Japan became positively to the initiative and took the third party market cooperation as the specific cooperation mode.

In the Eurasian and Arabia countries, BRI has been pushed forward steadily in 2018 – 2019. The signing and the forcing of the agreement on economic and trade cooperation between China and the EEU marked the shift of docking cooperation from project driven to system led. Under the high-level communication and cooperation between China and Russia, the economic and trade cooperation have made progress in key areas such as infrastructure, transnational transportation and digital economy, and SCO has also passed the outline of multilateral economic and trade cooperation. Moreover, the signing of Declaration of Action on China-Arab States Cooperation under BRI would push forward the link between the BRI and the major development strategies and policies of the Arab League countries.

In future, the economic and trade cooperation of China and surround countries under the BRI should not only continue to welcome substantive cooperation, create benchmark projects and demonstration areas, but also have a clear forecasting of the obstacles, difficulties and challenges in the cooperation, and strive to depict the meticulous painting of BRI.

Contents

I General Report

Economic Relationship between China and the Neighboring
Countries under "the Belt and Road" Initiative
Tan Xiujie, Xia Fan / 001

Abstract: Neighboring countries of China are the primary partners of "the Belt and Road" Initiative. In 2018 −2019, the economic and trade cooperation between China and neighboring countries not only has achieved fruitful results, but also made some breakthroughs in specific fields. In Southeast Asia, BRI gradually formed different levels and forms of docking and cooperation. The New Land-Sea Channel and the Thailand East Economic Corridor building have become new highlights of China-ASEAN Economic and trade cooperation. In South Asia, BRI has had different progresses in cooperation with the in-region countries. And India has joined BRI selectively. In Northeast Asia, Japan and ROK have changed attitude to BRI. China and ROK reached an important consensus on promoting the policy alignment between BRI and "Two New Policies". In the Eurasian and Arabia countries, EEU and China have signed the agreement on economic and trade cooperation, SCO has also passed the outline of multilateral economic and trade cooperation, and the Arab League and China have released Declaration of Action on China-Arab States Cooperation under BRI.

Keywords: "the Belt and Road"; Neighboring Countries; Economic and Trade Cooperation; Regional Organization

Ⅱ Southeast Asia

New Development of Sino-ASEAN Economic and Trade Cooperation under the Perspective of "the Belt and Road" Initiative

Gu Heqiang, Fan Sicong and Zhang Zhenyuan / 017

Abstract: "The Belt and Road" Initiative is a strategic move for deepening China's domestic reform and opening to the outside world in the new era, which is an important starting point for forging closer Sino-ASEAN destiny community. The initiative advocated the new ideas of "equality and consultation", "mutual help and build", and "open and share" for Sino-ASEAN Economic and trade cooperation. The Initiative also set up new platforms for "strategic docking", "systematic engineering", "transnational industrial park" and "diversified innovation", and established new cooperation mechanism for "policy communication", "infrastructure connectivity" and "financial integration". At the same time, "the Belt and Road" Initiative is facing the increasing internal nationalism and the interference of foreign powers in the process of ASEAN promotion. In the future of Sino-ASEAN economic and trade cooperation, China needs to better shoulder the responsibility of major powers and play an active role in the stable development of the region, highlight the diplomatic concepts of "good, security and prosperous neighbourliness", "cordiality and tolerance", and continue to promote the construction of Sino-ASEAN interest community, security community and destiny community.

Keywords: "the Belt and Road" Initiative; Sino-ASEAN; Economic and Trade Cooperation

Peripheral Linkage Effect and Regional Development Impact of the

New Land-Sea Channel　　　　　　　　*Xiong Ling*, *Xu Junjun* / 038

Abstract: The New Land-Sea Channel has become China's national strategy. It is of great strategic importance to promote the construction of new land-sea corridors in the area of connecting "the Belt and Road" corridor, promoting the interconnection with the surrounding countries, and enhancing the opening and development of the western regions' economy. At present, the New Land-Sea Channel has already shown regional influence and linkage effect in deepening bilateral economic relations between China and Singapore, booming investment and trade between western China and Southeast Asia, linking Central Asia and its surrounding areas, and promoting the transformation of export-oriented economic development in the west at the same time. However, due to the lack of top-level interconnection design and international coordination mechanism between China and ASEAN, poor logistics infrastructure and industrial development along the line, and lack of mutual trust with the surrounding countries, it is necessary to take timely and effective measures to promote the construction of New Land-Sea Channel in the future.

Keywords: New Land-Sea Channel; "the Belt and Road"; Peripheral Linkage; Opening-up of the West

The "21st Century Maritime Silk Road" and the "Eastern

Economic Corridor": Effectiveness, Problems and

Countermeasures of Sino-Thai Cooperation　*Xiong Ling*, *Du Ying* / 054

Abstract: The strategy of "Eastern Economic Corridor" put forward by Thailand is highly compatible with the Maritime Silk Road Initiative of China in the twenty-first Century in "the Belt and Road" Initiative which has become a new highlight of Sino-Thai cooperation. The docking of "the Belt and Road"

Initiative and "the Eastern Economic Corridor" strategy has been highly valued by the two governments. During that time, the Sino-Thai cooperation mechanism has been continuously improved, the infrastructure projects have been steadily promoted, the results of industrial cooperation have become apparent, and the third party market cooperation has reached a consensus, and Sino-Thai relations have gained considerable development. However, due to Thailand's current political instability, many restrictions on infrastructure projects, growing worries about China's investment, third-party cooperation has not yet formed and other issues, Sino-Thai cooperation is still facing considerable challenges. Only by deepening cooperation and mutual trust, changing cooperation ideas, deepening win-win understanding, fostering cooperation confidence and seizing strategic opportunities can the two countries create a new pattern of Sino-Thai cooperation.

Keywords: "the Belt and Road"; the Maritime Silk Road; the Eastern Economic Corridor; Sino-Thai Cooperation

Ⅲ South Asia

Economic and Trade Cooperation and Development between China and South Asian Countries under "the Belt and Road" Initiative

Mao Haiou / 073

Abstract: The four South Asian countries, including Sri Lanka, Bangladesh, Nepal and Maldives, are becoming more and more important trade partners of China and critical partners in further promoting "the Belt and Road" Initiative. From 2018 to 2020, China has made great progress with those four south Asian countries in infrastructure construction in more than 30 projects, while released new joint statements with only Nepal and Maldives and not much achievement in financial cooperation and people-to-people exchanges. The main problems and challenges are as follows. Firstly, the change of regime increases the risk of Chinese enterprises' local economic activities. Secondly, the four countries in South Asia are greatly affected by India, a third country. Thirdly, China's trade deficit is serious and showing a growing trend. Fourthly, the mode of cooperation is single, and the cooperation between industrial parks is single. Fifth, people's understanding of China is not comprehensive enough. This paper proposes to deepen the economic and trade cooperation between China and the four South Asian countries from the following four aspects. Firstly, strengthen political mutual trust and establish a comprehensive and balanced political party relationship. Secondly, handle the relationship with India from the perspective of security mutual trust and common interests. Thirdly, promote trade facilitation and assist the development of export industries in order to reduce trade. Fourthly, cultural exchanges should be strengthen to enhance consensus and understanding.

Keywords: South Asia; "the Belt and Road"; Economic and Trade Cooperation; China

The Economic and Trade Cooperation of Sino-India under "the Belt and Road" Initiative   Hu Juan / 092

Abstract: India is the only country around China that has not publicly supported "the Belt and Road" Initiative. "The Belt and Road" Initiative has created a major strategic opportunity for enhancing bilateral economic cooperation and broaden the field of cooperation. However, due to misunderstanding and misgivings about "the Belt and Road" Initiative, India adopted a "selective participation" attitude. The scale of bilateral trade is seriously mismatched with the economic scale of those two countries. India and China still need to strengthen strategic consultation and policy coordination to push bilateral trade cooperation to a new level. It shows that the trade volume growth of bilateral trade is rather low, trade structure is unreasonable, trade imbalance is serious. Many inevitable problems are laying between India and China for economic cooperation, such as lacking of political trust, fierce competition between industry in China and India, economic frictions resulting from trade imbalance and India's counterbalancing attitude toward China. Improving the hard and soft environment for economic cooperation, initiating FTA between India and China, driving financial collaboration and promoting bilateral political trust could push economic cooperation between India and China to a new stage.

Keywords: "the Belt and Road"; India; Economic and Trade Cooperation

Ⅳ Northeast Asia

Docking and Cooperation between "the Belt and Road" Initiative and "the Two New Policies" of ROK

Li Bin, Tan Rong / 104

Abstract: Relations between China and ROK are improving. The situation on the peninsula is easing, the two countries are facing new opportunities to advance cooperation in various fields. ROK formally put forward "the New Northern Policy" and "the New Southern Policy" ("the Two New Policies") in 2017. Afterwards, China and ROK reached an important consensus on promoting the policy alignment between "the Belt and Road" Initiative and "the Two New Policies". Hereafter, the cooperation in infrastructure, trade and investment, third-party markets, cooperation between local governments and people-to-people exchanges has maintained sound momentum of development. However, there are still political issues between China and ROK, bilateral trade imbalance and constant trade frictions, and the influence of the US-China trade friction and the presidency of the republic of ROK make the policy alignment between the two sides obstructed. Against the background of "the Belt and Road" Initiative, the two countries need to strengthen policy communication, infrastructure connectivity, unimpeded trade, financial integration and people-to-people connectivity, so as to promote cooperation and smooth alignment of policies.

Keywords: "the Belt and Road"; the New Northern Policy; the New South Policy; ROK

SWOT Analysis and Countermeasures of Sino-Japanese Economic and Trade Cooperation under the Framework of "the Belt and Road"

Xia Fan / 123

Abstract: In the past two years, the highest levels of government, commercial circles and mainstream media of Japan turned positively on "the Belt and Road" construction. According to the SWOT analysis frame, the advantages of economic and trade cooperation between Japan and China are geopolitical advantage; and the close relationship of economic and trade between China and Japan. The disadvantages include historical legacy; territorial and maritime disputes and the potential competition of Japan. During the time, the opportunities of China and Japan economic and trade cooperation are new market opportunities provided by "the Belt and Road" construction and steadily advancing the three-party cooperation between China, Japan and ROK. And the threats include the US factor, India and its "big periphery" strategy. Therefore, it is suggested that it should maintain high-level dialogues between China and Japan to manage and control political risks while enhance political mutual trust. Secondly, continue to promote reginal economic integration and treat a good external environment. Thirdly, take the comparative advantages of China and Japan when launch third-party market cooperation to weak competitive psychology. Fourthly, launch the cooperation in low sensitive fields.

Keywords: "the Belt and Road"; Sino-Japanese Economic and Trade Cooperation; SWOT Analysis

V Russia, Central Asia and Western Asia

The Influence of the Agreement on Economic and Trade Cooperation between the Eurasian Economic Union and China to the Construction of Sino-EEU FTA　　*Tan Xiujie, Zhang Jirong* / 140

Abstract: The Agreement on Economic and Trade Cooperation between the EEU and China marks the transition from project-driven cooperation to institutionalized cooperation of "the Belt and Road" Initiative. The agreement covers 13 chapters, including customs cooperation and facilitation, trade relief, e-commerce and government procurement. They play a positive role in promoting trade facilitation and strengthening cooperation and exchanges. The agreement, which complies with WTO principles and rules and is in line with the current reality of joint cooperation, will lay a foundation for the establishment of a free trade area in the future. However, it is still a lower level of regional economic arrangements, the issues involved are not comprehensive. There are still many obstacles to the establishment of the free trade area between China and the Eurasian Economic Union in the future. Therefore, it is necessary to strengthen policy coordination, start negotiations on trade in services and investment based on WTO rules, and promote the gradual opening up of important areas. At the same time, we can learn from the experience of Sino-ASEAN free trade area construction and take the opportunity of "Eurasian economic partnership" to promote the construction of the free trade area.

Keywords: The Agreement on Economic and Trade Cooperation between the EEU and China; Sino-EEU FTA; "the Belt and Road"; EEU

Interaction of Silk Road Economic Belt and the Eurasian Economic Union: Progress, Challenges and Suggestions

Tan Xiujie / 157

Abstract: The Eurasian Economic Union (EAEU) actively promotes internal integration and external cooperation, resulting in a steady and progressive development trend. Under the joint efforts of both parties, "the Belt and Union" has made positive progress in connection and cooperation. Important progress includes: Signing the Trade and Economic Cooperation Agreement between the People's Republic of China and the Eurasian Economic Union; promoting cooperation in key areas such as infrastructure, international transportation and digital economy; and negotiating the Great Eurasian Partnership. "The Belt and Union" also faces many challenges. On the one hand, the current economic development of the EAEU restricts the level of external cooperation, and the effect of internal integration also affects the degree of opening up. On the other hand, China also faces multilateral and bilateral considerations, as well as the challenge of coordinating the Great Eurasian Partnership and "the Belt and Road" Initiative. Therefore, we suggest: a) fully implement the signed Agreement, and use the joint committee to promote the cooperation; b) strengthen the cooperation in the key areas of the digital economy, energy, finance, and transportation; c) guide the construction of the Eurasian economic partnership based on "the Belt and Road" Initiative.

Keywords: Silk Road Economic Belt; Eurasian Economic Union; Connection and Cooperation

Economic and Trade Cooperation Between China and Russia under "the Belt and Road" Initiative from 2018 to 2019

Mou Moying, Chen Fangjun and Wang Jingjing / 178

Abstract: Under "the Belt and Road" Initiative, China and Russia continue to actively promote high-level communication and coordination from 2018 to 2019, and Russia takes a more active view on the initiative. China-Russia cooperation in policy coordination, connectivity of infrastructure, unimpeded trade, financial integration has advanced in solid steps. At the mean while, it should be seen the bilateral economic and trade cooperation is affected by a number of factors and problems, such as domestic doubts about the initiative, backward construction of relevant facilities, poor market environment, weak financial strength, small scale, low level and unreasonable structure of bilateral trade in Russia. On this front, China should focus on dispelling Russia's relevant doubts, promoting non-governmental exchange, strengthening constructions of transportation corridors, promoting diversified cooperation in a variety of projects, developing a comprehensive trade pattern, improving safeguard mechanism of trade laws and regulations, broadening the settlement in local currencies and enhancing financial mechanisms and policies to deepen economic and trade cooperation under "the Belt and Road" Initiative, with a view to achieving mutual benefit and win-win cooperation.

Keywords: "the Belt and Road"; China; Russia; Economic and Trade Cooperation

The Progress, Challenges and Countermeasures of Shanghai Cooperation Organization's Economic and Trade Cooperation under "the Belt and Road" Initiative *Xue Zhihua* / 197

Abstract: SCO is an important platform for "the Belt and Road" Initiative.

At present, the foundation of SCO's economic and trade cooperation has been continuously consolidated, and the achievements of cooperation have been fruitful and diverse. However, it is also restricted by the investment and financing environment, the construction of cooperation system, terrorism, and the competition among major countries. In order to further deepen cooperation, this paper suggests that based on the stability and development of the relations between member states, supported by the promotion of the construction and improvement of the economic and trade cooperation system, and guaranteed by the strengthening of security cooperation and foreign exchanges, we should improve the quality and level of cooperation, and lead the cooperation to a high-level, wide-ranging and institutionalized direction.

Keywords: SCO; "the Belt and Road"; Economy and Trade Cooperation

Progress and Prospects of Economic and Trade Cooperation between China and Arab Countries under BRI　　　Li Wei, Cheng Fei / 210

Abstract: Friendly exchanges between China and Arab countries have lasted for a long time. In the long historical process, China has mutually understood, influenced and promoted with Arab countries, which has condensed traditional friendship into cooperation and progress in all fields of politics, economy and culture in the new era. China and Arab countries pay great attention on the economic and trade fields due to the high degree of cooperation, high returns and good prospects. China-Arab Economic and trade cooperation is concentrated in the four major fields, energy, infrastructure construction, trade and investment and aerospace. In the process of "the Belt and Road", five major activities have gradually taken shape, which are commodity trade, service trade, technical cooperation, investment cooperation and tourism cooperation. At present, China-Arab economic and trade cooperation has steadily improved. China's economic and trade relations with Arab countries have developed well. China-Arab economic and trade cooperation has both opportunities and challenges in the new era. In this regard, China and Arab countries should strengthen communication and risk avoidance on the situation and influence in the Middle East. Under the framework of "the Belt and Road" Initiative, this paper suggests paying great attention on bilateral and multilateral cooperation and promote the further transformation of China-Arab cooperation.

Keywords: "the Belt and Road"; China; Arab Countries; Economic and Trade Cooperation

图书在版编目(CIP)数据

"一带一路"建设：中国与周边地区的经贸合作研究. 2018-2019/谭秀杰主编. --北京：社会科学文献出版社，2021.3
（武汉大学边界与海洋问题研究丛书）
ISBN 978-7-5201-6969-1

Ⅰ.①一… Ⅱ.①谭… Ⅲ.①"一带一路"-国际合作-研究 Ⅳ.①F125

中国版本图书馆CIP数据核字（2020）第133634号

武汉大学边界与海洋问题研究丛书

"一带一路"建设：中国与周边地区的经贸合作研究（2018~2019）

主　　编／谭秀杰
副 主 编／夏　帆

出 版 人／王利民
组稿编辑／高明秀
责任编辑／许玉燕

出　　版／社会科学文献出版社·国别区域分社（010）59367078
　　　　　　地址：北京市北三环中路甲29号院华龙大厦　邮编：100029
　　　　　　网址：www.ssap.com.cn
发　　行／市场营销中心（010）59367081　59367083
印　　装／三河市尚艺印装有限公司
规　　格／开　本：787mm×1092mm　1/16
　　　　　　印　张：15.5　字　数：237千字
版　　次／2021年3月第1版　2021年3月第1次印刷
书　　号／ISBN 978-7-5201-6969-1
定　　价／128.00元

本书如有印装质量问题，请与读者服务中心（010-59367028）联系

▲ 版权所有 翻印必究